心理语言学眼动研究方法论丛

总策划：白学军 闫国利
主　编：白学军 闫国利 杨海波 吴　捷
副主编：王敬欣 臧传丽 于　秒 李　馨

天津市哲学社会科学规划一般项目"发展性口吃的心理语言学机制：
EXPLAN模型的检验和应用"（TJJX21-002）

言语产生的眼动研究

Studies of Eye Movements in Speech Production

闫国利　赵黎明◎著

科 学 出 版 社

北　京

内 容 简 介

眼动技术在言语产生领域有着不可替代的优势，该技术的广泛应用能够帮助人们洞悉言语产生的过程和机制。本书是作者在言语产生领域和眼动技术应用中探究多年所得的理论归纳和总结。其中有关于言语产生的基本理论和方法，也有对现有眼动技术应用实例的梳理，还有对具体的操作方法的介绍。这个由理论到实例再到操作方法的过程，恰恰也是开展言语产生的眼动研究的基本学习过程。在理论方面，本书通过梳理言语产生领域的眼动研究，总结了在该领域适用于眼动技术的研究问题以及最新的研究进展；在实操方面，本书重点阐述了语音和眼动的同步记录问题以及后续的数据分析，旨在帮助初学者斩断技术上的主要羁绊。

本书适合心理语言学中言语产生领域的初学者，特别是具有眼动实验室条件、有意于开展相关研究的教师和研究生参阅。

图书在版编目（CIP）数据

言语产生的眼动研究/闫国利，赵黎明著. —北京：科学出版社，2024.3
（心理语言学眼动研究方法论丛）
ISBN 978-7-03-074430-2

Ⅰ.①言⋯ Ⅱ.①闫⋯ ②赵⋯ Ⅲ.①心理语言学–研究 Ⅳ.①H0-05

中国版本图书馆 CIP 数据核字（2022）第 252186 号

责任编辑：孙文影 高丽丽 / 责任校对：何艳萍
责任印制：赵 博 / 封面设计：有道文化

科 学 出 版 社 出版
北京东黄城根北街 16 号
邮政编码：100717
http://www.sciencep.com

天津市新科印刷有限公司印刷
科学出版社发行 各地新华书店经销
*
2024 年 3 月第 一 版 开本：720×1000 1/16
2025 年 1 月第二次印刷 印张：14 1/4 插页：2
字数：256 000
定价：99.00 元
（如有印装质量问题，我社负责调换）

心理语言学眼动研究方法论丛

丛书编委会

丛 书 序

PREFACE TO THE SERIES

　　眼动记录技术能够实时记录读者的阅读过程，是考察阅读中信息加工过程的重要研究方法。通过观察、记录眼动来研究个体的心理活动起源于十九世纪的西方。我国于 20 世纪 80 年代引进眼动仪，并初步开展一些研究。近 40 年来，眼动记录技术在我国的应用发展尤为迅速。目前，借助眼动技术开展阅读研究是我国心理语言学研究领域的重要发展趋势之一。

　　鉴于心理语言学在心理学科中的重要地位和眼动技术的优势，越来越多的研究者开始使用眼动仪探讨心理语言学问题，与之对应，国内很多教学和科研单位购置了眼动仪。但是，目前国内部分单位的眼动仪利用率不高，科研成果产出有限。主要原因之一在于研究者不了解心理语言学眼动研究的特殊性，未能掌握相关方法学知识，这些在某种程度上制约着心理语言学眼动研究的发展与繁荣。因此，出版一套系统介绍心理语言学眼动研究的方法学系列丛书，是当代心理语言学领域的迫切需求。

　　天津师范大学心理学科在老一代心理学家沈德立先生的带领下稳步发展。沈德立先生高瞻远瞩，于 1990 年使用世界银行贷款，购置了大型精密仪器——眼动仪，为天津师范大学眼动研究事业的发展奠定了基础。沈德立先生带领天津师范大学眼动研究团队，致力于汉语阅读的眼动研究，并与国外著名阅读眼动研究专家合作，发表了一系列水平高、影响较大的研究成果，并培养出一支团结协作、具有较大发展潜力的眼动研究团队。目前，天津师范大学在国内眼动研究中占据核心地位。沈德立先生与国际著名阅读心理学专家基思·雷纳（Keith Rayner）教授于 2004 年共同发起了两年一次的中国国际眼动大会（China International Conference on Eye Movements），为国内外眼动研究专家提供了一个重要的学术交流平台，对中国眼动研究事业的发展起到了极为重要的推动作用。不幸的是，沈德立先生和 Keith Rayner 教授分别于 2013 年和 2015 年辞世。在此，我们应该铭记两位学者为促进汉语阅读眼动研究发展所做出的卓越贡献，也以丛书的出版表达对两位学者的深切缅怀。

本套丛书共有八册：

（1）《眼动研究方法学概论》，臧传丽、张慢慢著；

（2）《心理语言学眼动实验设计》，白学军、王永胜著；

（3）《EyeLink 系列眼动仪的操作与使用》，白学军、李馨著；

（4）《心理语言学中的眼动实验范式与实操》，杨海波、刘妮娜著；

（5）《阅读研究中眼动指标的选择》，吴捷、何立媛著；

（6）《言语产生的眼动研究》，闫国利、赵黎明著；

（7）《阅读的眼动经典实验》，于秒、闫国利等著；

（8）《基于 R 语言分析的心理语言学眼动数据处理》，王敬欣、李琳著。

本套丛书是基于多项国家自然科学基金项目、国家社科基金项目和教育部人文社会科学重点研究基地重大项目的丰硕成果，由教育部"长江学者"特聘教授、国家"万人计划"哲学社会科学领军人才、中国心理学会前任理事长、天津师范大学副校长白学军教授和教育部新世纪优秀人才支持计划人选、天津师范大学闫国利教授策划出版，并带领天津师范大学眼动研究团队撰写而成。参与写作的大部分作者在 *Journal of Experimental Psychology* 系列、*Quarterly Journal of Experimental Psychology*、*Psychology and Aging*、*Scientific Study of Reading*、《心理学报》和《心理科学》等国内外权威学术期刊上发表过多项阅读眼动研究成果，均具有丰富的眼动研究经验，保障了本丛书的内容质量。

本套丛书反映了当代心理语言学眼动研究的方法论及发展趋势，综述了近年来心理语言学眼动研究的重要成果，可为心理语言学领域眼动技术的使用提供方法论与技术支持。本丛书的应用价值主要体现在以下几个方面。

第一，能够解决将眼动技术应用于心理语言学领域时遇到的各类方法论问题，包括实验设计、程序编制、数据处理和论文撰写等。

第二，能够为眼动技术的实施提供指导，使操作更规范、准确、合理及高效。

第三，系统介绍心理语言学眼动数据的前沿处理方法，即基于 R 语言的心理语言学眼动数据介绍。

第四，通过系统整理眼动仪的使用方法和其在心理、语言学研究中的应用，来提高国内教学及科研单位的眼动仪使用率和高水平成果的产出率。

总之，本套丛书的突出特点是兼具科学性、可操作性和前沿性，是从事心理语言学眼动研究的科研人员、教师和学生必读的入门书。

在此，衷心感谢周晓林教授、吴艳红教授和李兴珊研究员慨然应允为丛书予以热忱的推荐。感谢科学出版社孙文影等编辑为本书的策划和出版所做出的辛勤努力。

　　沈德立先生是天津师范大学心理学科发展的奠基人，也是我们的恩师。在此想引述沈先生的一段话，作为鞭策天津师范大学眼动研究团队不断进取与求索的座右铭：

　　人的一生能够有效地为祖国服务大约只有四五十年，对于一个专业工作者来说，这四五十年是十分珍贵的。因此，每个人应该在自己的专业领域充分地甚至是顽强地展现自己。但对个人职务和待遇，则应该看得淡一些，不去计较。

　　谨以本套丛书献给天津师范大学心理学科的奠基人沈德立先生！

白学军　闫国利

2020 年初秋于天津师范大学心理学部

前　言

PREFACE

眼动追踪技术作为一种实时测量技术，是研究人类认知加工的有效方法。多年来，该技术被广泛地应用于阅读研究领域，加深了人们对阅读过程和阅读机制的了解。

作为心理语言学的一个重要领域，言语产生的研究是近30年来蓬勃发展起来的。随着研究的深入，眼动追踪技术在言语产生领域的研究优势也渐渐受到了研究者的重视，由此产生了丰富且有一定国际影响力的研究成果，加深了我们对言语产生过程及其机制的理解。

然而，与阅读研究相比，对眼动追踪技术在言语产生领域的应用的研究还是很有限的，特别是汉语产生研究还有很大的发展空间。究其原因，有如下两点：一是言语产生领域的眼动研究比较零散，缺乏系统性；二是在言语产生研究中，研究者大多需要采集语音反应，同步记录语音和眼动无疑在技术上提出了更高的要求。

本书通过梳理和总结现有的言语产生领域的眼动研究，了解了眼动追踪技术适合研究该领域的哪些重要问题，以及这些问题的研究进展如何；同时详细介绍了在技术上如何实现语音和眼动的同步记录，包括如何编制程序、如何采集及分析数据。希望本书的梳理及介绍能为国内应用眼动追踪技术探讨言语产生问题的初学者、教师和学生提供一些研究思路与技术支持，助力该领域研究的发展。

本书写作的具体分工如下：闫国利对全书的结构和行文做整体把握，撰写了第三部分第十一章第一节；赵黎明撰写了其他部分。

在此，我们要感谢国内众多学者对本书写作的大力支持。感谢天津师范大学心理学部研究生宋子明、王彩、廉淼清等，他们在程序编制和制图方面做了大量的工作。感谢科学出版社的编辑孙文影、高丽丽，她们在本书出版过程中提出了很多宝贵的意见。本书的出版，是大家共同努力的成果。

另外，有如下几点说明。

第一，笔者原本计划梳理言语产生的所有眼动研究，但有的研究由于难以被归纳到现有体系中，或在本书出版过程中发表，或受本书篇幅所限等，因此未被收录在本书中，还请各位作者和读者谅解。

第二，本书中对已有研究的介绍和解读主要基于笔者个人的理解，由于水平所限，疏漏或不足在所难免，请读者对感兴趣的研究的原文进行阅读。

亲爱的读者朋友，以言语产生的眼动研究为主题撰写一本著作，是我们的一个初步尝试，目前相关的书籍尚未见到，因此书中难免存在一些不足之处，还请读者不吝赐教。最后，衷心希望本书的出版能够起到抛砖引玉的作用，期待今后有更多的研究者关注使用眼动追踪技术研究言语产生问题，有更多的研究成果问世，使汉语产生的眼动研究蓬勃发展、欣欣向荣，使汉语这一绚丽的花朵在世界语言的大花园中光彩夺目、熠熠生辉。

闫国利　赵黎明
于天津师范大学心理学部

目 录
CONTENTS

第二部分　眼动在言语产生研究中的应用

第三部分　眼动技术应用于言语产生研究的实际操作

第一部分

概　　论

　　本部分紧紧围绕眼动追踪技术和言语产生领域展开论述。言语产生是心理语言学的一个重要领域，然而与心理语言学的其他领域相比，该领域的研究起步较晚，研究的数量也相对较少。这不仅有理论方面的原因，还存在研究方法和技术上的困难。那么，言语产生领域有哪些重要的理论成果？在技术上又经历了哪些发展？特别是眼动技术的引入为言语产生领域带来了哪些新的契机？我们将在这一部分一一回答。

第一章

言语产生的相关基本概念

言语产生（speech production）是心理语言学中的一个重要领域，在此首先需要弄清楚什么是心理语言学，什么是言语产生，以及言语产生领域包含哪些研究内容。本章将围绕这些问题展开，并介绍言语产生领域涉及的一些基本概念，例如，对一直说的"言语"和我们一般认知上的"语言"的区别进行辨析。

第一节　心理语言学

语言是人类具有的一种重要能力。很少有哪个事物可以像语言这样，在日常生活中扮演如此核心的角色，它是我们彼此之间交流思想和感受的最重要的工具。尽管在没有学会语言的婴儿期，我们可以靠哭、笑以及面部表情向我们的照料者传达信息，但是不可否认，直到学会了说话，我们才能使自己的想法更好地被他人理解。此外，语言还承载了发展与传承人类文明的功能，形成了历史与文化。鉴于语言在人类的日常生活和生存发展中的重要地位，诸多领域的研究者从不同方面对语言进行了研究。

心理学领域对语言的研究，被称为心理语言学，探讨的是语言使用的心理过程。我们对母语的习得是那么自然，使用又是那么频繁，会让我们误以为语言使用的心理过程也是非常简单的。事实上，语言的使用具有多样性，是人类最复杂的心理行为之一。

个体在刚刚学会如何使用语言时，语言只是表达基本需求的工具。随着自身的成长，个体对语言的使用日渐熟练，语言也渐渐发展出了其他功能。例如，某个群体会发展出他们特有的表达术语，俗称"行话"。这些特有的语言使他们群体内部的联系更紧密，同时也把群体外的人隔离出去。这时语言成了一种"徽章"，一种认证团体内部身份的途径。不同的性别和社会阶层中存在类似的语言差异，包括许多网络用语。例如，"吸猫"指的是宠物猫的主人对猫咪的喜爱动作，包括对猫咪亲亲抱抱甚至忍不住使劲儿嗅等，对于不经常上网的人或者不太关注宠物猫的人来说，这是很难直接从字面理解的。除了上述功能，人们还会追求语言本身，例如，人们会玩填字游戏或者猜字谜（例如，"一口咬掉牛尾巴"，打一字，你知道答案吗？）。试想在一个慵懒的午后，我们读着一本小说或者诗歌集，这时语言是不是变成了一种愉悦的享受呢？

面对这种享受，想要探索语言的心理学者却很难高兴得起来，因为语言的使用这么广泛和多样，无疑给研究带来了很大的难度。心理学研究大部分还是研究个体的，因此心理语言学研究者主要探讨个体使用语言的心理过程，主要包含以下三个领域：语言理解，即我们如何感知和理解言语与书面语；语言产生，即我们如何建构一个表达，实现从一个想法到一个完整句子的转变；语言获得，即儿童如何获得语言。

第二节　言 语 产 生

语言产生指的是人们利用语言表达思想的心理过程，包括从思想代码转换成语言代码，再转换成生理和运动代码，即利用发音器官发出表达某种意义的声音、利用肢体做出表达某种意义的动作或者采用视觉形式输出文字。由此可见，语言产生包括口头语言的产生（即言语产生）、书面语言的产生及手语（sign language）的产生。目前，大部分语言产生的相关研究是围绕言语产生进行的，本书也将重点围绕言语产生进行论述。

言语产生的研究者首先关心的是这项活动中包含哪些认知加工。认知心理学将心理与计算机程序进行类比，注重探讨心理活动的内部过程。心理语言学很大程度上建立在认知科学的基础上，以认知心理学的理论和方法为指导。因此，在言语产生的认知加工过程中，起点是说话人想要表达的想法，而终点就是说话人最后实际发音表达出来的内容，其中包含至少四个方面的语言信息的加工：①语义，即词汇和句子的意义；②句法，即把词语安置在句中的语法信息；③语音，即语言的声音系统；④语用，即语言使用的社会规则。

言语产生的主要认知加工过程可以概括为三个。①概念化（conceptualization）

过程，即说话人明确要用言语表达什么概念。在概念化过程中，说话人选择相关的信息，传达特定的目的。②言语组织（formulation）过程，即为所表达的概念选择恰当的词汇，建立词汇的语法结构和发音结构。在言语组织过程中，说话人将概念上的表征转译成语言形式，包括词汇化过程（说话人选择词汇）、句法计划过程（将单词连接起来形成特定含义的句子）和音韵编码过程。③发音（articulation）阶段，即将选择的词汇通过一定的肌肉运动程序用外显的声音表达出来，包括内部言语组块的提取及发音运动的执行。

除了语言信息的加工，日常言语使用还需要其他认知过程的参与。例如，为了维持和他人的对话，我们需要理解对方的言语，还需要工作记忆的参与。此外，言语产生对其他认知过程也可能存在影响，例如，言语产生障碍可能会诱发说话人的情绪问题。这些言语产生与其他认知过程的交互作用，也是言语产生领域的研究范畴。

第二章

言语产生的理论模型

一个好的言语产生模型至少应该包含语义、句法、语音、语用的提取方式，以及其他认知加工的作用，其中杰出的代表就是列维特（Levelt，1989）的言语产生模型。列维特沿用了认知心理学的思想，将言语产生的认知加工过程与计算机类比，从而将各个加工阶段模块化，如图 2-1 所示。鉴于列维特的言语产生模型在该领域的重要地位，下面我们详细介绍该模型是如何阐释言语产生的过程和机制的。

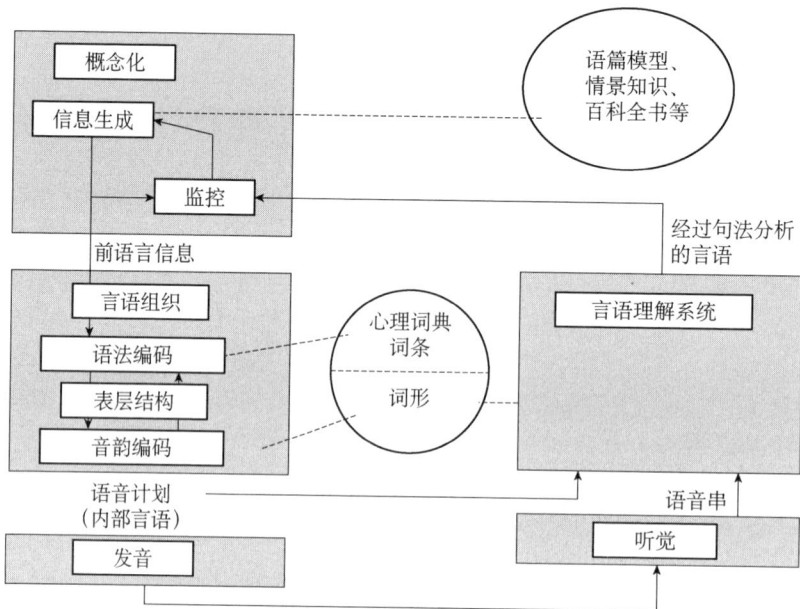

图 2-1　列维特（Levelt，1989）的言语产生模型

第一节　列维特的言语产生模型

图 2-1 左侧呈现了言语产生包括的三大模块：概念化、言语组织和发音。其中，概念化就是将意图转换成需要语言表达的概念信息——前语言信息（preverbal message）。那么，什么是前语言信息呢？列维特（Levelt，1989）认为，前语言信息是以思维的命题形式出现的、能够在自然语言中表达的语义表征。思维的语言不仅包括命题表征，还包括空间表征、运动表征等，而这些表征必须通过命题表征，才能在自然语言中表达。

在概念化模块输出的前语言信息会作为言语组织模块的输入，然后将语音计划输出到发音模块。换句话说，言语组织模块是将概念结构转化为语言结构。这一转化过程主要包括两个阶段：第一个阶段是语法编码（grammatical encoding），包含词条（lemma）的通达和句法的构建。词条是存储在心理词典中的陈述性知识，包含词汇的语义和句法信息。例如，"玫瑰"的词条包含它的语义信息（一种花、常见为红色、代表爱情等）和句法信息（名词）。当一个词条的语义信息与前语言信息匹配时，这个词条就会被激活，其包含的句法信息就会触发句法构建程序。当完成了所有词条的通达和句法的构建时，就会产生一个表层结构，即由几个词条构成的有固定顺序（符合短语或句子规则）的词条串。然后，就进入了言语组织的第二个阶段，即音韵编码（phonological encoding）。音韵编码的作用是提取每一个词条的语音信息并构建整个表达的发音计划，其主要来源是词形，包括词素信息和语音信息。

发音模块指的是由呼吸系统、喉部和喉上系统的肌肉组织执行语音计划。显然，言语组织模块不仅仅是以及时的速度给发音模块传达其语音计划。事实上，内部言语的产生很可能先于发音执行。因此，语音计划必须能够临时存储，这个存储设备叫作发音缓冲器（articulatory buffer）。发音模块从这个缓冲器中不断接收到一组组内部言语，然后展开并执行。运动的执行依赖一系列肌肉的协调使用。如果一组肌肉在运动中受到阻碍，例如，当说话人嘴里叼着烟斗聊天时，其他肌肉会进行补偿，从而达到大致相同的发音目标。换言之，尽管语音计划对于语境而言是相对独立的，但它的执行依然受到限制，需要针对不同的发音环境适时调整，最后产生公开的言语。

最后，我们来说一下自我监控模块。自我监控实际上是言语理解的加工成分，只不过这时倾听者就是说话人本身，如图 2-1 右侧部分所示。更准确地说，一个说话人既能听到他内心的言语，也能听到他公开讲出来的言语。在他听自己公开讲出来的言语时，就与他听别人说话是一样的，需要听觉加工的参与。他可以理解自己所说的话，也就是说，把他自己的语音解释为有意义的单词和句子。这一过程是通过图 2-1 中的言语理解系统（speech-comprehension system）来实现的。这一过程当然也由许多不同的子加工组成，其属于言语理解的问题，在这里就不详细说明了。总之，这个系统可以通达心理词典中的词条信息和词形信息，以便说话人识别单词并检索其含义，最后形成一个包含音韵、词素、句法和语义信息的表征，称为解析的言语（parsed speech）。说话人还可以关注自己的内部言语。如图 2-1 所示，这个内部言语的表征也是通过言语理解系统解析的。通过这种方式，说话人可以在自己公开说出之前发现问题并及时纠正。

当说话人发现自己的内部或外部言语的语义或语音存在严重问题时，他可以当即停止当前话语的进一步表述，然后重新运行前语言信息或修改其中的一个片段，生成不同的或有附加内容的信息。当然，他也可以继续表达而不修改，这取决于出错是否严重。此外，说话人也会在信息被发送到言语组织器之前对其进行监控（图 2-1 中的概念化模块），例如，考虑一下当前的信息状态对目前听者的知识背景来说是否能够产生预期的效果。因此，这一监控过程在概念化模块内就完成了，没有必要再添加一个相对独立的监控模块。

对于上述各个模块的运行及每个模块中子加工的过程，在后面的单词产生模型中会有更详细的解释。在考虑每个成分之前，我们需要关注该模型的三个普遍特征，其中最重要的是串联性和递进性。串联性意味着言语产生的加工总是沿着同一方向的同一路径进行，以概念为起点到最后发音。每个成分独自工作，将从上一个阶段接收的信息作为输入，然后将输出传递到下一个阶段。递进性是指后一个阶段的加工可以在前一个阶段彻底完成之前就开始：只要一个合适的片段加工完，下一个阶段就可以开始对该片段进行加工，从而使两个阶段并行进行。最后，所有的成分都受到自我监控，通过理解系统实现。上述三个特征，即串联性、递进性和持续的自我监控，共同保证了言语流畅，并且很少出现停顿或错误（Levelt，1989）。虽然串联性是列维特的言语产生模型的重要特点，但该模型也存在并行加工，例如，在言语产生的过程中，同时存在听觉理解和自我监控。

第二节 单词产生模型

尽管列维特（Levelt，1989）的模型包含句子、语篇乃至社会交互情景下的言语产生，但大部分的实验证据来自单词产生。原因如下：一方面，单词产生具有基础性和重要性，单词产生是言语产生中必经的重要阶段，也是言语产生的最基本操作；另一方面，与短语和句子的产生相比，单词产生涉及的问题相对较少，便于研究。因此，在言语产生的研究领域，对单词产生的研究相对比较丰富。列维特等（Levelt et al.，1999）总结了印欧语系的研究结果，认为单词产生主要经历了从准备词汇概念到发音的五个加工阶段，以及在整个过程中对自我的监控（图2-2）。下面分别描述各个加工阶段，以及相关的研究问题。

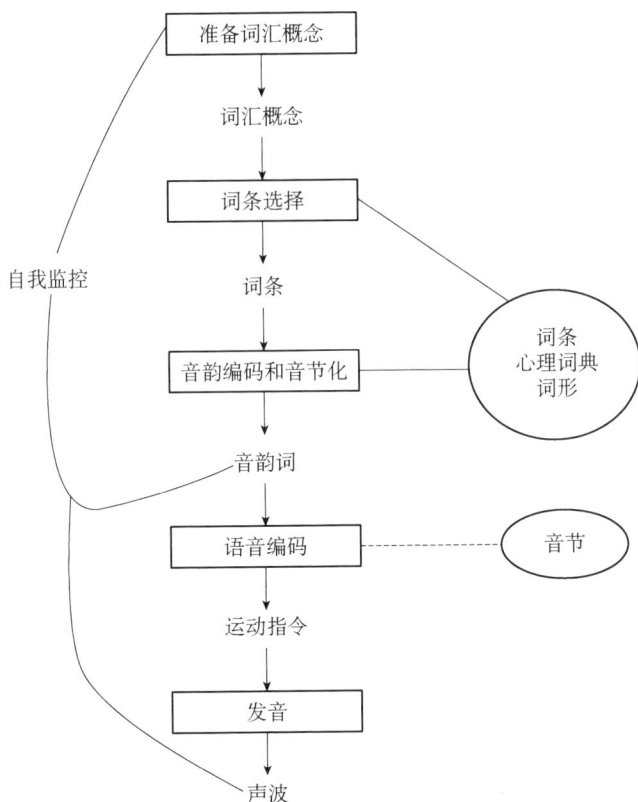

图 2-2 单词产生的加工阶段（Levelt et al.，1999）

1）准备词汇概念。个体要产生某个有意义的词语，比如"鸟"，首先要激活词语的概念，对词语概念的激活过程就是概念的准备。这里的首要问题是概念如何表征。这个问题的相关理论主要有两个。一是分解观点（decompositional view）。这种观点认为概念是由命题表征的，这些命题描述的是概念的相关属性，形象地说，就是概念分解出的若干属性综合起来以表征该概念。例如，"鸟"这个词有很多相关的命题，如"能飞""能唱歌""有翅膀"等。人们就是用这些命题来表征"鸟"的概念的。二是非分解观点（nondecompositional view）。这种观点认为概念没有被分解，就是由原本的词汇概念（lexical concept）表征的。词与词之间不是通过命题联系的，而是形成点对点的联结。即使两个词之间没有直接的联结，也可以通过相同的联结点产生联系。例如，当目标词是"鸟"时，"鱼"也会被激活，因为鸟的概念与鱼的概念都和动物的概念有直接的联结。不管上述两种观点哪一个更接近实际的单词产生机制，有一点是可以明确的：当我们想要产生一个词时，它的语义相关词都会有不同程度上的概念激活。这也正是词条选择的基础。

2）词条选择（lexical selection）。词条选择是指从心理词典中选择并提取出与词汇概念对应的词语。具体而言，就是心理词典中的语义表征被激活后将激活传至中介的词条水平。"词条"包含词语的语义和语法信息。多个词条被概念输入激活，经过一段时间后，激活程度最高的词条被选择。根据列维特等（Levelt et al., 1999）提出的基于激活和验证的词形加工（word-form encoding by activation and verification，WEAVER）模型，概念层和词条层之间的联系是双向的。例如，让说话人命名一幅"猫"的图片，与"猫"有关的概念信息被激活并将激活扩散至相应的词条。同时，通过语义网络激活扩散，与"猫"相关的概念和词条，如"狗"，也会被激活。根据词汇选择的竞争假设（lexical selection by competition hypothesis），对目标词条"猫"的选择是建立在该词条激活程度与所有词条激活的总程度的比率（Luce's ratio，卢斯比率）上的，因此其他词条（如"狗"）的激活程度越高，选择目标词条"猫"所需要的时间就越长。

3）音韵编码和音节化（syllabification）。选择了词汇或词条后，言语产生过程就从概念/语法阶段进入了音韵编码阶段，进行词素音韵编码和音节化过程，为发音做好准备。列维特等（Levelt et al., 1999）认为，这一过程包含三种信息的激活：单词的形态学成分（词素）、单词的格律和单词的音段。例如，单词"escorting"，首先是词素"escort"和"ing"的通达，然后是这些词素的音段特征的通达，例如，重音在后面，成分是/e/、/s/、/k/、/a/、/r/、/t/，接下来就是音节化。

4）语音编码（phonetic encoding）。该阶段主要为词汇的发音准备运动指令。在发出发音指令前，说话人要通过空位填充等机制提取音节数和重音模式等音韵信息。储存的节奏信息保存了一系列（音素）槽，音素将按顺序序列地插入这些槽。

5）发音。一般是发音系统来执行语音词的运动过程。发音系统不仅包括由肌肉控制的肺、喉和声带组成的系统，还包括能计算执行复杂运动指令的神经系统。目前的言语产生理论并没有涵盖发音系统的机能。

6）自我监控。人们能够监测自己的讲话，发现讲话过程中存在的错误并加以纠正。自我修正能力不仅包括发音过程中的自我纠正（Levelt，1983），还包括对"内部言语"的自主监控，因此自我监测还会影响到言语产生的早期阶段，如编码的持续时间。

单词产生过程也符合言语产生模型的一般特征，即持续的自我监控，以及其他加工阶段的串联性和递进性。因此，在单词产生领域，研究者主要关注两大问题：①每个加工阶段信息提取的时间进程和脑机制；②不同加工阶段之间的相互影响。

尹德弗雷和列维特（Indefrey & Levelt，2004）运用元分析方法分析了82个词语产生的事件相关电位以及脑功能成像的实验，总结出了词汇产生的核心过程对应的脑区激活和加工的时间进程。总的来说，脑区的激活呈现左侧化趋势，包括后额下回（Broca's area，布罗卡区）、颞上回中部、颞中回、后颞上回、后颞中回（Wernicke's area，韦尼克区）和左丘脑。视觉和概念上的激活过程涉及枕叶、腹侧颞叶和额前区（0—275ms）；接着激活传至韦尼克区，单词的音韵代码存储在该区，这种信息传播至布罗卡区和/或颞左中上叶，进行后词汇音韵编码（275—400ms）；然后进行语音编码，这一过程与感觉运动区和小脑有关，感觉运动区激活使得发音动作进行（400—600ms）。这一结果也支持了上述单词产生模型的各个加工模块以及它们的串联性。此外，上述单词产生模型还假设，从音韵编码开始，在整个单词产生过程中，始终存在一个自我监控机制。麦奎尔等（McGuire et al.，1996）发现，在自我监控言语时存在右颞叶区域的活动，而右颞叶区域中的韦尼克区是言语理解的基本脑区。这在一定程度上支持了自我监控是由言语理解系统参与完成的假设。

关于不同加工阶段之间的相互影响，在单词产生领域主要关注词汇选择和音韵编码之间，或者说语义层和语音层之间是否存在信息的交互作用。围绕这个问题，研究者进行了多年的探讨和争论，并形成了两个重要的词汇产生理论模型。

第一个为戴尔（Dell，1986）的两步交互激活理论（two-step interactive activation theory），认为概念表征的语义节点将它们的激活扩散到相应的词条节点，然后它们的激活再扩散至音素节点，激活从一个阶段到达另一个阶段，两个阶段的激活在时间上存在重叠。另外该理论提出激活方式是交互的，即所有的联系是双向的，激活将沿两个方向进行扩散，最后选择激活程度最高的目标项进行发音。与此不同，第二个模型即独立两阶段理论（discrete stage theory）认为，言语产生中的词汇通达经历了两个分离的阶段，没有互相重叠。也就是说，在词汇选择之后再进行音韵编码。在第一阶段概念激活后，存在一套词条的语义驱动的激活，称为语义群（semantic cohort）。有一个或多个与语义相关的项目从输入的概念处接受激活，最终只有一个经过选择过程保留下来，这个项目就是目标项。在第二阶段，只有目标项得到音韵上的编码。发音计划是针对目标项进行的。上述两个理论争论的焦点是语义与语音之间是否存在交互，换句话说，就是激活流是单向扩散还是双向扩散。这个问题目前仍处在争论中，双方也都得到了一些语误和实验研究的支持。比较一致的结果是，语义信息提取的开始时间先于语音信息（Indefrey & Levelt，2004）。

第三节　句子产生模型

不同于词汇产生，在口语句子的产生中，除了每个单词的提取，还包括词与词之间在提取时间上的安排和相互影响，这主要与句法和相应的词序有关。在前面的言语产生模型部分，笔者就曾指出言语组织的语法编码阶段不仅包含词条的选择，还包含句法的提取。句法研究的是句子的各个组成部分和它们的排列顺序。对于同一组词，如果它们在句中的词序发生改变，极有可能表达完全不同的语义。当然，虽然句法给出了很多词汇组合上的限制，但说话人还是有一定的自由度的。例如，为了表达同样的意思，说话人可以选择主动句、被动句抑或从句，这些句法上的选择同时传达了不同的语用信息。

一、句法加工模型

盖瑞特（Garrett，1975）在语误分析的基础上提出了语法编码的两阶段模型。所谓的两阶段是指功能编码（functional processing）阶段和位置编码（positional processing）阶段。在功能编码阶段，说话人提取词条，但不涉及信息的语音形式，也不考虑词汇的顺序问题。在位置编码阶段，说话人遵循一定的语法规则对不同的词的顺序进行安排。盖瑞特假设在这个阶段，为了保证位置安排的正确性，说话人会提取一个计划框架。在这个框架里，"the" "ed"等语法成分已经放在它们的最终位置上了，说话人只需要将提取好的词条填充进去。

上述两阶段模型的证据主要来自对语误的分析，例如，语义替换（如把"男孩"说成"女孩"）错误和单词交换（如主语和宾语交换）错误都是相同语法类比的词之间的交换，即名词和名词交换，动词和动词交换。它们的存在表明，语法上的归类（名词、动词等）和词条的角色（主语、宾语等）应该在同一个水平进行加工，即在第一阶段（功能编码阶段）进行词条的选择。有趣的是，在语序错误中，虽然两个词的位置交换了，但是它们相应的后缀却保留在原来的位置上。例如，把"I went to get my truck parked"说成了"I went to get my park trucked"。这样的语误表明，存在确定词序的阶段（位置安排阶段），而且在这个阶段，附加成分（即"ed"）作为短语的固有部分被加工。简言之，出现这种语序错误是由于在将词条填充到计划框架时出错。

上述模型虽然暗示在时间进程上词条选择要先于句法加工，但仍将词条选择和句法加工作为两个相对独立的加工阶段。与此不同的是，词汇驱动理论（lexically driven model）不仅认为词条选择先于句法加工，更重要的是，句法是由词汇驱动的，即概念上激活了的词条会启动一系列句法程序，以建立合适的句法环境。这些程序会建立短语、从句和句子的模式，以满足对语法功能的表达。

词汇驱动理论的证据主要来自词汇对句式的启动研究。例如，博克（Bock，1986）给被试呈现包含及物动词和两个名词的图片，如"The rock broke the window"（石头打碎了窗户），要求被试对图片做即时描述。在图片呈现的同时，还会呈现一个启动词，该启动词可能与目标词语义相关，如"boulder"（大石头）或者"door"（门）。结果发现，当某个目标词与启动词语义相关时，个体更倾向于将其作为主语；而当它与启动词语义不相关时，个体更倾向于将其作为宾语。如上述"The rock broke the window"，当启动词为"door"时，被试更倾向于说"The window was broken by the rock"。实验同时发现，当启动词与目标词语音相关时没有类似的影响。该研究表明，句式的选择（主动句/被动句）可以由词条驱动，而语音的提取在句式选择之后。词汇驱动理论的另一方面证据来自句法启动研究。句法启动的经典范式是，首先给被试呈现一个启动句，如介词短语（如"offers the drinks to the party-goers"，把酒递给聚会上的人）或双宾语（如"offers the party-goers the drinks"，为聚会上的人递酒），然后，让被试描述一幅图片（如一个男孩把花递给一个女孩）。结果发现，被试描述这幅图片时存在句法的启动效应，即启动句是介词短语时，被试更倾向于用介词短语形式来描述图片；当启动句是双宾语时，被试更倾向于用双宾语形式来描述图片。布兰尼根等（Branigan et al., 2000）采用该范式发现，当启动句中包含目标句中的动词时，句法启动效应更大。对此，词汇驱动理论的解释是，加工启动句的时候会激活词汇（如动词）与句法之间的连接（lexical-syntactic node），致使这个连接的激活水平比平时的状态更高，从而产生了句法的启动效应。当启动句中的动词与目标句相同时，这个动词会通过它与该句法之间的连接进一步激活该句法，从而产生更大的句法启动效应。

词汇驱动理论在近几年受到了很大的挑战。特别是有研究者（Chang et al., 2006）在其句法加工模型中明确指出，词序与概念激活或主题表征有直接关系，是在词汇通达之前确定的，因此建立了与词汇驱动理论相对的内隐学习理论。内隐学习理论认为，句法编码器是一个错误引导的学习机制，启动句会使被试学习到如何用相应的句式表达一定的信息，使得信息与该句式之间的连接增强（Chang et al., 2006）。该理论与词汇驱动理论主要有两点不同：词汇驱动理论认为，词汇可以启动句法选择，而内隐学习理论认为句法的启动是学习痕迹的表现，与词汇无关；词汇驱动理论认为句法启动是短期激活增加导致的，因此会很快消退，而内隐学习理论认为句法启动会保持得相对持久。尽管在解释上述词汇（如动词）相同时会增加句法启动的证据上，内隐学习理论有一定的困难，但它很好地解释了句法启动的保持性。有证据表明，句法启动并不会很快消退，而是有一定的持久性。此外，许多研究还发现在口语句子产生中，词汇的提取程度受到词序以及句法提取难度的影响，从而进一步说明词序是在词汇选择前确定的。这就涉及我们接下来要讨论的递进加工问题。

二、递进加工模型

试想一下，如果说话人在开始表达一个句子之前必须准备好全部信息，结果会怎样？他的言语很可能会被频繁出现的"计划停顿"分割成一段一段的，事实上这样的停顿相当少。坎本和霍勒坎普（Kempen & Hoenkamp, 1987）用递进加工来解释，即编码过程可以在少量信息可用时就开始，而且多个加工水平可以立刻投入操作，从而使说话人在计划好整个句子之前就可以开始表达。更形象地来说，递进加工是指说话人先计划好单元 x，然后针对单元 x 发音，在说出单元 x 的同时计划下一个单元 x+1，从而使言语流畅地表达出来。大量的语言现实和实验证据都支持言语产生的递进加工模式，因此自然地产生了一个问题：计划单元 x 是什么？这个问题涉及言语产生的各个加工阶段，即概念准备的计划单元、言语组织的计划单元和发音的计划单元。其中言语组织是心理语言学者主要关注的加工阶段，进而包括词条、句法和音韵信息提取的计划单元问题。

近几十年来，研究者对言语产生的计划单元问题进行了积极的探索，在探讨过程中发现，计划单元（planning unit）和计划广度（planning scope）是两个概念，并不完全一致。我们以一项经典研究为例，说明这两个概念的含义和区别。杰斯切尼亚克等（Jescheniak et al.，2003）采用图-词干扰范式（picture-word interference paradigm），即给被试呈现一个图片，同时呈现一个干扰词，要求被试在尽量忽略干扰词的情况下，又快又准地命名图片。该研究中要求被试产生三种类型的表达：单个名词（如"car"）、简单名词短语（如"the red car"）和复杂名词短语（如"the big red car"），同时干扰词与表达中的名词（即"car"）语音相关（如"bar"）或无关（如"bee"）。结果发现，在产生单个名词时，存在显著的语音促进效应，即与无关条件相比，干扰词与目标名词语音相关时显著促进了命名，使得命名延迟更短；在产生简单名词短语时，虽然也发现了语音促进效应，但效应量与前者相比小了很多；在产生复杂名词短语时，研究者发现了语音抑制而非促进效应，即语音相关干扰词延迟了命名复杂名词短语的准备时间。对此，杰斯切尼亚克（Jescheniak et al.，2003）等提出了层级激活的解释（graded activation account），认为在音韵编码的计划广度内包含多个计划单元，每个单元的音韵激活强度是随着其在表达中的顺序依次递减的；不在句首的单元如果得到较强的激活，会干扰词序的加工，这种干扰效应随着其在表达中的顺序依次递增。具体到这项研究，结果表明，整个复杂名词短语都包含在音韵编码的计划广度内，只不过每个词（计划单元）的激活强度是按照顺序依次递减的，因此同样的名词位于表达的第二个词的位置时（即在简单名词短语中），会得到较小的语音促进效应；而名词位于表达的第四个词的位置时，它增强的激活对词序的干扰超过了对提取该词的促进，其综合表现即为语音干扰效应。

由此可见，计划单元和计划广度是两个概念，计划广度是开始发音前说话人准备信息的范围，可以包含不止一个计划单元。纵观前人的研究可以发现，实际上大多是对计划广度的探讨。多项研究比较了产生不同句法结构的表达所需要的准备时间，结果发现，准备时间随着句首短语长度的增加而增加（Allum & Wheeldon，2007；Smith & Wheeldon，1999；Wheeldon et al.，2013；Zhao et al.，

2015），表明句法提取的计划广度是句首短语。关于词条选择的计划广度，前人研究的结论并不一致。有的研究显示，词条选择的计划广度只包含第一个词（赵黎明，杨玉芳，2013；Griffin，2001；Zhao & Yang，2016），有的研究则发现，句中的第二个名词在开始发音前也完成了词条的选择，即使这个名词位于句子末尾（Meyer，1996；Wagner et al.，2010）。关于音韵编码的计划广度同样存在争议，因此有研究者提出计划广度可能存在个体差异，与年龄、工作记忆容量等有关（赵黎明等，2018；Swets et al.，2014）。关于计划广度的大小和个体差异，研究者利用眼动技术进行了探讨，并提供了很多有意义的证据，我们将在第二部分对此做详细阐述。

在计划广度可能包含多个计划单元的前提下，自然产生了另一个问题：包含在计划广度中的多个单元是如何加工的？是序列加工还是并行加工呢？这仍然是一个值得探讨的问题，然而很少有研究对此做直接的检验。由于句子产生是一个动态的复杂过程，说话人在发音表达的时候可以同时计划后续的表达，因此至少就行为学方法而言，做到使该过程中各个加工阶段的时间进程很精确是很难的。不过，还是有研究对此做了探索。阿拉里奥等（Alario et al.，2002）探讨了形容词和名词的词频对形名短语（如"the blue kite"）命名延迟的影响，发现不仅单独改变形容词或名词的词频会对命名延迟产生影响（词频高时，命名延迟更短），而且这两个词的词频效应是可以叠加的。该结果符合序列加工理论的预期。然而，根据完全并行加工理论预测，形容词和名词的词频效应依赖于两者中通达时间较长的那个，而不会发生叠加效应。由此可见，即使计划广度内包含多个词，这些词加工的时间进程也可能存在序列性。费雷拉和斯维兹（Ferreira & Swets，2002）的结果也支持上述假设，认为虽然很多加工都可以并行进行，但对每一个单元的信息进行的是序列加工。也就是说，对于单元 x，它的音韵编码需要在单元 x 的词条选择完成之后，但是可以在进行单元 x 的音韵编码时同时进行单元 x+1 的词条选择。

第三章

言语产生的研究方法

如果我们直白地询问说话人是如何提取语言的语义、句法等信息的，或者工作记忆是如何在其中起作用的，恐怕结果不会有什么成效。我们显然需要通过可观测的行为来推测言语产生的认知过程，其中两种重要的方法是言语错误分析法和图片命名反应潜伏期（picture naming latency）测量法，下面系统地进行介绍。

第一节　言语错误分析法

传统的言语错误分析方法是建立在大量的语料库基础上的。研究者从语料库中尽可能地收集语误，并在收集过程中通过与说话人的沟通和询问，了解他们本来要表达的目标词语，以及为什么会犯这样的错误，等等。然后，分析这些错误，找出其中的规律，从而揭示言语产生的过程。例如，我们前面提到，在众多语误中有一类单词交换错误（Fromkin，1973；Garrett，1975），如"小明用核桃打开了钳子"，显然说话人想要表达的是"小明用钳子打开了核桃"。研究者还发现，这类语误一般都符合同类交换原则，即名词和名词交换，动词和动词交换。由此，盖瑞特（Garrett，1975）假设在言语组织时存在这样一个加工阶段，在这个阶段，不仅提取词汇的语义信息，同时还提取词汇的语法信息，这也就是我们前面提到的功能编码阶段。

另外一种言语错误分析法是建立在实验室控制下的言语错误的基础上的。例如，列维特（Levelt，1983）给被试呈现一系列包含不同色块的图示（图3-1），要求被试从箭头指向的色块开始，描述出这个图示，做到别人听了这一描述就可以画出这个图示的程度。结果发现，有18%的言语纠正发生在单词内部，如句子（1a）；有51%的纠正发生在错误刚刚发生的单词之后，如句子（1b）；剩下的31%的纠正发生在错误之后的几个词，如句子（1c）。这与之前语料库分析的结果一致，即自我打断与修正多发生在错误刚出现的词边界。类似地，费雷拉和亨弗利让被试重复说"They taped the record."这样的句子，结果诱发了"They recorded the tape."这样的交换错误（Ferreira & Humphreys，2001）。该结果进一步支持了语法编码的两阶段模型，表明存在位置编码阶段。与语料库的语误研究相比，上述研究的优势在于严格的实验室控制，因此能够更有针对性地验证言语产生模型。

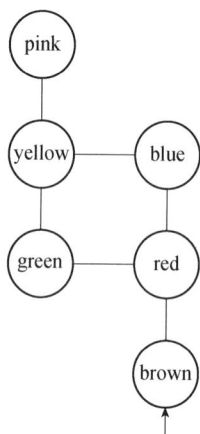

图3-1　列维特研究中使用的色块图示举例（Levelt，1989）

（1a）We can go straight to the ye-, to the pink node. （我们可以直奔/hu/—粉色块。）

（1b）Straight on to green- to red. （直奔绿色—红色。）

（1c）And from green left to yellow-er from blue left to yellow. （接着从绿色向左到黄色——嗯，从蓝色向左到黄色。）

总之，不管是自然观察到的还是实验室诱发的语误，研究者通过分析言语错误，能了解言语产生中各个层面的信息加工机制。因此，长期以来，语误分析在言语产生领域占据着重要地位。但也有另一种观点认为语误毕竟是错误，并不能很好地代表正常的言语产生过程。因此，随着实验心理学的发展，大量研究选用了图片命名的方法。图片命名法可以有效地探讨单词产生的认知过程，由于说话人一般在开始发音前会提取这个单词的所有信息，因此图片命名的准备时间可以充分反映单词的计划难度。之前介绍的言语产生模型大多是建立在图片命名实验结果的基础上的。下面，我们就详细介绍这一方法。

第二节　图片命名反应潜伏期测量法

说话人在命名单个物体图片时，需要计划并完成物体相应的名称在发音前所需的所有加工阶段：首先，要确定图片的意义；然后，选择合适的名字；最后，编码相应的发音计划，准备发音。因此，图片命名任务在言语产生领域的应用非常广泛。其中，命名潜伏期（naming latency），也就是从图片开始呈现到说话人开始发音的时间，反映了说话人进行这一系列加工所需要的时间。研究图片命名认知过程的方法之一，就是通过操纵图片的属性，探测该属性对图片命名过程的影响。例如，张清芳和杨玉芳（2003）让被试命名 311 幅图片，并测量了这 311 幅图片的熟悉性、图片名称的词长等因素，从而探索诸多因素对图片命名潜伏期的影响。结果发现，概念一致性、熟悉性、表象一致性和词频是影响图片命名时间的主要因素。其中，概念一致性由概念一致百分数表示，是指只要概念相同，无论名称是否完全相同，均计为概念一致。例如，"吊车"和"起重机"虽然名称不同，但表达了相同的概念。因此，概念一致性反映了概念提取的难易程度，即概念一致百分数越高，说明概念的一致性程度越高，那么命名图片时不需要在诸多概念中做选择，概念提取就越容易。它对图片命名时间有重要影响，说明图片命名潜伏期包含对概念提取的加工时间。同理，词频对图片命名时间也有重要影响，说明图片命名潜伏期包含词汇通达的时间。

词汇命名或者说词汇阅读任务则与此不同，虽然词汇命名和图片命名的产生内容可能是一样的，但是两种任务下呈现的刺激不同。词汇命名任务呈现的是印刷体或手写的词汇，说话人可能通过一个快速的字形–语音转换机制完成任务，而不包括图片命名时的概念化和词汇选择过程。许多研究也发现，词汇阅读的反应时显著短于图片命名的潜伏期（Theios & Amrhein，1989），从而支持了关于上述机制的假设。关于词汇阅读，我们将在第七章详细介绍。

一、图–词干扰范式

1935 年，斯特鲁普（Stroop）引进了一种新的实验范式，被称为"Stroop 任务"。他给被试呈现一些表示颜色的词,而被试的任务是说出词的颜色或者读出词。结果发现,当单词的含义与字体颜色不一致时(例如,当"绿"这个字的字体颜色为蓝色时),说出字体颜色所需的时间比两者一致时显著延长。这说明语义信息会自动激活,并干扰其他颜色词(字体的颜色)的提取。

在 Stroop 范式的基础上,许多研究者做出了改进和演变,从而发展出多种研究范式,其中较为典型并且在言语产生领域应用广泛的,当属图画词汇干扰范式,或简称图-词干扰范式。传统的图-词干扰范式是使用一幅图片和一个干扰词,干扰词以视觉或听觉形式呈现。如果干扰词是视觉呈现的,通常重叠出现在图片中央(图3-2),要求说话人尽量忽略单词而对图片进行命名。早期研究中,卢普克(Lupker, 1979)发现,与图画意义相关的单词会让图画命名速度变慢,这与 Stroop 任务中的发现类似。研究者还发现,韵律关联词对图画命名产生了促进作用(Lupker, 1982)。这就是之后广为应用的语义干扰效应(semantic interference effect)和语音促进效应(phonological facilitation effect)的早期发现。

图 3-2　经典的图-词干扰范式实验刺激举例

语义干扰效应,即干扰词和目标词属于同一语义类别时的命名潜伏期显著长于干扰词和目标词语义无关时。关于该效应的产生机制,大多数研究者遵循词汇选择的竞争假设,认为在一个单词语义信息的提取过程中,会自动激活同一类别下语义相关的多个备选项,比如,要产生"sheep"(绵羊)这个词,会同时自动激活"goat"(山羊)的语义。说话人需要在备选项里面选择一个激活程度最强的词,这个词通常是目标词。但如果此时给说话人再呈现一个语义干扰词"goat",那么就会促进"goat"的激活,造成两个激活程度都很强的选项"sheep"和"goat"彼此之间形成竞争,所以导致命名潜伏期变长。在接下来的加工中,这些语义备选项各自对应的语音信息并没有全部得到激活,只是最终被选择的那一个目标项的语音信息被激活,或者语义备选项对应的语音信息也得到激活,但是没有反馈到语义层,因而此时给他们呈现一个语音相关词,说话人会更容易提取目标项的语音信息,而不会出现竞争。因此,当干扰词和目标词语音相关时,其命名潜伏期显著短于干扰词和目标词语音无关时，即产生了语音促进效应。

　　值得一提的是，不是所有干扰词与目标项语义相关时都会出现语义干扰效应。首先需要对所谓的语义相关做细致的分类。许多研究发现，当干扰词和目标项语义关联（如"雨"和"伞"）或者是部分与整体的关系时（如"汽车"和"发动机"），会产生语义促进效应（如 Costa et al.，2005）。即便是干扰词与目标项属于相同的语义类别，也可能因为干扰词的呈现先于图片而诱发语义促进效应（Bloem & la Heij，2003；Bloem et al.，2004）。词汇选择的竞争假设对此的解释是，当干扰词与目标项语义相关但不属于同一个类别时，干扰词的激活会通过语义的网络激活扩散使目标项的相应语义概念得到激活，产生促进效应，同时由于两者不属于同一个语义类别，所以不会相互竞争而产生干扰。当同一个语义类别的干扰词较早出现时，由于干扰词在目标项选择时已经消退，所以不会产生竞争。此外，对语义干扰效应的解释也不止词汇选择的竞争假设一种。语言产生领域中另一类与"竞争假设"相对立的理论是词汇选择的非竞争假设，其主要观点是：激活程度最高的词汇被选择为目标词，这一选择的难度与其他同时被激活的词汇无关，目标项和干扰词之间的冲突发生在其他加工阶段。例如，反应排除假设（response exclusion hypothesis）认为，目标和干扰之间的冲突发生在反应输出缓冲器中，即冲突发生在后词汇水平，而不是在词汇选择阶段。

　　图-词干扰范式在言语产生领域的应用中被不断地变革和改进，从而也使得它在该领域占据了重要地位并得到更加广泛的应用。在图-词干扰范式下，不仅可以设置干扰词和目标图片的关系，如之前提到的语义相关、语音相关等，还可以设置不同的呈现方式，如视觉呈现或听觉呈现。此外，在该范式下还可以设置干扰词和目标图片之间呈现的时间间隔（stimulus onset asynchrony，SOA），从而探讨言语产生过程中不同信息提取的时间进程。此外，还有一些实验任务上的变革，例如，让说话人尽量忽略图片而命名词汇，或者让双语者用不同于干扰词的语言命名图片，从而探讨双语者的单词产生的加工过程（Costa & Caramazza，1999）。也有研究者用两幅或三幅图片组合成一个实验刺激，诱发被试说出包含这些图片名称的短语或者句子，同时设置与目标词有一定关系的干扰词，从而探讨短语或句子产生中的递进加工问题（Bock，1986；Meyer，1996）。抑或以图片形式呈现干扰词，通过操纵两幅图片之间的语义或语音关系，从而探讨在产生短语或句子时，同时位于表达中的不同词语之间的影响（Smith & Wheeldon，2004；Costa et al.，2006）。

二、连续命名范式和区组命名范式

与图-词干扰范式中的语义干扰效应类似,这种属于相同类别的词汇之间的干扰也发生在其他的命名范式中,如连续命名范式(continuous naming paradigm)和区组命名范式(blocked-cyclic naming paradigm)。连续命名范式是指要求被试连续命名一系列图片,一次一幅,没有重复。这些图片来自若干个不同的类别,每个类别下不止一幅图片。结果发现,属于相同类别的图片的命名潜伏期随着它们在类别内出现的顺序线性递增,而与它们在整个序列中出现的顺序无关,该效应被称为积累的语义干扰效应(cumulative semantic interference effect)。在区组命名范式中,一小组图片在一个区组里重复出现多次。根据这一小组图片之间的语义关系,可以分为语义同质组(homogeneous blocks)和语义异质组(heterogeneous blocks)两种条件。在语义同质组中,这一小组图片都来自相同的语义类别,如"苹果""香蕉""葡萄"等都属于"水果";在语义异质组中,这一小组图片分别来自不同的语义类别,彼此没有重复。结果发现,语义同质组的图片命名潜伏期显著长于语义异质组,该现象被称为语义区组效应(semantic blocking effect)。虽然上述两种范式也有相应的延伸和拓展,但仍以研究单词产生为主,一次只呈现一幅图片或者一个单词,因此主要测量说话人的命名潜伏期和错误率,眼动技术的应用并不能提供更丰富的信息,在此不再详细展开。

三、场景描述任务

在介绍场景(scene)描述任务之前,我们首先需要弄清楚什么是场景。广义上来讲,心理语言学研究中使用的视觉呈现都可以称为场景,场景描述就是对一个有语义连贯性的视觉画面进行语言描述。因此,前面提到的物体图片的命名也属于场景描述,只是场景非常简单,只有一个物体,对描述也有要求,即说出该物体的名称。这样简单的场景和严格的描述要求,是为了满足实验室实验的要求,便于自变量的操纵和因变量的测量。

然而,亨德森和费雷拉(Henderson & Ferreira,2004)反对这种笼统的概念,认为一般作为视觉刺激的场景属于人造场景(ersatz scene),是不具备真实场景的许多特征的。例如,真实场景包含背景,而且一般很杂乱,物体间的相对大小和位置也都符合现实。此外,它们符合空间维度和重力的制约,反映了颜色和光线在自然场景中的变化。任何不符合上述标准的场景,称为人造场景。

研究者之所以提出应该区分真实场景和人造场景，是因为许多研究发现在自然场景下的物体识别要远快于人造场景。此外，研究还发现有一个在自然场景下才会激活的专门的脑区——海马旁回（Epstein & Kanwisher，1998；Epstein et al.，1999）。由此可见，真实场景和人造场景的加工可能存在不同的脑机制。因此，采用场景描述任务的心理语言学研究，在进行实验刺激的选用和研究结果的推广时仍需谨慎。

真实场景由于具有上述复杂的特性，因此难以操纵，在心理语言学研究中的应用较少。不过也有研究恰恰利用了这种复杂性，例如，彭尼贝克等（Campbell & Pennebaker，2003）让上千人观看一个矿泉水瓶的照片，并要求他们用 5 分钟时间描述这个照片并将描述写下来。结果发现，人们描述瓶子的方式差别很大。例如，有的人关注了瓶子上的标签和字母，有的人描述了瓶子投射的影子，而有的人则关注了握住瓶子和用它喝水的感觉。研究者据此进行了大量的语料分析，结果表明代词的使用与性格之间有密切联系。

在言语产生领域，应用更为广泛的是人造场景，例如，单词产生研究中常用的线条图（图 3-3 左侧）。这种图的背景单一，没有自然场景中的光线变化等，因此避免了很多无关因素的干扰，非常有利于实验室操控，正如我们之前提到的图-词干扰范式及其扩展。赵黎明和杨玉芳（2013）就采用了图-词干扰范式的扩展形式，给被试呈现两个竖直排列的线条图，并要求被试产生包含这两个物体名称的句子，如"台灯下面的花瓶是红色的"。同时，在这两个物体中的一个物体上呈现干扰词，干扰词与它所在的物体语义相关或无关，以此检验词汇选择的计划广度是否包含句子中的第二个名词。尽管研究者在该研究中对线条图的颜色进行了操纵（黑色背景下线条为白色、红色或灰色），但与真实场景相比仍然简单得多。有研究将该范式进一步扩展到了由三个物体图片组成的场景中，要求被试根据物体的相对位置产生诸如"冰箱和窗户在纽扣的上面"的句子，从而探讨更复杂的表达中言语产生的加工过程（赵黎明等，2018）。在这样的人造场景中和任务要求下，被试只需要关注三个物体之间的相对位置，以及每个物体是什么，不需要考虑三个物体在真实场景中的关系和相对大小等信息。不可否认的是，在这样的要求下产生的句子，在实际生活中几乎不会发生。但是这样设置的优势在于，一方面可以在实验前对每一个物体图片进行测试，获得其命名潜伏期、熟悉度、命名一致性等信息（张清芳，杨玉芳，2003），从而匹配或操纵刺激呈现；另一方面是将被试的表达统一化，便于明确实验任务包含的加工阶段以及被试间的整合或比较。

图 3-3　人造场景和自然场景下的狗

　　在上述包含两个或多个客体的人造场景中，客体之间是离散的，彼此没有联系，研究主要通过操纵干扰词与某个客体的关系达到研究目的。这也是人造场景不同于真实场景的最大区别之一。为了更加接近真实场景，实现更好的生态效度，研究者也根据研究目的尝试采用包含客体联系的场景作为实验刺激。当然，为了便于实验室控制和操纵，大多数研究仍采用人造场景。例如，有研究者（Zhao et al.，2018）采用与赵黎明等（2018）相似的呈现方式，但不再设置干扰词，而是操纵刺激中三个客体之间的联系，如图 3-4 所示。该研究根据格式塔原理中的相似性原则，将三个客体中的两个设置为相同颜色或在相同区域内。根据相似性原则，人们会倾向于将这两个客体知觉为一组，而将另一个颜色不同或不在相同区域内的客体知觉为其他组。通过这一设置，该研究考察了知觉区组与言语组织的关系，并发现知觉上属于一组的客体，在言语组织时也倾向于归属同一短语。格里芬和博克（Griffin & Bock，2000）的研究则选用客体间有直接动作关系的人造场景，如图 3-5 所示。其中一个客体为施动者，另一个为受动者，从而探讨了主动句和被动句的产生。我们将在第二部分更详细地介绍该研究。

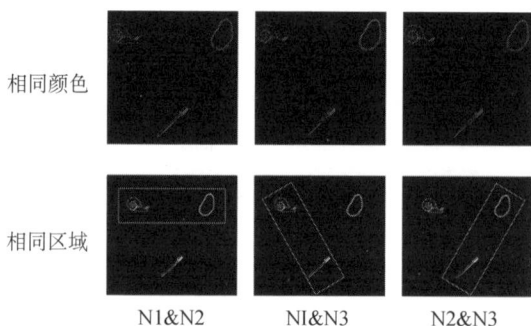

图 3-4　客体之间存在知觉区组关系的人造场景（Zhao et al.，2018）（见文后彩图 3-4）

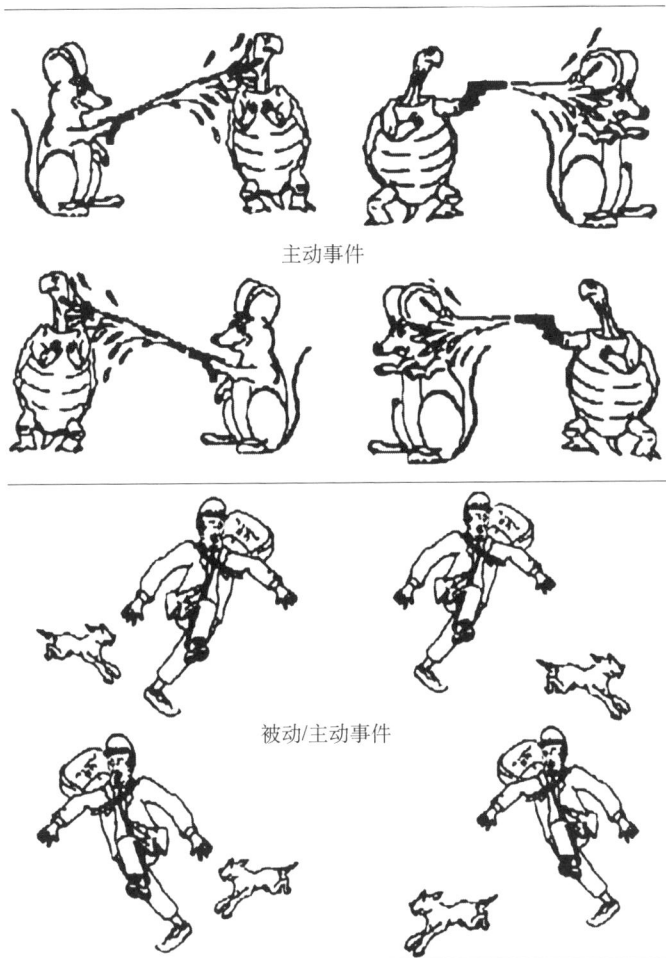

主动事件

被动/主动事件

图 3-5　客体之间存在动作关系的人造场景（Griffin & Bock，2000）

我们通过上面的介绍可以看出，以图片或者视觉场景作为实验刺激是言语产生领域应用最为广泛的研究方法。人们在针对图片或视觉场景产生言语时，需要经历日常交流表达过程的每一个加工阶段。此外，在进行言语产生的认知加工之前，人们还需要识别图片，甚至需要一点时间理解视觉场景的内容，并且在开始发音表达后还需持续关注场景的信息。这时就需要我们的眼睛来获取与处理视觉信息。那么，在观看图片或场景的时候，眼球的运动轨迹能够揭示哪些信息呢？这些信息又反映了言语产生的哪些问题呢？这正是我们下一章将为大家详细展开的内容。接下来，我们先看一下眼动技术的基本原理，以及在言语产生研究中的优势和需要克服的困难。

第四章

眼动技术应用于言语产生研究的原理

眼动是人类最频繁的运动之一，主要有三种模式：注视（fixation）、眼跳（saccade）和追随运动（pursuit movement）。它们不仅能够反映眼球运动的生理特性，而且在一定程度上体现了人们在眼动过程中的认知加工。例如，已经有大量研究表明，在阅读理解中，眼球运动的多项指标，如首次注视时间、回跳次数等，反映了词汇理解和信息整合等过程（Rayner，1998）。这些研究正是通过对上述眼动轨迹进行记录来实现的。下面我们就详细介绍眼动的三种模式以及相应的记录方法的基本原理。

第一节　眼动技术的基本原理

将眼睛对准要看清楚的对象的活动叫作注视。这是因为只有中央凹，也就是说约 2° 的视角，才能高分辨率地获取视觉信息。中央凹周围约 5° 视角为副中央凹，其信息获取的准确性就会大打折扣。更外围的视野也是有用的，可以帮助我们确定下一个注视的位置，但精确性会进一步降低（Liversedge & Findlay，2000）。因此，大部分信息获取是由中央凹在稳定的注视期间获得的。那么，为了从环境中获取清晰的图像，我们就需要频繁转换注视点。事实上，注视每秒大约要转移 3 次，在清醒的一天里大约为 230 000 次（Hoffman，1998）。这种注视的转移是由眼跳实现的，其功能就是改变注视点，使下一步要注视的内容落在视网膜最敏感的区域——中央凹附近，而且眼跳的速度非常快，可达到每秒 500° 视角（Rayner，

1998）。眼跳过程中不会获取视觉信息，但是可以对先前注视的项目继续加工（Matin，1974）。追随运动是指当我们观看一个运动的物体时，为了使眼睛总是注视这个物体而进行的眼球运动。

　　眼动技术就是对上述眼动轨迹进行记录的方法。早在 19 世纪，就有人通过考察人的眼球运动来研究心理活动。当然，这种用肉眼直接观察眼动的情况是一种比较原始的眼动记录方法。随着技术的发展，当代的眼动记录也发展出多种方法，如电流记录法、电磁感应法、录像记录法，以及基于瞳孔和角膜反射的视频记录法，对眼动的记录也越来越精确。下面我们就以目前应用最为广泛的基于瞳孔和角膜反射的视频记录法简述眼动技术的基本原理。

　　角膜位于眼球最前端，表面光滑，因此在眼球运动过程中会反射落在它上面的光。如果光源是固定的，那么眼球运动时角膜反光也随之变化，这样就可以通过记录角膜反光来分析眼动了。例如，SR 研究（SR Research）公司生产的 Eyelink 1000 Plus 型眼动仪（图 4-1），就是通过被试面前固定的光源和摄像头，记录下角膜反光的情况，从而测算出注视时间和眼跳距离等诸多指标，其采样率可高达 2000Hz。

图 4-1　Eyelink 1000 Plus 型眼动仪被试机（https://www.sr-research.com）

　　通过上述眼动仪的精密测定，我们可以得到两大类眼动数据，即时间维度的指标和空间维度的指标。时间维度的指标是针对某一个空间区域的注视时间，因此在测算之前，需要确定要分析的目标区域，即兴趣区（area of interest，AOI）。兴趣区可以小到一个字或一个词，也可以大到一个句子或者场景中的一个客体。针对一个兴趣区的注视时间，也可以分为不同的指标。如果在阅读文本或扫视场景的过程中，该兴趣区内有且只有一次注视，这个注视时间称为单一注视时间

（single fixation duration）。之所以这样区分，是因为兴趣区内接受了多次注视的加工过程与只接受一次注视的加工过程在性质上是不同的（闫国利等，2013）。那么，兴趣区内在首次加工过程中接受了多次注视的情况下，就有了每个注视的注视时间，如首次注视时间（first fixation duration）、第二次注视时间（second fixation duration），以及这些注视时间的总和——凝视时间（gaze duration）。如图 4-2 所示，说话人在命名"骆驼和书包"的任务中，按照时间顺序依次产生了 1、2、3、4、5 这五个注视点。对于左侧物体"骆驼"，在首次加工过程中接受了三次注视，注视点 1、2 和 3 的时间之和即为该兴趣区的凝视时间。事实上，凝视时间的严格定义是从首次注视点开始到注视点首次离开当前兴趣区之间的持续时间，只是由于眼跳速度非常快，注视点之间的距离又非常短，所以这个眼跳发生所需的时间可以忽略不计。

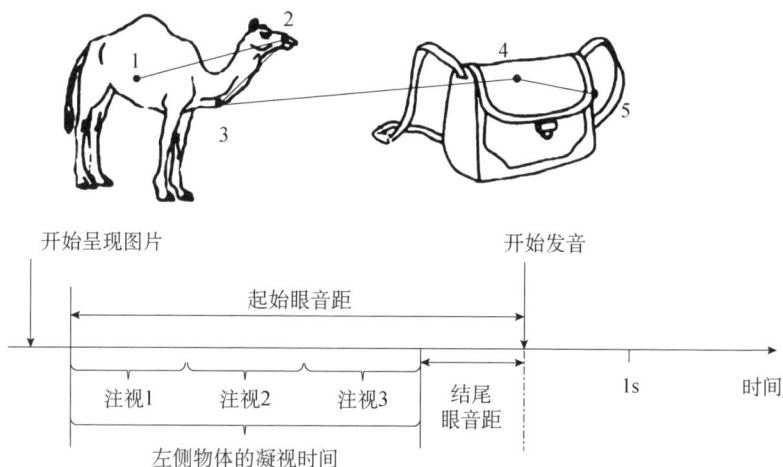

图 4-2　场景描述任务中的眼动轨迹示意图

此外，在言语产生领域还有一个特有的眼动指标，直接反映眼动和同时性语音输出的时间或空间关系，那就是眼音距（eye-voice span，EVS）。眼音距这一概念最早是巴斯维尔（Buswell）于 1920 年提出的，指的是在文本朗读过程中，眼睛注视的位置和当前发音内容在文本中的距离，因此其单位是字母或词。随着现代眼动技术在记录速度和精度上的极大提高，研究者提出了时间维度上的眼音距，即对于某一个词，眼睛注视该词的时间与开始表达（朗读）该词的时间间隔（Järvilehto et al.，2008，2009）。同理，在场景描述任务中，时间维度上的眼音距指的是眼睛注视某一客体的时间与开始描述这一客体的时间间隔。例如，在梅耶尔等（Meyer et al.，1998）的研究中（图 4-2），左侧物体骆驼的眼音距指的就是眼睛注视骆驼的时间和开始说出"骆驼"的时间间隔。那么，问题来了，开始说出"骆驼"的时间是一个时间点，而眼睛注视骆驼的时间是一个时间段。具体而言，在眼动过程中，眼睛的每一次注视一般持续200—300ms（闫国利等，2013），而且在物体骆驼上不止一个注视点。因此，眼音距又可以进一步分为起始眼音距（onset EVS）和结尾眼音距（offset EVS）。起始眼音距是指发音开始的时间点（speech onset）减去首次注视开始的时间点的间隔，结尾眼音距是指发音开始的时间点减去注视首次离开的时间点的间隔（图4-2）。

　　上述时间维度上的指标都是针对某一个兴趣区的首次加工过程，主要反映了早期加工阶段。有的兴趣区在注视离开后还会被再次注视，我们称这种情况为回视（regression），如图4-3中的注视点（6）。因此也就有了回视时间（regression time）这一指标，指的是所有回视到当前兴趣区的注视时间之和。与首次加工过程相比，回视时间显然反映了较为后期的加工阶段。此外，还有一个指标为总注视时间（total viewing time），是落在兴趣区的所有注视点的时间的总和（Inhoff & Radach，1998），即凝视时间和回视时间的总和。

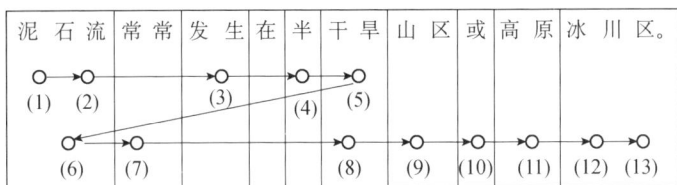

图4-3　句子阅读过程中的眼动轨迹示意图（闫国利等，2013）

　　空间维度上的眼动指标主要有眼跳距离（saccadic length）、注视位置（landing position）和注视次数（number of fixations）。眼跳距离是指从眼跳开始到此次眼跳结束之间的距离。菲利普斯和埃德尔曼的研究发现，在视觉搜索任务中眼跳距离比注视时间更能解释个体成绩的变异和提高（Phillips & Edelman，2008）。研究者在文本阅读的研究中也发现，阅读速度越快，眼跳距离越大（闫国利，白学军，2000）。随着文本难度的加大，阅读者的眼跳距离变短（Rayner，1998）。因此，眼跳距离可以作为反映视觉材料加工难度的指标。注视位置是指注视点所处的位置，既是前一次眼跳的落点位置（landing site），也是下一次眼跳的起跳位置（launch site）。在记录眼动数据时，注视位置一般是以二维的（x, y）坐标系统采样的，单位为像素。根据研究的需要，研究者可以获得不同注视的注视位置指标，如单一注视的注视位置、凝视时间内多次注视的平均注视位置等，同时还能形成多个相应的注视位置分布图。

注视次数是指兴趣区被注视的总次数。研究者在文本阅读的研究中发现，阅读材料越难，注视次数越多；对于相同的阅读材料，老年人的注视次数显著多于年轻人，熟练阅读者的注视次数显著少于不熟练的阅读者（闫国利等，2013）。因此，注视次数可以作为反映认知加工负荷的指标。根据注视的方向，还可以将注视次数指标细分为向前注视次数（number of forward fixations）和回视注视次数（number of regressive fixations），分别指向前眼跳引发的注视次数和由回视引发的注视次数。此外，还可以根据注视次数计算再注视比率（refixation rate），即首次加工过程中兴趣区被多次注视的频率与该兴趣区被单一注视和多次注视的频率之和的比值。该指标能够敏感地反映认知变量，因此在眼动研究中也有广泛应用。

至此，我们只是对主要的眼动指标进行了简单概述，在不同的任务和研究目的下，还有需要更加细化的指标，它们能在不同程度上反映不同的认知加工过程。在下一节，我们就来具体介绍眼动指标在言语产生研究中，特别是场景描述任务下，究竟能够给我们提供哪些信息。

第二节　眼动技术在场景描述任务中提供的信息

在场景描述任务中，我们首先需要观看和理解场景，然后才是相应的言语产生。眼动与这两种认知加工都有密切联系。下面我们就分别介绍眼动与场景知觉和言语产生的关系。

一、眼动和场景知觉的关系

在观看场景的过程中，当我们无法明确识别一个物体时，我们会倾向于在注视和认知加工上都聚焦于这个物体，这种聚焦就是注意。注意通常被描述为"一个聚光灯，可以提高检测其中事物的效率"（Posner，2013）。与此相似，我们之前提到过，只有注视一个物体才能获取相关的详细信息，因此注意和注视是紧密联系在一起的。注意的转移一般会紧跟着注视指向目标物体，除非我们刻意去控制（Posner，2013）；反之亦然，即一个注视的转移往往发生在注意转向兴趣目标之后（Deubel & Schneider，1996；Hoffman，1998）。这种注意的转移可以是内源性的，以适应当前目标或预期，也可以由外界刺激触发，是外源性的，例如，一个突然出现的运动或声音。无论是内源性还是外源性诱发的注意转移，都与注视的转移密切相关。过去的研究显示，尽管个体可以在不发生眼动的情况下也能转移注意，但是他们不能在注视一个地方的时候对另一个地方给予充分的注意。因此，注视点的转移意味着注意的转移（Wright & Ward，1994）。眼动为注意加工提供了精确的时间和空间窗口。我们正是通过这个"聚光灯"的来回移动，才能获取对场景的完整表征。

在场景知觉过程中，我们的眼跳和下一个注视点具体落在画面中的哪个区域，在很大程度上依赖注意。那么是什么决定了在众多空间区域中应该选择哪个作为注意和注视的点？早期的场景观看实验表明，我们的眼动并不是随机的，而是反映了对视觉场景的主动探索（Buswell，1935；Yarbus，1967）。研究者追踪了人们观看绘画和照片的眼动情况，发现注视主要集中在人物以及与当前任务有关的区域，人们会避免注视空的或单调的区域，倾向于注视多变的区域。亨德森（Henderson，2003）指出，人们倾向于注视多变的区域，是因为多变的区域可能富含更多信息。他提出了判断某个区域信息丰富性的两种方式：一种是自下而上的刺激驱动，依赖于画面信息；另一种是自上而下的知识驱动，依赖于记忆中存储的信息。

自下而上的刺激驱动是建立在视觉搜索方式的基础上的。视觉搜索假设早期会有一个快速的对整个场景的前注意感知。这个加工在一定程度上是自动和并行的，其结果是根据感知到的基础特征，如颜色、方向、位置等，将场景划分成不同的类别（Wolfe，1998）。我们利用这些基础特征计算物体的凸显性地图（saliency maps），分析它们在背景下凸显性的分布和潜在的重要性（Itti & Koch，2000，2001；Henderson，2003；Underwood & Foulsham，2006）。这个凸显性的分布究竟如何计算，不同的模型有不同的具体假设，我们不再详述，但总体思想都是给不同的区域分配凸显性的权重，其中权重最高的区域会被注视。一旦该区域被充分加工，它的凸显性会减弱，注意会根据更新的权重分布重新分配。

在自然场景的知觉实验中，建立在凸显性地图上的计算模型能够有效地预测注视落点的概率，但这些模型很难与情景记忆、图示推理等知识的影响融合在一起。因此，关于自上而下的知识驱动的方式，其研究证据主要来自两方面：一方面是来自任务特异性对注视模式的影响；另一方面是场景中的语义信息对注视的影响。例如，有研究发现，注视模式和凸显性的相关在自由浏览时比有特定任务时更紧密（Hayhoe，2000；Land & Hayhoe，2001），即使是首个注视点也会受到任务目标的影响（Bock et al.，2003）。

另一个支持视觉凸显性不是决定注视的唯一因素的证据，是我们能够非常快速和准确地获取场景的主题（gist），而这个主题获取后可以诱导后面的注视。"gist"
这个术语一般是指对一类场景的广泛标签（如厨房、咖啡厅、教程），包括基本的
语义信息或与情景相关的主题信息，以及该场景一般的空间分布情况信息
（Henderson & Ferreira，2004）。大量研究表明，场景呈现时间只需要维持几十毫秒
就足以使人准确识别和分类主题，并促进之后的加工（如 Potter，1975；Castelhano &
Henderson，2007）。虽然快速获取主题的过程一般不包含对细节或个别物体的加
工（Tatler et al.，2003），但显然有助于后面选择富含最丰富信息的区域来注视。
例如，在亨德森和费雷拉（Henderson & Ferreira，2004）的研究中，被试对"指向
面包机"的反应速度会受到主题信息的影响。比如，在一个典型的厨房场景中，
被试能够很快理解主题，主要关注柜台，因为面包机一般会被放在柜台上，以此
减少搜索时间。相反，如果没有主题线索，面包机只是一系列不相关的物体中的
一个，那么只有语言线索和该物体本身的视觉特征能够帮助我们识别它。

总之，决定注视位置的两个主要因素是自下而上的视觉凸显性和自上而下的
认知知识结构。例如，需要在墙上找一个钟表，知识结构可以直接修正凸显性地
图，并依赖相关特征将其筛选出来，如"一个圆的白色的东西"。在另一类情景中，
可能需要建立一个独立的基于内容的地图，从而表明目标物体可能出现的位置（例
如，行人一般出现在人行道或路面上，而非天上）。在视觉搜索的过程中，基于内
容的地图和基于凸显性的地图可以结合起来使用（Torralba et al.，2006）。

有大量理论、模型和实验关注人们观看场景时的"where"问题，相对而言，
对于个体对所选择的物体的注视时间的研究就少得多。这很令人意外，因为注视
时间在阅读方面的研究非常重要和广泛，能够反映加工注视目标的相对难度
（Rayner，1998）。在场景观看中，注视时间主要依赖于视觉刺激的特征，如对比
度、亮度和大小（Henderson，2003），但是也明显会受到认知因素的影响。例如，
亨德森等（Henderson et al.，1999）的研究发现，注视时间会受到语义一致性的影
响；梅耶尔等（Meyer et al.，1998）的研究发现，当被命名的物体较难识别时，注
视时间也会相应地延长。

海赫指出，视觉是建立在一条激活的时间线上，从而确定在哪个时间获取哪
些与当前任务有关的信息（Hayhoe，2000）。因此，在相同目标上，一系列的注视
点可能出于完全不同的目的。例如，一个切片面包第一次被注视是为了指导果酱
应该落在哪里，然后被注视是为了引导刀的动作以便将果酱均匀地涂抹在整个切
片上，最后被注视是为了检查涂抹果酱的厚度。同样，这些注视的持续时间也会
依赖于当时的任务：首次注视可能很短，直到果酱落上去，但之后会在涂抹过程

中持续地注视。最后对厚度的检查可能会限制在一个非常短的单一注视内。此外，研究还发现在需要一系列运动的场景中，例如，准备一个三明治、冲一杯茶或者开车，注视和运动在时间顺序上保持一致（Hayhoe，2000；Land & Hayhoe，2001；Hayhoe & Ballard，2005）：在手接触到目标后很短的时间，注视就移到下一个目标了，但注视只有在对目标有行动后才会转移。有趣的是，被试一般会倾向于在行动结束之前很短的时间内把注视移开。此外，与当前目标任务没有关系的注视几乎不会发生。

　　总之，观看视觉场景时的注视控制包括注视的位置和持续时间，它们都受自下而上的视觉特征加工和自上而下的认知知识结构的影响。此外，注视还和任务目标以及场景的语义信息有关。一方面，霍林沃斯和亨德森（Hollingworth & Henderson，2002）认为，将视觉场景中物体的空间和语义特征与短时记忆及长时记忆绑定的过程需要视觉注意的参与。他们还指出，再注视能够促进后续对该物体信息的提取。另一方面，注视也可以作为感知到的外界信息和身体内部的协调系统之间联系的外显指示（Ballard et al.，1997）。它使得运动的计划和执行可以在时间序列上准确进行，尽管同时可能还存在状态、位置或角度的改变（Hayhoe & Ballard，2005）。

二、眼动和言语产生的关系

　　通过眼动记录技术，我们可以知道在视觉场景中被命名的物体是否被注视、何时被注视，以及被注视了多长时间。这些信息对言语产生研究是否有用，依赖于眼动和言语计划之间是否存在系统联系。前文我们刚刚介绍了注视和运动之间的关系，发现在需要一系列运动的场景中，注视和运动在时间顺序上保持一致，并且倾向于在运动结束之前很短的时间才移开。言语产生实质上也是一种运动，需要呼吸系统、喉部和喉上系统的肌肉组织协调执行。因此，我们推测，眼动和言语计划之间也存在系统的空间和时间关系，具体包括两方面：①物体被注视的顺序与表达的顺序的一致性（where）；②物体的注视时间与相应的词汇提取难度的关系（when）。许多研究验证了这种联系的存在。

　　梅耶尔等（Meyer et al.，1998）要求被试针对如图 4-2 所示的两个物体从左到右产生一个并列名词短语，如"scooter and hat"，同时记录下命名潜伏期和眼动。结果发现，被试总是按照他们命名的顺序注视物体，即先注视左侧物体，然后注视右侧物体。只有在 0.4% 的实验试次中，被试只注视了一个物体或者先注视了右侧物体。这并不奇怪，因为两个物体在屏幕上呈现的间隔为 10°—12°（视角），被试采用与表达相同的顺序来注视是合理的策略。这种表达与注视顺序的一致性还体现在回视上。例如，范德梅伦要求被试命名一对物体，并产生"the green ball is next to the block"或"the ball next to the block is green"。在产生前一种句式时，被试凝视左侧物体的时间约为 1400ms，然后注视转移到右侧物体。在产生后一种句式时，被试凝视左侧物体的时间约为 800ms，然后在即将开始命名时开始注视右侧物体，之后大约在开始表达形容词之前 600ms，注视又回到左侧物体。也就是说，被试会在命名颜色时重新注视这个物体（van der Meulen, 2001）。我们目前还不知道是颜色信息没有进入工作记忆，还是说话人发现已有表征不足以支持颜色的命名。不管是哪种情况，这些结果都表明，注视和表达的顺序具有高度一致性。当我们需要再次使用一个已知物体时，还会将注视移回已知物体上，并且与记忆表征相比，更倾向于对现有视觉信息进行操作。

之前，我们呈现过格里芬和博克（Griffin & Bock, 2000）采用的场景图片，其中包含一个施动者和一个受动者，因此在每个实验图片的兴趣区划分时，有施动者的区域和受动者的区域，分别是对应客体的边界向外延伸 2°视角的区域（图 4-4）。此外，该研究平衡了施动者和受动者在图片中的位置，即施动者在一半的实验试次中位于左侧，在另一半实验试次中位于右侧（图 3-5）。在实验过程中，要求被试自由描述场景图片，既不要求从左到右的顺序，也不要求采用主动句或被动句。结果发现，被试最先注视到主语和宾语区域的概率之间没有显著差异，说明哪个客体被最先注视，并不能决定它是否作为主语。但该研究发现了注视时间的分配和词汇在表达中的顺序高度相关。在开始发音前，被试将主要注视时间都放在主语对应的客体上，不管这个主语是施动者（主动句）还是受动者（被动句）；在开始发音后，被试将主要注视时间都放在宾语对应的客体上。当受动者作为主语时（被动句），对受动者的注视时间在开始发音前后分别为 1123ms 和 503ms；对施动者的注视时间，开始发音前后分别为 150ms 和 1041ms。也就是说，注视时间的分配主要与词序有关，而不是句式。

格里芬和博克（Griffin & Bock, 2000）的研究的优点在于，被试无法预期最先表达的客体位于场景的左侧还是右侧，因此无法按照既定顺序注视客体。此时得到的注视与表达顺序的关系，更能真实地反映两者的一致性情况。然而，该研究中使用的视觉场景都是人造场景，被试对这些场景也是相对陌生的，那么在我们实际生活经验中是否也存在注视顺序和表达顺序的一致性呢？博克等（Bock et al., 2003）采用人们具有丰富经验的时间描述任务探讨了这一问题。该研究采

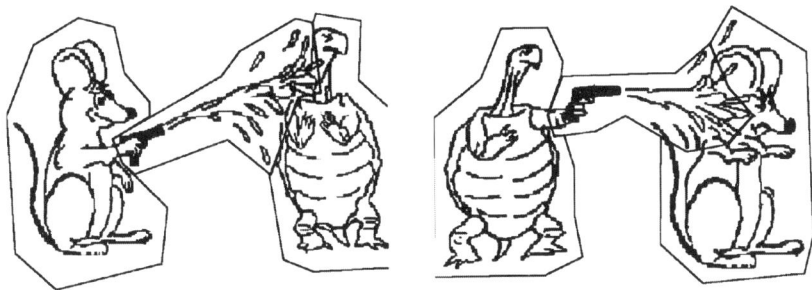

图 4-4　左图为"一只老鼠在（用水枪）喷一只乌龟"，右图为"一只老鼠被一只乌龟（用水枪）喷"。每幅图片的兴趣区有三个，即施动者、受动者及两者之间的动作区域（Griffin & Bock，2000）

用了生活中常见的两种时间呈现方式：模拟时钟和电子时钟（图 4-5）。在现实生活的表达中，我们也有两种方式，例如，对于"两点五十分"，我们也可以说"差十分三点"。相似地，英语中也有两种表达，即"two fifty"和"ten to three"。该研究将前者称为绝对表达式（absolute expression），将后者称为相对表达式（relative expression）。同时，记录了被试分别用这两种表达式描述模拟时钟和电子时钟时眼睛首次注视时钟区域和分钟区域的潜伏期。也就是从视觉刺激开始呈现算起，直到被试第一次注视模拟时钟的时针和分针的时间，或电子时钟中"小时"区域（如图 4-5 中的"03"）和"分钟"区域（如图 4-5 中的"10"）的时间。结果发现，首次注视时钟区域和分钟区域的潜伏期受到表达式的显著影响。以模拟时钟为例，采用绝对表达式时，"小时"信息在前，"分钟"信息在后，被试注视时针和分针的潜伏期分别为 544ms 和 810ms；采用相对表达式时，"分钟"信息在前，"小时"信息在后，被试注视时针和分针的潜伏期分别为 1030ms 和 424ms。由此可见，物体被注视的顺序会受到表达顺序的影响，两者具有一致性。

图 4-5　模拟时钟和电子时钟示意图（Bock et al.，2003）

为了检验物体的注视时间与言语产生的关系，梅耶等（Meyer et al.，1998）在图片命名任务中操纵了两个变量：一个变量是物体识别的难度，通过线条图轮廓的完整性实现，其中一个条件是轮廓完整，另一个条件是轮廓只呈现 50% 的信息。另一个变量是物体对应名称的词频。前人的研究已经发现，词频会影响单词的提取难度（Jescheniak & Levelt，1994）。结果发现，这两个因素都会影响被试对物体的凝视时间。具体而言，物体识别难度更大时，凝视时间更长。这一点并不意外，与上一节中介绍的场景知觉研究结果一致。此外，该研究结果显示，物体名称的词频越高，凝视时间越短，说明对物体的注视时间能够反映相应词汇的提取难度。

格里芬（Griffin，2001）的研究进一步证实了注视时间与相应词汇提取难度的关系。该研究给被试呈现包含三个物体的人造场景（与图3-4相似），要求被试产生句子"N1和N2在N3的上/下/左/右边"，其中N1、N2和N3分别代表三个物体的名称，同时操纵了物体的命名一致性和词频。命名一致性是为物体选择一个合适名称的难度，在其他研究中已被发现会影响词汇选择，即词汇通达的第一步，而词频会影响词汇选择后对单词词素形式的提取。结果发现，命名一致性和词频都会系统影响物体的凝视时间，表明在场景描述任务中，对物体的注视时间能够反映相应词汇的提取难度，包括词汇选择的难度和词素音韵编码的难度。此外，梅耶尔等（Meyer et al.，2003）还发现，词长对注视时间也有影响。该研究给被试呈现两张左右分离的图片，并要求被试从左到右依次命名，在控制了左侧物体识别难度的情况下操纵其词长，结果发现图片名称是双音节词（如baby）比单音节词（如dog）的注视时间更长。这种语音长度效应表明，注视时间还可以反映图片名称的语音编码及发音程序的难度。

综上所述，眼动和言语计划之间存在系统的空间与时间关系。在空间关系上，物体被注视的顺序与表达的顺序基本一致；在时间关系上，物体的注视时间与相应的词汇提取难度有关，包括单词产生过程中的词条选择、词素音韵编码、语音编码和发音计划。此外，还有一个直接反映眼动和同时性语音输出的时空关系的眼动指标——眼音距。格里芬和博克（Griffin & Bock，2000）就在研究中探讨了时间维度上的起始眼音距，结果发现，主语和宾语的起始眼音距分别为902ms和932ms。这与斯诺德格拉斯和尤迪斯基得到的单个图片命名的潜伏期平均值（910ms）很接近（Snodgrass & Yuditsky，1996）。因此，研究者推论，起始眼音距与命名潜伏期相似，包含单词产生的所有加工过程。后续研究证实，起始眼音距等同于命名反应时，包含目标项被表达之前的所有加工阶段，因此同时受到低水平的视觉因素和高水平的语言因素的影响，能够反映说话人加工单个项目的能力（赵黎明，闫国利，2020）。

有趣的是，虽然研究发现文本默读和朗读过程中的眼动指标高度相关，但与默读相比，朗读中的平均注视时间比默读长50ms，平均眼跳距离更短，以及出现了更多的回视（Rayner et al.，2012）。研究还发现，文本朗读过程中的起始眼音距和结尾眼音距都比较稳定（赵黎明，闫国利，2020）。如果一个词没有被跳读，其早期注视基本发生在发音之前，即起始眼音距为正值，平均值约 500ms（Jävilehto et al.，2008，2009）；在文本朗读和快速命名任务中，结尾眼音距的平均值都维持在 250ms 左右（Jones et al.，2010，2013；Laubrock & Kliegl，2015）。这些结果似乎说明为了维持眼动和言语产生之间一种相对稳定的时间关系，朗读者会刻意调整眼动，以等待发音。由此可见，眼动与言语产生有着紧密的联系，而眼音距在其中的意义也不止于此。我们在后面的章节中还将详细介绍。

第三节　眼动技术在言语产生研究中的优势

通过上一节的介绍，我们了解到言语产生领域应用最为广泛的方法，就是图片命名和场景描述。眼动不仅能够反映人们知觉场景的认知过程，还与言语产生之间存在紧密的联系，因此眼动在言语产生研究中具有天然的优势。

首先，注视和语音输出在时间和空间上存在一个相对稳定的间隔（眼音距）。具体表现为：在空间维度上，物体注视的顺序和被表达的顺序存在一致性倾向；在时间维度上，注视时间可以反映单词产生的各个加工阶段。因此，对眼动指标的采集和分析，可以起到验证言语产生反应时结果的作用。例如，梅耶尔等（Meyer et al.，1998）在发现注视时间受物体识别的难度和词频影响的同时，发现命名潜伏期也受到了同样的影响。格里芬（Griffin，2001）的研究发现，在要求被试针对三个物体组成的人造场景产生句子"N1 和 N2 在 N3 的上/下/左/右边"时，言语产生的潜伏期会受到 N1 的命名一致性和词频的影响，同时对 N1 的注视时间也受到类似的影响。上述结果支持了单词产生的阶段式模型，表明在图片命名任务中包含物体识别、词汇选择和词素音韵编码等加工阶段。

眼动技术在言语产生研究中的优势，不仅体现在对反应时结果的验证上，更重要的是，它可以提供反应时无法提供的信息，解决反应时研究无法单独解决的问题。言语产生的反应时将言语计划划分为两部分，即开始发音前和开始发音后，反应时只能体现开始发音前的言语计划过程。大多数情况下，人们并不是产生单个词语，而是产生短语或者句子。对于复杂的句子，说话人很少加工完全后才开始表达，而是加工前面一个或几个词，然后在表达过程中继续加工后面的词，即我们在句子产生模型中提到的递进加工模式。前人的研究发现，词汇选择的计划广度可以小到只包含第一个名词（赵黎明，杨玉芳，2013；Griffin，2001；Zhao & Yang，2016），而音韵编码的计划广度可以小到只包含第一个音节（Schriefers &

Teruel，1999）。这也就意味着在复杂句子的产生中，大量的信息提取都发生在计划广度以外，是在开始发音后陆续完成的，无法体现在反应时中。仍以格里芬（Griffin，2001）的研究为例，该研究发现，只有 N1 的命名一致性和词频对句子产生的潜伏期（反应时）有显著影响，而 N2 和 N3 都没有对其产生显著影响。难道是 N2 和 N3 的词汇提取与 N1 有所不同吗？显然不是。通过眼动记录可以发现，对 N2 的注视时间同样受到 N2 的命名一致性和词频的影响，只是对 N2 的注视大部分发生在开始发音之后。因此，上述结果表明，词汇选择和音韵编码的计划广度没有包含 N2。此时，如果我们不是只考虑句子开始发音的时间点，而是同时找到开始表达 N2 的时间点，就可以计算出 N2 的起始眼音距。虽然格里芬（Griffin，2001）并没有计算这个指标，我们可以预期它与 N2 单独命名的反应时相近，会受到 N2 的命名一致性和词频的影响。该推论得到了快速命名（rapid automatized naming，RAN）范式研究的验证。

快速命名范式是指将一系列熟悉的视觉刺激（如数字、字母、颜色和物体）排成类似矩阵的样子，要求被试尽可能快速和准确地依次命名，并记录整个矩阵的命名时间和错误率（Denckla & Rudel，1976）。琼斯等（Jones et al.，2008）在快速命名范式下引入了眼动技术，并探讨了起始眼音距这一指标。该研究选用字母作为视觉刺激（图 4-6），并且操纵了字母的语音相似性和视觉相似性。结果发现，起始眼音距与单独命名字母的反应时相似，会受到语音相似性和视觉相似性的影响。另一项研究（Pan et al.，2013）采用相似的方法，只是将字母换成了点阵，要求被试说出每个点阵中圆点的个数。结果发现，起始眼音距随着点阵的视觉复杂性的增加而增大。结合之前我们介绍的格里芬和博克（Griffin & Bock，2000）的结果可以看出，起始眼音距与该物体单独命名的反应时接近，可以反映计划广度以外的词汇提取过程。

视觉相似									
p	q	z	b	d	p	d	b	q	p
q	b	d	q	p	q	z	d	b	z （等）
视觉不相似									
P	Q	Z	B	D	P	D	B	Q	P
Q	B	D	Q	P	Q	Z	D	B	Z （等）

图 4-6　快速命名字母的刺激呈现示例（Jones et al.，2008）

在快速命名范式中，连续命名的字母或单词之间是相对独立的。然而，在日常的连续语流中，不同的词汇必须依据合理的句法和韵律形式组合在一起。例如，依次说出单字"书""请""把""递""我""给"，是不能表达句子"请把书递给我"的含义的。我们的日常语流需要将词汇按照句法规则排列，才能表达相应的含义。因此，说话人不仅需要从心理词典中提取每个词汇，还要考虑一个重要问题，即这些词汇的提取在时间上是如何协调的？是并行的还是序列进行的？此外，在任意时间点上，说话人只能对激活的概念特征和词汇信息进行操作。因此，言语计划的时间进程决定了句法加工和韵律加工能够使用的信息。那么，词汇提取在时间上的协调又是如何限制句法和韵律的整体加工的？在回答上述问题上，言语产生的潜伏期研究显然有些无力。尽管有时候潜伏期也能提供开始发音前的计划是并行还是序列的（Schriefers et al.，1999），但毕竟也只能限于开始发音前。之前我们也提到，言语产生的计划广度可能很小，因此潜伏期在解决上述问题方面非常有限。一些言语错误分析可以为解决这些问题提供信息，例如，句子"can you shirt my irons"发生了词汇交换错误，说明"shirt"和"iron"两个词是并行加工的，并且被插入错误的位置（Garrett，1975）。但是，语误也存在解释上的困难，一方面它不是在线记录；另一方面，它反映的是言语计划的"脱轨"状态，而非正常的完整状态。因此，亟须发展一种新的方法，能够研究发音前和发音后的言语计划的时间协调。眼动技术正是满足了这个条件。

第四节　眼动技术运用于言语产生研究时需要注意的问题

尽管眼动技术在言语产生领域具有天然的优势，而且可以反映复杂句子在开始发音之后的递进加工，探讨其他研究方法无法回答的问题，但是与阅读理解方面对眼动的广泛应用相比，言语产生的眼动研究少得可怜。究其原因，眼动在言语产生中的应用也存在一定的问题和面临一定的困难。

一、发音运动带来的干扰

早期言语产生方面对眼动的应用很少，一个重要原因来自技术层面：大部分眼动仪需要被试坐在那里一动不动，特别是头部，以确保眼动记录的精确性。因此，传统的眼动仪在实验过程中往往需要被试把头放在一个下巴托上或者咬一个棒（图4-7），以此固定头部，这显然会影响发音。

(a)   (b)

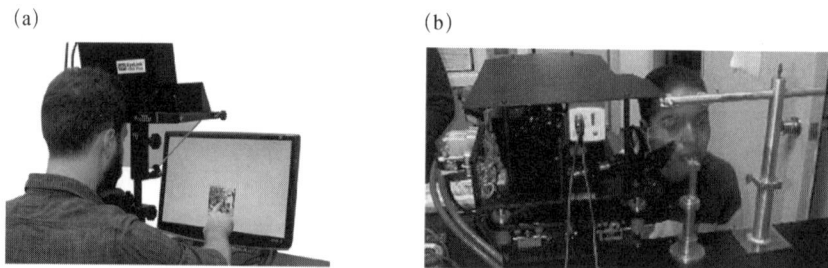

图 4-7　眼动仪用来固定头部位置的方式示意图。图（a）为下巴托（https://www.sr-research.com/eyelink-1000-plus/），图（b）为咬棒（闫国利，白学军，2018）

对于上述问题，一种方法是采用 Eyelink II 眼动仪。这种眼动仪也是基于瞳孔和角膜反射的视频记录法，是目前头戴式眼动仪中精度最高的，采样率为 500Hz，平均精确度可达 0.5°。Eyelink II 眼动仪有两个分别对应左右眼的摄像头连在头盔上，会随着头部一起运动，因此对运动有更大的容忍度，甚至可以摆脱电脑的束缚，应用于一些现实场景中（图 4-8）。与 Eyelink II 眼动仪相比，Eyelink 1000 Plus 的精度更高，采样率可达 2000Hz，而且具有多种可使头部自由移动的远程配置，如图 4-1 和图 4-7 左侧所示，都是 Eyelink 1000 Plus 的不同配置。因此，也有言语产生的眼动研究采用 Eyelink 1000 Plus 眼动仪，例如，在图 4-7 左侧所示的塔式配置中，让被试稳定好头部位置并校准后，再把下巴托移开，使被试既可以自由发音，同时额头部分仍然紧贴上托板不动，以起到一定的固定作用。当然，如果研究需要的精度不高，可以考虑采用 Tobii 系列的眼动仪，因其对头部允许移动的范围更大（大约 30°）。

不管是采用上述哪种眼动仪，不可否认的是，由发音带来的头部运动会对眼动记录的精度产生影响。因此，我们建议在言语产生的研究中增加校准的次数，以便及时纠正因头部运动而产生的系统偏差。点校准是最常用的校准方法，是指在二维区域上设置多个预定义的校准点，如 2、5、9、13 或 16 个校准点。校准点应覆盖相关刺激将呈现的区域，无论是监视器、前置系统的场景视频，还是只是屏幕的一部分。利用已知坐标的校准点记录的瞳孔和角膜反射位置，记录软件可以计算出一个函数，以此评估视觉刺激上的任意给定位置的瞳孔和角膜的反射情况。此外，应注意的是，目标物体最好出现在校准点构建的空间范围内，因为离校准点越近，准确度越高。

二、眼动和言语产生的同步记录

随着现代眼动仪的发展，精确记录眼睛在视觉刺激呈现期间的运动轨迹已不再是难事。单纯的语音记录也不难，几乎每一台电脑甚至我们随身携带的智能手机，都有自带的录音功能，可以清晰地记录下说话人整个言语产生过程的语音。问题是，如何将眼动和语音的记录同步？换句话说，我们如何获得言语产生中每个词开始表达和表达结束的时间点相对于眼动记录的时间？要回答这个问题，我们首先需要明确如何获得一个复杂句子的第一个词开始表达的时间，也就是起始发音的时间。

目前，上述问题可以通过两种方法解决。一种方法是通过 Eyelink 眼动仪自带的编程软件 Experiment Builder（实验生成器，EB）中的语音记录控件来实现，我们会在第三部分介绍详细的程序实现方法。通过在程序中加入该控件，可以获得每一个视觉刺激下对应的音频文件，同时可以获得音频文件起始录音的时间点在整个程序运行中的相对时间（一般略早于刺激开始呈现的时间）。如图 4-8 所示，我们可以获得"长江漂流是青年人自发搞起来的项目"这句话的音频文件，同时还有音频开始的时间和视觉刺激开始呈现的时间。这样我们就可以将音频文件和眼动数据整合在一条时间线上。可以看出，在整个音频文件中，第一个词"长江"开始表达前还有一段空白，因此要获得第一个词开始表达的时间，我们还需要借助其他语音分析工具，获得这段留白的时间，其实也就是实现"长江"这个词在连续语流中的切分。下面，我们以 Praat 软件为例，简单介绍一下在连续语流中对每个词的切分。

Praat 是一款跨平台的多功能语音学专业软件，主要用于对数字化的语音信号进行分析、标注、处理及合成等实验，目前是面向大众免费使用的（Boersma，2007）。目前，至少对于汉语而言，还没有自动切分连续语流的程序，因此一般采用 Praat 语音学软件进行人工手动切分。如图 4-8 所示，Praat 不仅可以给出最上面的波普图，还可以呈现对应的频谱图（中间有蓝线的部分），便于我们找到连续语流中的词边界。显然，第一个词"长江"开始的时间是最好确定的，但是其后的词边界就没那么清晰了。例如，我们需要借助频谱图确定"青年人"和"自发"之间的边界，并反复聆听这一边界前后的内容，以便调整使该边界位于最恰当的位置。当我们选定"青年人"和"自发"之间的边界后，Praat 会提供该点的时间，即 2849ms，意味着录音开始后 2849ms 开始表达"自发"。同时，我们可以从眼动数据中得到以"自发"这个词对应的视觉区域（如文本"自发"）为兴趣区的各种眼动指标。例如，"自发"凝视时间的起始点和结束点分别为 2189ms 和 2590ms。由此可以计算出"自发"的起始眼音距为 660（2849—2189）ms，结尾眼音距为 259（2849—2590）ms。也就是说，说话人在注视"自发"所在区域 401（2590—2189）

ms 后离开，注视离开后 259ms 才开始表达"自发"（赵黎明，闫国利，2020）。

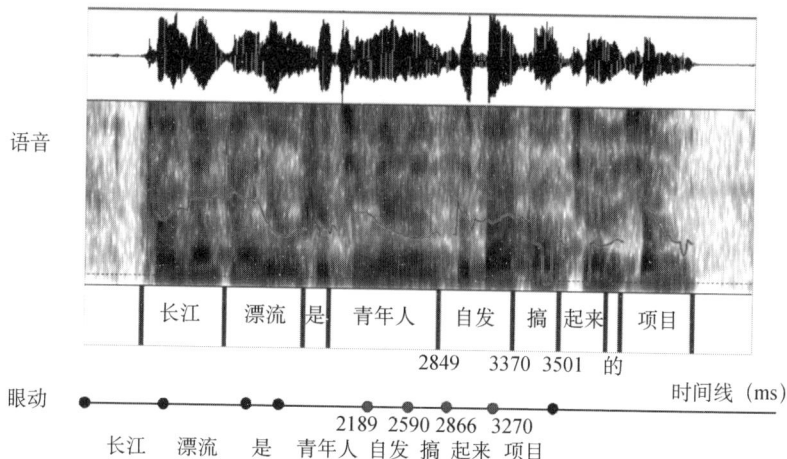

图 4-8　文本朗读中同步记录的语音和眼动示意图（赵黎明，闫国利，2020）（见文后彩图 4-8）

　　另一种解决眼动和语音同步记录的方法是利用与实验系统兼容的语音采集反应盒。我们以 Cedrus 公司的 SV-1 语音反应盒为例（图 4-9）。该反应盒直接与 Eyelink 系列眼动仪自带的编程软件 EB 兼容，通过端口分别与被试机和话筒相连。通过程序设置，可以得到以视觉刺激开始呈现为起点，每个试次下的起始发音时间，即言语产生的潜伏期/反应时。也就是说，图 4-8 中的"长江"开始表达的时间可以直接获得，不需要切分，但是后面的词仍需采用诸如 Praat 这样的软件进行人工切分。需要注意的是，这时语音切分所得的时间应以首词开始表达的时间为参照点，那么在与眼动数据进行比较或计算时，需要把反应时加上，以实现时间起点（刺激开始呈现）的一致性。

图 4-9　SV-1 语音反应盒

不管采用上述哪种方法，我们可以看出，计算的工作量还是比较大的，特别是在连续语流的词切分上。这可能是言语产生的眼动研究相对较少的重要原因之一。然而，之前我们也指出，眼动指标能够提供很多其他方法无法给出的线索，非常适合言语产生领域的研究。许多研究者也知难而上，利用眼动技术做出了重要的学术贡献，为后来者做出了榜样。此外，随着计算机自动化和人工智能的发展，相信以后可以发展出对连续语流进行自动切分的辅助方法，从而减少眼动在言语产生中应用的困难。

三、眼动和言语产生的加工是否对应

之前我们提到，眼动之所以适用于言语产生研究，是由于场景描述是言语产生领域应用最为广泛的研究方法之一，而在场景描述任务中，眼动不仅能够反映人们知觉场景的认知过程，还与言语产生之间存在紧密的联系。这种联系一方面表现在物体注视的顺序和被表达的顺序存在一致性倾向，另一方面是物体的注视时间可以反映单词产生的各个加工阶段。然而，摩根和梅耶尔（Morgan & Meyer，2005）的研究发现，注视时间和言语产生的内部加工过程可能并不是严格对应的。他们在屏幕右上角一开始呈现一张图片（干扰图片），当被试的注视点转向这个位置时，该图片立刻变成另一张图片（目标图片）。因此，干扰图片在被注视之前就消失了，它最多也只能得到边缘视野的加工。结果却发现，干扰图片的名称存在一定程度上的语音激活。因此，对一个物体的加工可以在注视转向它之前就开始了，这意味着注视时间并不能直接反映加工物体所需的时间。

此外，有研究发现，在言语产生过程中，我们不一定对要表达的信息进行即时注视，可以从记忆中提取相关信息。例如，梅耶尔等（Meyer et al.，2004）采用与范德梅伦（van der Meulen，2001）相似的实验范式，要求被试产生"The chair next to the cross is brown"这样的句子，其中第一个物体的颜色要在另一个物体名称之后才表达。与范德梅伦（van der Meulen，2001）的研究结果一致，他们发现被试倾向于在命名颜色之前再次注视左侧的物体。有趣的是，即使这个物体的颜色在回视时已消失，被试依然倾向于在命名颜色之前回视该物体。因此，研究者认为，颜色呈现与否并不是命名它的必要条件，物体轮廓可能作为提取颜色信息的记忆线索。然而该研究还发现，如果左侧物体在回视前就消失了，那么被试重新注视这个区域的倾向性就大大降低，说明这个区域如果不能为当前表达提供信息或记忆线索，被试很少再注视这个区域，可见说话人的眼动在场景描述任务中绝不是随机的，而是依赖于可利用的视觉信息及将要表达的内容。

综上所述，一个物体在边缘视野也可能得到一定程度的言语加工，而在物体或特征消失的情况下，我们仍可以从记忆中提取相关信息。这只能说明在一些特定的情况下，眼动和言语加工之间并不一定要严格对应。然而，在一般的场景描述任务中，客体并不会突然被替换，而且一般在言语产生结束之后，视觉刺激才消失。因此，正如我们在本章第二节所述，在场景描述任务中，眼动和言语产生的认知加工之间存在很强的时间联系，这种联系可以直观地体现在眼音距上。研究者分析，这种联系可能是出于社交需要，凝视能够帮助说话人按照正确的顺序产生词汇，或者避免其他物体的干扰。但是，格里芬（Griffin, 2004）没有发现任何支持这一猜想的证据。相反，她认为与言语相关的眼动可能仅仅是注意自动生成的结果，反映了物体的概念和空间信息的联系。也就是说，前语言信息被激活的内容可能会自动触发与它相关的空间指征，进而引导眼动落到那个位置。根据这一解释，说话人做出与言语相关的眼动的主要原因是，如果不这么做，需要付出努力去克制。研究也发现，人们即使在已经知道物体的名称还会在产生前注视该物体（van der Meulen et al., 2001），在一定程度上也支持了上述假设。

小　　结

在这一部分，我们主要为眼动技术在言语产生研究中的应用做了理论和方法上的铺垫。首先，层层深入地介绍了什么是言语产生及相关的理论模型，以便了解该领域主要有哪些研究问题，包含哪些认知加工。接着介绍了言语产生的研究方法以及眼动技术的基本原理，以便了解为什么要把眼动技术引入言语产生的研究中。当然，这个引入既有优势，也可能存在一些问题。我们既要充分发挥眼动技术在言语产生研究中的优势，也要尽量避免或减少其中的问题。下一部分，我们将通过实例展示，更加详细地介绍眼动技术是如何被应用于言语产生研究的。

◼ 第二部分 ◼

眼动在言语产生研究中的应用

眼动技术在言语产生的研究中具有天然的优势，不仅与视觉场景描述的实验任务非常契合，而且能够提供反应时以外的丰富信息，那么前人是如何应用眼动技术探讨言语产生领域的问题，又得到了哪些结果和结论呢？我们将在这一部分详细介绍。

第五章

单词产生和句子产生的
眼动研究对比

相对于短语和句子产生，关于单词产生的研究非常丰富，研究问题主要集中在言语组织阶段，即单词的语义信息提取——词条选择，以及音韵编码和语音编码方面。主要原因如下：一方面源于实验刺激和任务简单、易操纵；另一方面源于单词产生的认知过程也相对简单。尽管眼动技术在言语产生领域的应用优势主要为可以进行更为复杂的言语表达的探讨。然而，这并不意味着眼动技术在单词产生方面没有用武之地。下面，我们就举例介绍眼动技术在单词产生方面的应用。

第一节　眼动在单词产生中的应用

一、概念信息的激活扩散

休伊和哈坎苏克（Huettig & Hartsuiker, 2008）采用两个眼动实验探讨了说话人在准备物体名称时，与其类别相关和知觉特征相关的概念的激活情况。我们在第一部分曾介绍，根据 WEAVER++ 模型，在单词产生过程中，说话人在概念准备阶段会激活目标词汇的概念信息。不管概念是如何表征的（分解观点或非分解观点），这个概念信息都会自动通过激活扩散，使相似的概念也得到激活，进而激活多个词条。例如，当目标词是"猫"时，"狗"也会被激活，最终激活程度最高的词条被选择。这是词汇选择的基础，并且很好地解释了经典的图-词干扰范式中发现的命名潜伏期上的语义干扰效应。然而，有研究发现，当干扰词换成了干扰图片后，语义干扰效应就消失了（Damian & Bowers，2003）。因此，研究者提出词汇的概念信息是否会自动地激活扩散？这些概念信息又包括哪些？休伊和哈坎苏克（Huettig & Hartsuiker，2008）就探讨了类别相关和知觉特征相关这两种概念信息的激活情况。

该研究采用与图-图干扰范式相似的实验任务，只是给被试呈现的是一个 2×2 的包含 4 个可视物体的刺激（图 5-1）。通过提问的方式，让被试锁定其中一个物体并对其命名，因此被试产生的仍是单个词语，而其余 3 个物体的图片则为干扰图片。例如提问："这个乐器的名称是什么？"或者"这个圆形物体的名称是什么？"被试需要根据问题的内容（物体的类别信息或视觉特征）确定哪个是目标物体，并对目标物体进行识别和命名。当问题包含的是视觉信息时（如"这个圆形物体的名称是什么？"），4 个可视物体中除了目标项[如图 5-1（a）中的盘子]以外，还会有一个与目标项属于同一个语义类别的物体[如图 5-1（a）中的烤箱，与盘子同属于厨房用具]，或者 3 个物体都与目标项无关。当问题包含的是类别信息时（如"这个乐器的名称是什么？"），4 个可视物体中除了目标项[如图 5-1（b）中的萨克斯风]以外，还会有一个与目标项视觉特征相似的物体[如图 5-1（b）中的勺子]，或者 3 个物体都与目标项视觉不相似（同样作为控制条件）。通过这样的实验设置，虽然目标物体会伴随与它类别相似或视觉相似的物体，但对于说话人而言，目标物体始终是明确的，不存在歧义。

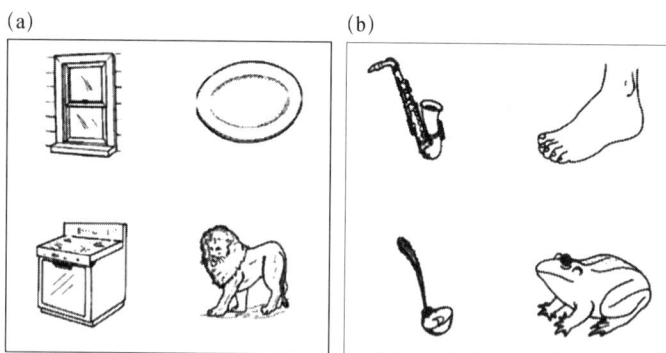

图 5-1　休伊和哈坎苏克（Huettig & Hartsuiker，2008）的实验刺激示例。（a）有语义竞争项的条件，描述目标物体（盘子）、语义竞争项（烤箱）和两个无关干扰项。（b）有视觉竞争项的条件，描述目标物体（萨克斯风）、视觉竞争项（勺子），以及两个无关的干扰项

在上述的实验设置中，根据前人的研究结果可以预期，在命名反应时上实验条件（有一个语义/视觉竞争项）和控制条件（3 个干扰物体都是无关干扰项）之

间不会出现显著差异，结果也的确和预期一样。具体而言，对于命名反应时，无论是语义相关的干扰项还是视觉相似的干扰项，它们的存在与相应的控制条件相比，都没有显著干扰目标项的命名反应时（图 5-2）。因此，从反应时的结果来看，并没有发现语义和视觉特征信息自动激活扩散的证据。那么眼动技术能否为我们提供其他信息呢？该研究的确发现了眼动数据与命名反应时的分离。

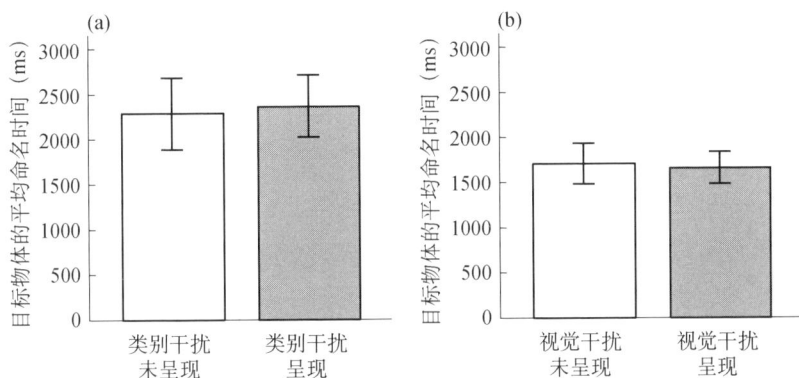

图 5-2　命名反应时没有受到语义相关项和视觉相似项的干扰（Huettig & Hartsuiker，2008）

　　关于眼动的结果，该研究主要报告了注视比率（proportion of fixation）。这个概念与我们在第一部分中提到的阅读研究中的再注视比率很相似。在该研究中，顾名思义，它是指分别对 4 个可视物体的注视比率。例如，对目标项的注视比率，就是在某个时间段内对目标物体区域的注视次数除该时间段对 4 个物体注视的总次数。同理，可以得到语义相关项/视觉相似项的注视比率，以及无关干扰项的注视比率。在实验（非控制）条件下，无关干扰项有 2 个，因此取它们的平均值，就得到了 3 类注视比率随时间变化的走势图（图 5-3）。从图 5-3 可以看出，无论是语义相关项还是视觉相似项，与无关干扰项相比都得到了更多的注视。我们在第一部分已经介绍了大量研究，表明注视和言语加工之间存在紧密联系。因此，语义和视觉相似项得到了更多的注视，表明在词汇产生的准备过程中，与目标词汇相关的概念信息和视觉特征信息也得到了激活，支持了概念的激活扩散假设。有趣的是，虽然被试对相关物体给予了更多的注视，但并没有增加命名反应时。这一点与上一部分我们提到的词汇选择的竞争假设（Levelt et al.，1999）的预期不同，表明类别相关的竞争项并不一定会影响词汇选择。

　　我们通过该研究可以发现，即使是在单词产生中，眼动技术依然可以为我们提供反应时以外更丰富的信息。我们还发现对于研究中采用若干离散的物体组成的人造场景中，注视比率随时间变化的趋势能够提供非常直观和清晰的证据，因

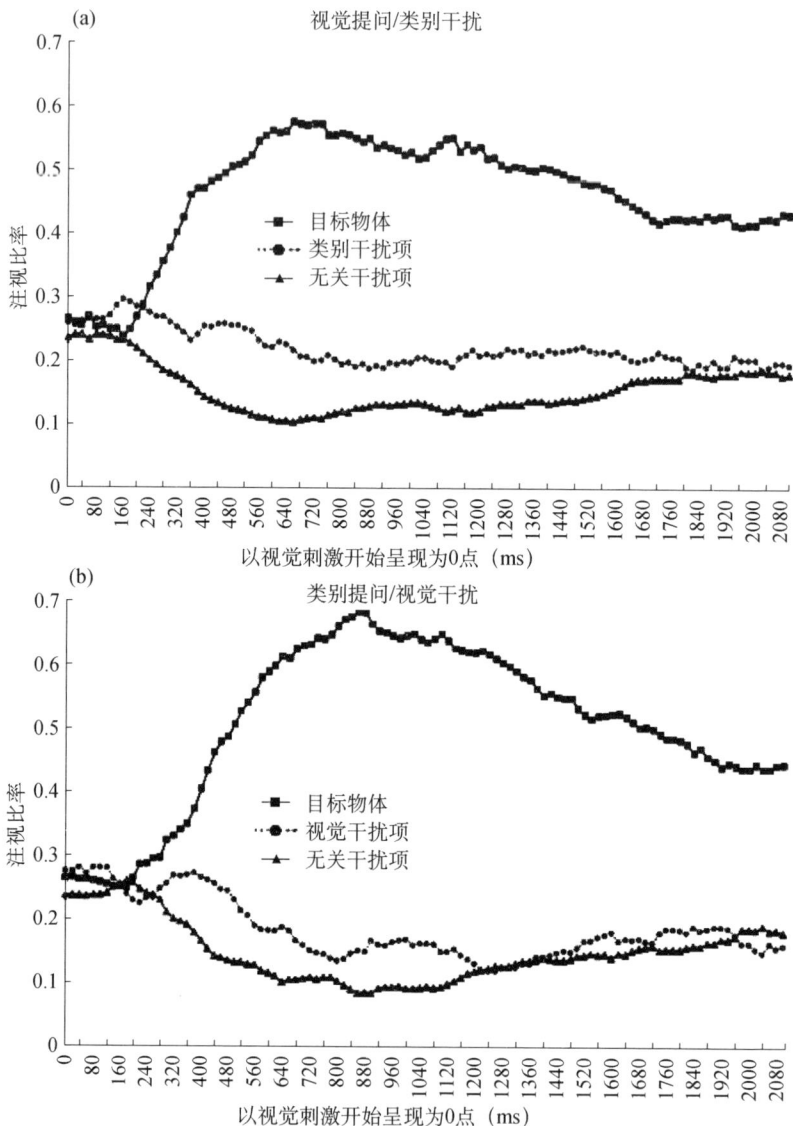

图 5-3　注视比率从视觉刺激开始呈现为起点的走势（Huettig & Hartsuiker，2008）

此在言语产生的研究中应用非常广泛。在后续的研究介绍中，我们也会发现这个指标频繁出现。

二、音韵编码

玛丽安等（Marian et al.，2008）同样采用离散物体组成的人造场景，通过操纵物体名称之间的语音关系，探讨了单词产生中的音韵编码。如图 5-4 所示，给被试同时呈现 4 个物体，分别位于 3 × 3 的正方形区域的 4 个角落，从而使 4 个物体具有一定的离散程度，在注视点落在其中一个物体上时，被试无法通过副中央凹的信息提取对其他物体进行加工。换句话说，对一个物体的注视可以清晰地反映个体对该物体视觉特征以及名称的提取，不会受到物体周边区域的影响。此外，"十"字注视点位于正方形区域的中央位置，以保证 4 个物体和起始注视点的距离相同。

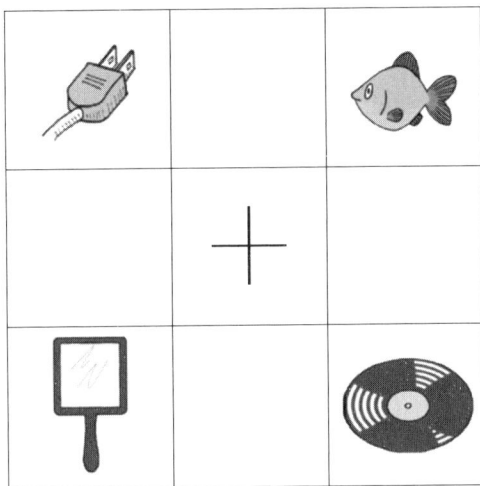

图 5-4　眼动实验呈现刺激示例（Marian et al.，2008）

　　该研究操纵了干扰物体和目标物体的语音相关性。如图 5-4 所示，目标为左上角的"插头"（英语为"plug"），而右下角"唱片"的德语为"Platte"，因此对于德英双语者，"唱片"和"插头"是语音相关的。玛丽安等正是采用这样的实验设置，通过对目标物体、语音相关的干扰物体、语音无关的干扰物体的注视比率随时间变化的趋势的分析，探讨了跨语言的语音重叠对语言激活的时间进程的影响。遗憾的是，该研究采用的任务不是命名目标物体，而是将听到的目标词对应的物体挑出来。也就是说，该研究探讨的是词汇识别的时间进程，而非词汇产生。不过，我们可以预期，如果将被试任务改为命名目标物体，通过对各个物体注视比率的变化趋势，同样可以探讨词汇产生过程中语音信息激活的时间进程。有兴趣的朋友们不妨试着做一做。

　　勒洛夫斯（Roelofs，2008）就是采用眼动技术，探讨了词汇产生过程中音韵编码的时间进程，只不过是方法与上述研究不同。勒洛夫斯在实验中给被试呈现一幅物体图片和一个箭头，箭头在图片右侧 15°视角的位置（图 5-5）。视角这个概念我们在第一部分提到过，它是眼动研究中常用的表示距离的单位。与之前把不同的物体安排在正方形的 4 个角落的作用一样，15°视角的距离可以更加精确地保证在注视一个物体时，被试不能通过外围视觉（如副中央凹）的信息提取对另一个物体进行加工。实验要求被试先命名图片，然后按键判断箭头方向。箭头与目标图片呈现的 SOA 设置为 0、300ms 或 1000ms，即箭头与图片同时呈现，或在图片开始呈现后 300ms 或 1000ms 呈现。实验中不仅记录了被试的命名反应和按键反应，而且记录了其注视从图片转向箭头的潜伏期，即从图片开始呈现到注视从图片移向箭头的时间。其中箭头的两侧分别有两个 X，这样设置有两个目的：一是为了帮助被试快速定位箭头；二是为了避免被试根据外围视觉的信息提取判断箭头的方向。

图 5-5 勒洛夫斯的视觉刺激示意图（Roelofs，2008）

该研究主要通过操纵实验区组内命名的图片的语音关系，从而检验音韵编码的时间进程。语音同质组意味着实验区组内所有图片名称的首音节相同，语音异质组意味着所有图片名称的语音无关。根据前人的研究可以预期，语音同质组的命名反应时会显著短于异质组，显示出语音促进效应。实验结果也的确如预期所示，而且这一语音促进效应与 SOA 之间没有交互作用，说明该研究的材料设置是有效的，语音同质促进了音韵编码的信息提取。此外，按键反应的反应时也存在语音促进效应，不过该效应只发生在 SOA 为 0 和 300ms 的情况下，当 SOA 为 1000ms 时，按键反应时不再有语音促进效应。这些结果表明，音韵编码会干扰按键反应，但在图片呈现 1000ms 后，图片命名的音韵编码已经结束，不会再干扰按键反应。由此可以推断，单词产生时的音韵编码发生在图片呈现后的 300—1000ms。

同时，该研究还发现，在注视转移的潜伏期上，同样存在语音的促进效应，而且该效应与 SOA 之间也没有交互作用，从而说明注视转移发生在音韵编码之后，即图片名称音韵编码之后，注视才会从目标图片移向下一个任务区域。鉴于注视转移的潜伏期最小值在 500ms 左右，因此可以进一步推论，单词产生时的音韵编码发生在图片呈现后的 300—500ms。由此可见，注视和图片的信息提取之间存在紧密联系，通过眼动技术对注视的记录，能够为单词产生的反应时研究提供更加丰富的信息。

有趣的是，注视转移的潜伏期与命名反应时之间的间隔是随 SOA 变化的（图 5-6）。在 SOA 为 0 和 300ms 的情况下，注视转移是先于命名反应发生的，而当 SOA 为 1000ms 时，命名反应的发生先于注视转移。由此可见，当被试有充足的时间，不需要转移注视以执行下一个任务或描述下一个物体时，被试可能在充分提取当前物体信息之后仍然注视该物体，从而削弱注视时间与命名时信息提取时间之间的紧密联系。这一点在眼动的言语产生研究中需要格外注意。回想一下我们在第一部分中介绍的探讨凝视时间和单词信息提取关系的研究，不难发现，被试的任务都是描述 2 个或更多的物体与区域，以避免上述冗余注视的情况。不过，最后一个被描述的物体或区域仍有可能存在冗余注视，因此有的研究会剔除最后被描述的物体的眼动数据，或不做重点分析。

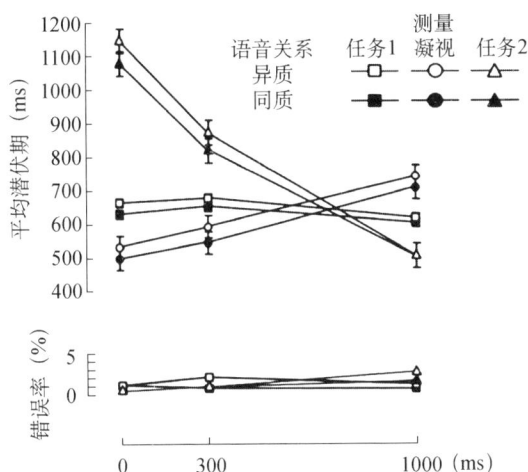

图 5-6 每个 SOA 条件和语音区组条件下的命名反应时和错误率的平均值。上半部分显示了命名反应（任务 1）、注视转移和按键反应（任务 2）的平均潜伏期。误差条表示 95% 的置信区间。下半部分显示了命名反应和按键反应的错误率（Roelofs，2008）

第二节 眼动在句子产生中的应用

与单个图片的命名相比，眼动在更长和更复杂的表达产出中有特别的意义。

虽然在句子产生的研究中也有反应时数据，一般为图片开始呈现到开始表达（说出）句首第一个词的时间间隔，但这个反应时包含一系列加工阶段所需时间的综合反映，因此有其局限性。此外，句子产生还包含一些其他问题，例如，句子中各个词语的提取是如何协调进行的？何时开始发音？表达什么内容？句法如何生成？以及如何进行自我监控等？

一、序列还是并行加工?

我们先从简单的连续语流入手，看看说话人在产生并列名词短语（如"骆驼和书包"）时，对短语中的两个名词的提取是如何协调进行的。图 5-7 给我们演示了两个极端的假设。图 5-7（a）显示的是序列加工假设，认为说话人在完全计划好第一个物体时才开始关注第二个物体。该假设的优势在于，两个物体加工的时间重叠会尽可能小，可以避免对两个物体的加工和相应的词汇提取之间相互干扰。相反，图 5-7（b）显示的是并行加工假设，认为说话人会尽早开始加工第二个物体，也就是说，两个物体加工的重叠时间会尽可能大。视觉-概念加工阶段的物体识别可能仍需序列进行（Treisman，1993），但此后的词汇提取都是可以并行进行的。该假设的优势在于，较早对第二个物体进行加工和词汇提取，有助于确保言语的流畅，因此也具有合理性。那么，眼动如何帮助我们区分和检验上述两种假设呢？

（一）中央凹的信息加工

根据第一部分我们提到的注意的"聚光灯理论"，以及注意与注视之间的关系，可以想象我们的注视也如聚光灯一样，从眼睛出发"射出"2°视角的"光"，这个"光"所照到的地方就是中央凹的处理范围，也是我们能够高分辨率地获取视觉信息的范围。因此，我们需要不断变换注视的位置，以便获得更多精确的视觉信息，由此形成了眼动的扫描路径。"扫描路径"一词起源于诺顿和斯达克（Noton & Stark，1971）的早期研究，在后续的研究中也有人采用其他术语表示这一概念，如扫描模式、搜索模式、扫描序列、注视序列、注视轨迹和检查模式等。通过这些术语，我们也可以大致猜测出"扫描路径"这一概念的含义了，指的是在一定时间范围内眼球运动的空间轨迹，非常具体地描述了眼睛是如何在空间中运动的。我们可以通过眼动的扫描路径分析初步检验序列加工假设和并行加工假设。我们同样给出两种比较极端的眼动轨迹，如图 5-8 所示。

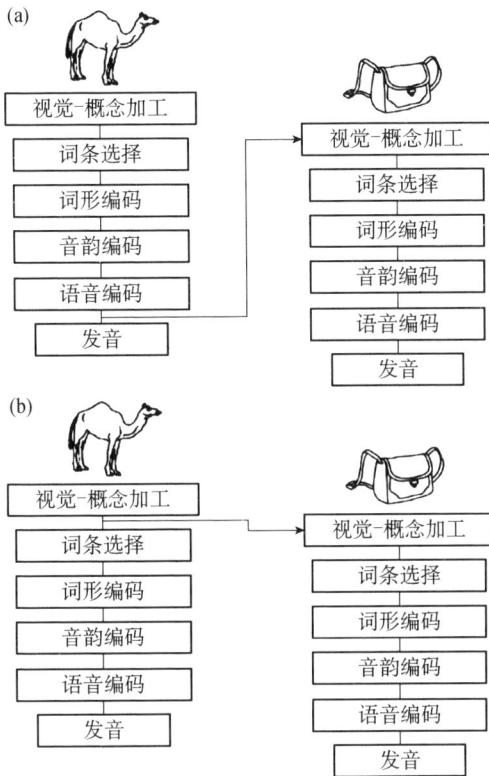

图 5-7　并列名词短语中两个名词词语提取的时间进程：
序列加工假设（a）和并行加工假设（b）示意图

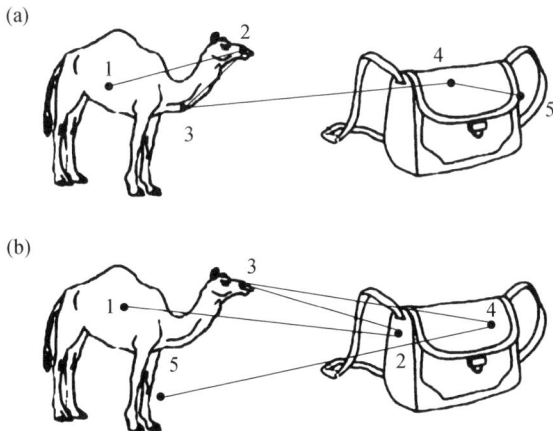

图 5-8　序列加工假设和并行加工假设下的扫描路径示意图。图中的 1、2、3、4、5 分别代表
说话人在命名"骆驼和书包"的任务中，按照时间顺序依次产生的五个注视点

图 5-8（a）模拟了序列加工假设的眼动扫描路径。虽然在注视转向右侧物体

"书包"之前不止有一个注视点，但它们都落在了左侧物体区域上，而且注视一旦转移到右侧物体后，就不再回到左侧物体上。这样的扫描路径说明在注视转向右侧物体之前，即开始精细地加工右侧物体之前，说话人对左侧物体就进行了充分的加工。图 5-8（b）则模拟了并行加工假设的眼动扫描路径。该模拟路径显示，注视在两个物体之间多次转换，说明说话人很可能如图 5-7（b）所示对左侧物体进行视觉-概念信息的提取之后，就转而加工右侧物体，之后注视又回到左侧物体，进而继续提取左侧物体的词汇信息，是一种并行加工的模式。

梅耶尔等（Meyer et al., 1998）正是采用上述方法进行了研究，结果显示，几乎所有的实验试次（99.6%）都是图 5-8（a）的情况，即被试基本上都是先注视左侧物体，然后注视右侧物体，其中左侧物体平均有两次注视。此外，梅耶尔等还进一步检验了左侧物体名称的词频对该物体总注视时间的影响，结果显示，物体名称的词频越高，总注视时间（其实相当于凝视时间）越短。词频的高低会影响语音编码所需的时间，因此该结果说明注视是在左侧物体的语音编码加工之后才移向第二个物体的，支持了图 5-7（a）的序列加工假设。在此基础上，梅耶尔和范德梅伦（Meyer & van der Meulen, 2000）采用经典的图-词干扰范式，同样呈现左右排列的两个物体并产出"骆驼和书包"这样的并列名词短语，同时呈现一个干扰刺激，这个干扰刺激与左侧物体名称语音相关或无关。结果发现，干扰刺激与左侧物体的名称，也就是第一个要表达的名词之间语音相关，会显著促进命名反应，并缩短对左侧物体的凝视时间。与词频效应相似，语音促进效应被认为发生于音韵编码阶段。因此，该研究也支持了凝视从第一个物体转移到第二个物体是在获取第一个物体名称的音韵信息之后。

总之，在上述情况中，即呈现两个相对独立的物体构成的人造场景，并要求说话人产生并列名词短语（如"骆驼和书包"）时，眼动和言语组织之间存在紧密联系，而且中央凹的信息加工呈现出高度序列化的模式。然而，这种序列模式是否是人为造成的呢？毕竟在上述场景中，物体间的关系和句式都是相对固定的，说话人可能因此采取了序列加工的策略。为此，格里芬和博克（Griffin & Bock, 2000）采用了更为复杂的事件场景，并检验说话人可以相对自由地描述场景时中央凹信息的加工情况。下面，我们详细介绍该研究。

格里芬和博克（Griffin & Bock, 2000）采用的事件场景曾在第一部分呈现过（图 3-5）。每一个事件场景图片包含两个客体，而且这两个客体之间是有动作关系的，即一个为施动者，另一个为受动者，例如，"老鼠在用水枪喷乌龟"，"狗在追邮差"等。由此对应的眼动记录的兴趣区有 3 个，分别为施动者区域、受动者区域和两者之间的动作区域（图 4-4）。在言语产生任务中，对说话人的要求只有用一句话来描述场景图片，并且尽量不用代词，对这句话的句式、内容及表达的速度都不做要求，以此鼓励较为自然的言语组织。当然，对于每一幅场景图片，都会有一个典型表达，即大部分说话人会用这句话来描述该场景。例如，对于图 3-5 中下面的 4 幅图，左边两幅图的典型表达是被动句"邮差在被狗追"，右边两幅图的典型表达是主动句"邮差在追狗"。该研究结果中的典型表达，使用概率都在 80% 以上。后面分析的眼动和发音表达的结果，都是建立在使用典型表达的实验试次基础之上的。

该研究主要采用了三种实验任务。①即时言语产生任务，即被试针对屏幕呈现的图片产生一个句子，在这个过程中，图片始终呈现在屏幕上。因此，眼动记录包含对事件的理解、句子的言语组织和发音执行过程。②有准备的言语产生任务，即被试针对屏幕呈现的图片准备好要产生的一个句子，准备好后按键，图片随即消失，然后被试发音表达。该任务的眼动记录包含对事件的理解和句子的言语组织加工。③受动者探测任务，即要求被试将注视集中在受动者上，不管其是有生命的还是没有生命的客体，并又快又准地按键。该任务可以用来评估事件的理解过程需要的注视模式和程度。

鉴于上述三个任务分别包含不同的认知加工过程，因此通过它们之间的比较，可以获得丰富的信息。例如，在比较即时言语产生任务和受动者探测任务时发现，即时言语产生任务中主语和宾语区域注视分离的开始时间，与受动者探测任务中对施动者和受动者区域注视分离的开始时间是相似的。具体而言，前者是在图片呈现后 316ms 开始出现，并在 336ms 开始达到显著水平；后者在图片呈现后 288ms 开始出现，并在 456ms 开始达到显著水平（图 5-9 中左侧的上下两个分图）。此外，两个任务的反应时也是相近的，说话人的命名延迟是 1686ms，而受动者探测任务的反应时为 1690ms。两个任务间相似的注视分离开始时间，以及相近的反应时，说明在即时言语产生任务中，说话人可以在图片开始呈现后快速理解和提取其事件结构，然后进行相应的言语组织。那么，在早期的事件理解阶段，以及其后的言语组织阶段，注视是否如前面介绍的研究那样，呈现出序列化的模式呢？

该研究发现，在即时言语产生任务和有准备的言语产生任务中，首个注视落在主语、宾语和动作区域的概率是相同的（$\chi^2 < 1$）。也就是说，早期的注视选择并不能代表这个被首先注视的物体就是主语。在注视开始分离之后，被试才明显将大部分时间用来注视主语客体，而在宾语和动作区域的注视时间较短。由此可见，在早期的事件理解阶段，注视并没有呈现出序列加工的模式，而是在主语、宾语

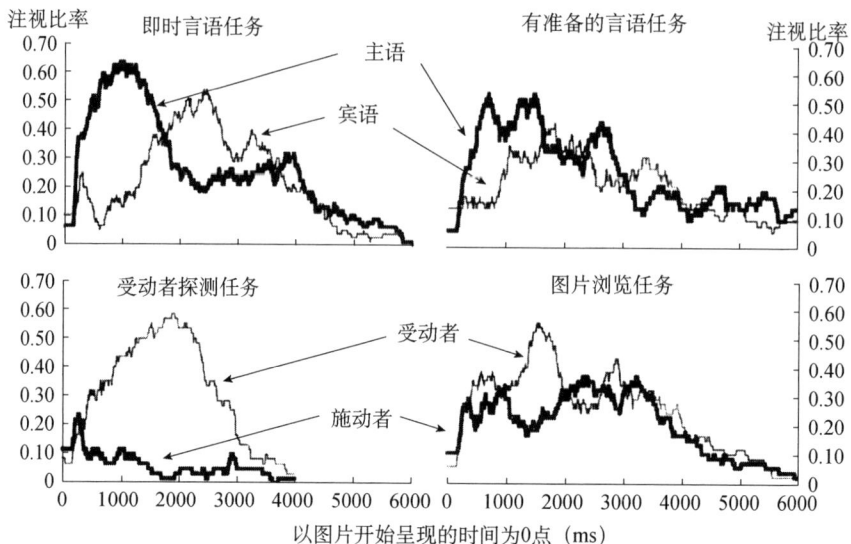

图 5-9　即时言语产生任务、有准备的言语产生任务、受动者探测任务及
图片浏览任务中注视比率随时间变化的趋势（Griffin & Bock，2000）。
其中图片开始呈现的时间为 0 点，以 4ms 为时间间隔

和动作区域之间转换，以便快速理解客体间的关系。

相比早期的事件理解阶段，在即时言语产生的言语组织阶段，眼动呈现出序列的加工模式，具体表现为注视和词汇表达顺序之间的紧密联系。在开始发音前，被试注视主语区域的时间显著长于宾语区域（平均值分别为 646ms，179ms），在表达的过程中，被试注视宾语区域的时间显著长于主语区域（平均值分别为812ms，244ms），而且这一效应和句式之间没有交互作用。也就是说，对于被动句，注视并不是简单地根据客体间的关系而先注视施动者，后注视受动者，而是根据它在句子表达中的顺序，先注视主语（被动句中为受动者），后注视宾语（被动句中为施动者）。另一个反映言语组织的序列加工模式的结果体现在眼音距上。该研究中对眼音距的定义是下面两个时间点的间隔：①施动者或受动者区域在开始表达相应的词汇之前，最后一次注视的起始时间；②相应名词开始表达的时间。这里眼音距的起始时间不是由兴趣区的首次注视开始时间算起的，因为首次注视一般仍处于早期的事件理解阶段，并不能有效反映对兴趣区相应言语的组织。研究结果也表明，这样的定义是合理的。结果显示，句中主语和宾语的眼音距分别为 902ms、932ms。这个眼音距与客体图片单独命名时的反应时相近（910ms）。由此可见，在即时言语产生任务中，名词的提取（包括词汇选择和音韵编码）是序列进行的。这与前面介绍的并列名词短语产生时的序列加工模式是一致的。

　　综上所述，在较为自然的场景描述任务中，说话人首先需要对场景进行理解，这个过程是快速且非序列化的。在场景理解的基础上，说话人开始进行言语组织，并在完成句子的一部分言语组织后即开始执行发音。在这个过程中，注视的顺序和词汇表达的顺序是紧密联系在一起的，并且呈现出高度序列化的模式。我们可以通过下面这个图例来了解整个过程。图5-10展示了一个场景，针对这个场景的典型表达是"The girl is shooting the man"（"这个女孩在射杀这个男人"）。一个说话人从场景图片开始呈现后的眼动轨迹也标记在图中。其中，注视点上的数字表示从图片开始呈现（0点）到注视出现的时间（以毫秒为单位），反映了注视的顺序，注视圆圈的大小代表了注视时间的长短。我们可以看到，说话人的注视首先落在图片中间靠上的位置，这是实验设置的起始注视点；接着注视落在了离起始点较近的动作区域（手枪）；然后注视开始落入主语（"女孩"）区域，并在该区域停留了一段时间；紧接着，注视向宾语（"男人"）区域转移，并在抵达该区域附近时开始表达主语短语（"the girl"，即"那个女孩"）；结合发音的时间点测算出，主语"girl"的眼音距平均值为917ms；注视落入宾语区域之后，在该区域产生了多个注视点，并在这个过程中发音表达句子的谓语和宾语部分"is shooting the man"，其中宾语"man"的眼音距平均值为843ms；在宾语表达之后，注视又回到动作区域。由此可见，在言语组织和发音执行阶段，说话人对主语和宾语区域的注视模式与图5-8（a）的示意图相似，支持了序列加工假设。

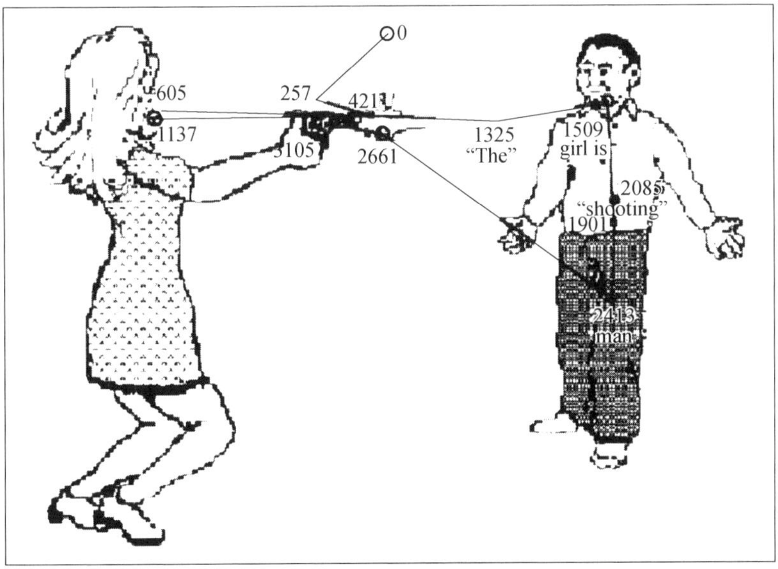

图5-10　一个说话人在即时言语产生任务中的眼动（Griffin & Bock，2000）

（二）中央凹以外的信息加工

中央凹的信息加工模式显示，在言语组织阶段，说话人会按照表达的顺序注视物体，并且注视的时间与计划该物体对应的词语所需的时间高度相关。这些结果似乎支持了序列加工假设，即认为说话人在协调言语计划的不同加工阶段时尽量减少时间上的重叠。然而，在注视到达之前，中央凹视觉以外的信息可能已经开始提取了。由于中央凹以外的视觉信息的提取在很多任务中存在（Starr & Rayner，2001），它很有可能也存在于包含多个物体的场景描述任务中。

为了检验场景描述任务中位于中央凹以外的信息加工的范围，梅耶尔和多贝尔（Meyer & Dobel，2003）采用了一种在文本阅读研究中应用非常广泛的边界范式。该范式是由雷纳（Rayner，1975）为了研究副中央凹视觉区域的信息对阅读的影响而专门设计的，如图 5-11 所示。在研究者选定的目标词（如图 5-11 中的"挂念"）前设置一个隐含的边界，如图中虚线所示，该边界在实验过程中是看不到的。在读者的注视点没有通过隐含边界时，根据研究目的，目标词会被另一个词（比如，与目标词正字法相似的字、同音字、意义相近的字等）替代，替代词被称为预视词（preview word），如图中的"想念"；当读者的注视点从左侧通过隐形边界时，预视词（如"想念"）会被目标词（如"挂念"）替代。这个视觉呈现的变化过程发生在注意被抑制的眼跳过程中，因而读者一般不会意识到这种变化。通过这种实验设置，可以检验预视词对目标词的启动效应，从而精确地考察在阅读过程中读者从注视点右侧获取信息的范围、类型及副中央凹的信息加工情况。

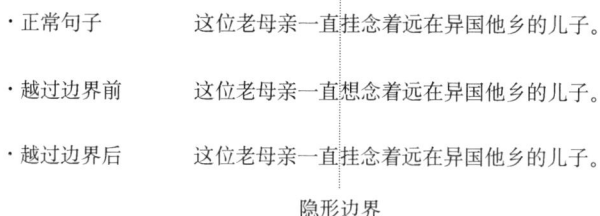

·正常句子　　　　这位老母亲一直挂念着远在异国他乡的儿子。

·越过边界前　　　这位老母亲一直想念着远在异国他乡的儿子。

·越过边界后　　　这位老母亲一直挂念着远在异国他乡的儿子。

隐形边界

图 5-11　边界范式在阅读研究中的示意图

梅耶尔和多贝尔（Meyer & Dobel，2003）沿用了阅读研究中的边界范式，同样是呈现简单的场景，并要求被试产生并列名词短语"骆驼和书包"。在屏幕上呈现水平排列的两个物体，每个物体为 5°×5° 视角大小，两个物体的中心的间距为 10°，从而使两个物体间的空白大概为 5°，而隐形边界就在两个物体之间的中线上。对于实验中 2/3 的试次，其一旦将眼跳跨过这个隐形边界，右侧的物体就会变化。

因此，被试真正注视并且最后命名的物体，可能与之前非中央凹视觉提取信息是不同的。为了便于结果的介绍，我们也将跨边界前的右侧物体称为预视物体，而将跨边界之后的右侧物体称为目标物体。此外，该研究还在屏幕下方呈现了一个"+"或一个"×"符号，要求被试在命名完物体之后根据屏幕下方呈现的符号做出相应的按键反应。之所以增加符号判断的按键任务，是因为研究需要获得两个物体的凝视时间，特别是右侧物体的，因此研究者需要诱导被试将注视从右侧物体转移到其他地方。其原理与我们在上一节介绍的勒洛夫斯（Roelofs，2008）的研究相似（图 5-5）。

在实验 1 中，预视物体和目标物体可能是完全相同的、完全无关的，或者是相同物体的不同表征，如两本不一样的书或者两把不一样的椅子。结果发现，平均凝视时间在两个物体完全相同时最短，在完全不同时最长，而且在这三个条件下都存在两两的显著差异。该效应说明当被试注视左侧物体时，同时对右侧物体也有加工，但对右侧物体加工到什么程度并不明确。因此，在随后的两个实验中，研究者操纵了两个物体之间的语义关系，如两个物体来自相同的语义类别（如狮子和老虎，或者椅子和台灯），或者存在语音相关（如帽子"cap"和猫"cat"）。结果发现，无论语义相关还是语音相关，其凝视时间与无关条件下都没有显著差异。如果存在语义相关效应（即老虎对狮子的启动作用），说明目标物体的词汇水平的语义信息已被提取，但事实上没有发现该启动效应。同样，语音相关的促进效应说明目标物体词汇水平的语音信息已被提取，但同样没有发现该效应。由此可见，在注视左侧物体时，右侧物体的名称并没有得到提取。由此可以推论，在第一个实验中发现的凝视时间上的概念启动效应（一个椅子的图片会促进对另一个椅子图片的识别）说明非中央凹的信息提取只包括早期的视觉分析，没有进行词汇水平的信息提取。不过目前我们并不知道是右侧物体的词汇提取太慢，所以在注视移到该物体之前还没有提取，还是对物体名称的提取只有在注视移到该物体时才会触发。

与上述研究不同的是，波拉塞克等（Pollatsek et al.，1984）发现了非中央凹视觉对物体名称语音信息提取的证据。但是该研究不仅在刺激呈现上与上述研究不同，而且只是测量了命名图片的命名延迟，并没有采用眼动技术，也没有像边界范式那样精确的边界设置。因此，未来研究仍需明确哪些因素决定了场景描述任务中非中央凹视觉的信息提取范围。目前，眼动研究结果在一定程度上支持了序列加工假设：说话人会注视第一个命名的物体，直到准备好发音才将注视转移到第二个物体。但是这里的序列加工并不是完全序列的方式，两个物体的加工也存在一定的时间重叠,对第二个物体的视觉和概念加工似乎发生在注视该物体之前。回到图 5-7 的模型演示,两种极端的假设似乎都不合适。根据目前的眼动研究结果,我们将模型改为如图 5-12 所示的部分序列加工假设。

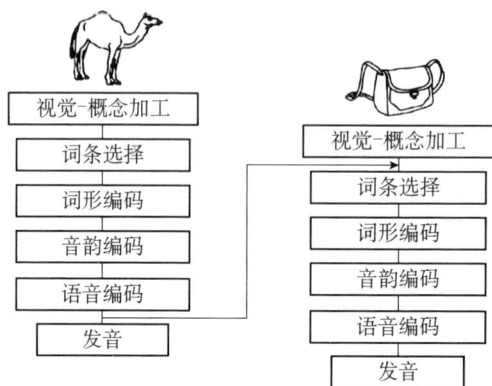

图 5-12　并列名词短语中两个名词词语提取的时间进程:部分序列加工假设示意图

二、何时开始发音

　　何时开始发音是言语产生领域的另一个重要问题。这个问题与之前我们提到的序列和并行加工有密切联系。根据上面的部分序列加工假设示意图,我们可以看出,在产生并列名词短语"骆驼和书包"时,我们的发音是在第一个名词"骆驼"的语音编码和第二个名词"书包"的视觉-概念加工之后。同时,这也意味着两个名词的词汇提取在时间上没有重叠,是序列进行的。因此,如果发现开始发音的时间点正如图 5-12 预期的那样,也就验证了上述的部分序列加工假设;如果发现开始发音的时间点更靠后一些,例如,在第二个名词"书包"的音韵编码之后(图 5-13),那么我们也就明确了应该在什么范围探讨言语产生的并行加工问题(图 5-13 的虚线框内)。综上所述,何时开始发音的问题,实际上是探讨序列和并行加工的基础。因此,我们前面介绍的支持序列加工假设的研究,也在不同程度上表明,在产生一个较长的表达时,开始发音的时间点正如图 5-12 预期的那样,在第一个名词而非第二个名词的语音编码之后。例如,格里芬和博克(Griffin & Bock,2000)就发现,在产生句子"The girl is shooting the man"(翻译为"这个女孩在射杀这个男人")时,句中主语和宾语的眼音距与客体图片单独命名时的反应时相近,从而表明说话人在计划好主语的词汇信息后就开始了句首"the girl"的表达。

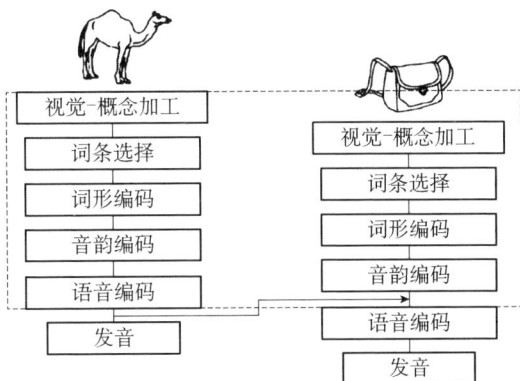

图 5-13　计划广度包含两个名词的假设示意图

何时开始发音的问题之所以受到言语产生领域研究者的关注，还有一个重要的原因是它与言语流畅性有着紧密联系。在独白言语中，即没有对话人，说话人不需要考虑听众的因素，只需要关注自己的言语的情况下，何时开始发音的问题其实就是我们在第一部分提到过的计划广度问题。坎本和霍勒坎普（Kempen & Hoenkamp，1987）的递进加工模型表明，合适的计划广度是保障言语流畅的重要因素。如果说话人采取了过大的计划广度，那么由于这个计划阶段需要较长时间，在每一次表达之前，都可能出现"计划停顿"；如果说话人采取了过小的计划广度，执行这个计划耗时较短，可能因无法满足下一段表达所需的计划时间而出现"发音停顿"。因此，在言语产生领域，许多研究探讨了独白言语中的计划广度问题，也就是何时开始发音的问题，其中也不乏眼动技术的参与。下面我们就通过几项研究来看眼动技术在解决该问题时是如何发挥作用的。

（一）独白言语中的计划广度

计划广度的概念，我们在第一部分提到过，是指说话人在开始发音前提取的信息范围。言语产生需要经历几个加工阶段，主要包括概念化、词汇选择、句法提取、音韵编码、语音编码，直至运动计划和发音表达出来，而计划广度问题可以涉及其中的每一个阶段，因此就有了概念加工的计划广度、词汇选择的计划广度、音韵编码的计划广度等。布朗-施密特等（Brown-Schmidt et al.，2006，2008，2015）的研究及格里芬（Griffin，2001）的研究就应用眼动技术，分别探讨了言语产生中概念加工的计划广度及词汇选择和音韵编码中的计划广度，并提出了言语计划的严格递进假设。下面，我们就来详细介绍这些研究以及眼动技术在其中发挥的作用。

　　（1）计划广度的严格递进假设

　　在言语产生的三大模块中，第一个就是概念化，即将意图转换成需要语言表达的概念信息：前语言信息。前语言信息是以思维命题形式出现的能够在自然语言中表达的语义表征（Levelt，1989）。例如，"猫"的概念信息包括"一种哺乳动物""有毛""四条腿"等。这些概念信息是否也需要转化成语言形式表达出来呢？这通常与交际环境中的语境信息有关。如果我们需要表达出在猫、狗、大象、斑马等动物中是猫捉住了老鼠，那么我们可以只说"猫捉住了老鼠"；如果我们需要表达出在许多只猫中是那只黄色的猫捉住了老鼠，那么我们只说"猫捉住了老鼠"就会产生歧义，需要明确指出"黄色的猫捉住了老鼠"，这就是所谓的指代表达。因此，了解指代表达的言语计划过程，能够帮助我们理解说话人在概念化阶段如何形成一种信息充分的前语言信息，从而进一步转化成相应的语言形式表达出来。在指代表达中，说话人需要评估语境信息，例如，存在大小两个蝴蝶，而说话人需要用形容大小的修饰语来明确指代某一个蝴蝶。因此，我们可以预期，对语境信息中非目标但相关物体的注视能够反映概念形成和言语计划的交互阶段。

　　布朗-施密特和塔嫩豪斯（Brown-Schmidt & Tanenhaus，2006）正是采用经典的视觉世界眼动范式（Cooper，1974）验证了上述假设。在布朗-施密特和塔嫩豪斯的研究中，实验由两个相熟的朋友作为被试共同完成。给两名被试呈现的视觉刺激是不同的（图5-14），其中图5-14（b）是说话人视角，看到这个场景的被试需要对目标物体（图右侧被粗方框标示出来的小圆形）进行语言描述，以便另一名被试从看到的场景，即图5-14（a）的听者视角中成功找到目标物体。从与目标物体一起呈现的非目标物体中，我们可以看到和目标相关的物体（即较大的圆形），我们称之为对比物体。根据上一段介绍的理论假设，研究者主要关注说话人对对比物体的注视情况，并且预期它在时间上与随后的语言表达之间存在着紧密的联系。具体关注的眼动指标是作为说话人的被试首次开始注视对比物体的时间，并且预期该时间应该可以预测被试表达修饰语的位置，即名词前（例如，"the small circle"，"那个小圆形"）还是名词后（例如，"the circle, uh small one"，"那个圆形，嗯小的那个"）。

　　布朗-施密特和塔嫩豪斯的研究结果验证了上述假设。首先，说话人使用修饰语（而不是只说出物体"the circle"）的概率在对比物体被注视的试次中显著高于对比物体没有被注视的试次中，说明说话人对大小的形容词的使用依赖于对对比物体的注视。研究者进一步分析了以说话人开始发音为0点，对比物体首次被注视的时间。该值为负值，说明说话人在开始发音前就注视到了对比物体，

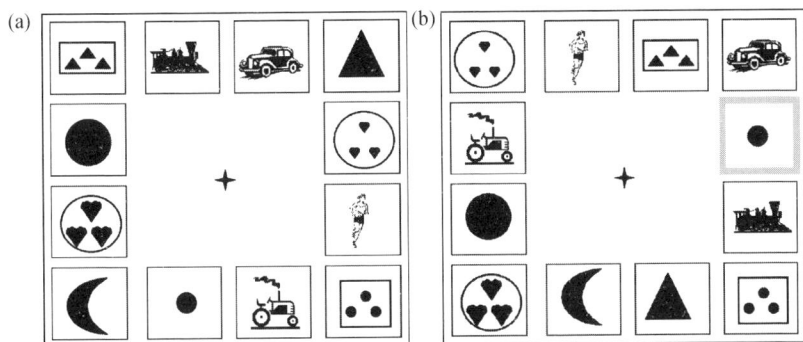

图 5-14　布朗-施密特和塔嫩豪斯（Brown-Schmidt & Tanenhaus，2006）的实验刺激示例

那么说话人应该更倾向于采用名词前修饰；该值为正值，则说明说话人在开始发音后才注视到对比物体，那么说话人应该更倾向于采用名词后修饰。结果与该预期一致，如图 5-15 所示，表明对比物体首次被注视的时间与表达的形式之间有系统的时间联系。

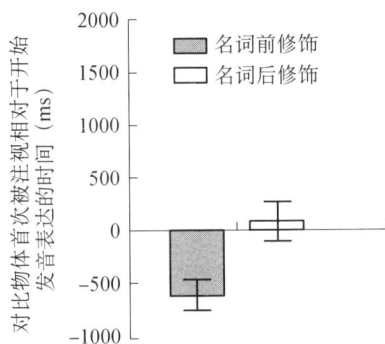

图 5-15　名词前修饰的试次和名词后修饰的试次中对比物体首次被注视时相对于
开始发音表达的时间（Brown-Schmidt & Tanenhaus，2006）

　　在上述结论的基础上，布朗-施密特和克那普卡（Brown-Schmidt & Konopka，2008）采用相似的方法，利用英语和西班牙语中修饰语位置的不同，探讨了概念准备的最小计划广度。同样是表达"那只小的蝴蝶"，英语中形容词应该在名词的前面，即"the small butterfly"；而在西班牙语中，形容词应该在名词的后面，即"la mariposa pequeña"。这种形容词位置的差异导致了对概念计划和对比物体注视的预期不同。如果概念准备的计划广度是一个名词短语，那么对于英语和西班牙语来说，形容词都需要在开始发音前做好概念准备，因此在对比物体的首次注视时间上应该没有差别。然而，如果概念准备的计划广度可以小于一个名词短语，那么西班牙语中对大小形容词的概念准备应该晚于英语。结果支持了后者，如

图 5-16 所示。在只考虑流畅表达时，即英语中大小形容词始终在名词前面（"the small butterfly"），对比物体首次被注视的时间显著早于西班牙语。

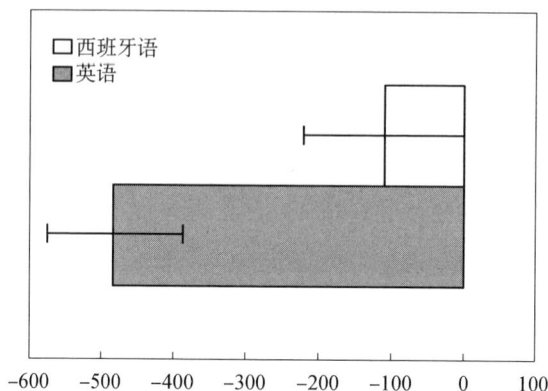

图 5-16　英语和西班牙语中对比物体首次被注视时相对于开始发音表达的时间
（Brown-Schmidt & Konopka，2008）

　　此外，该研究也重复出了布朗-施密特和塔嫩豪斯的研究结果，在同时考虑英语中形容词在名词前和名词后（即"the butterfly, uh small one"）时，形容词在前的情况下对比物体首次被注视的时间显著早于形容词在后的情况（图 5-17）。

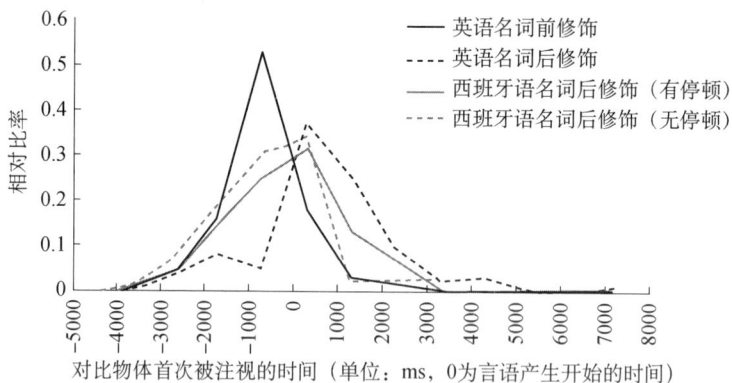

图 5-17　英语中形容词在名词前和名词后、西班牙语中有停顿和无停顿时对比物体首次被注视的时间的相对比率（Brown-Schmidt & Konopka，2008）

　　由此，布朗-施密特和克那普卡提出了概念准备的严格递进假设，即概念计划是逐词进行的。这里说的词是指内容词，即不包括"the"这样的功能词。如图 5-18 所示，说话人一般会先注视到目标物体，并提取相应的概念信息（如

"butterfly",即"蝴蝶");如果说话人在早期就注视到还存在一个相关的对比物体（如较大的蝴蝶），那么就会在概念准备时加入"小"这个概念，并在相应的语言表达的恰当位置加入"小"这个形容词（英语中为"the *small* butterfly"，西班牙语中为"la mariposa *pequeña*"）。如果说话人在较晚的时候才注视到相关的对比物体，那么在英语中"小"的概念提取得过晚，在相应的表达中就会出现在名词的后面，形成一个不流畅（修订式）的表达，即"the butterfly, uh *small* one"；而在西班牙语中形容词本身就在名词后面，所以不受影响，形成的表达与较早关注对比物体的情况是一样的（"la mariposa *pequeña*"）。

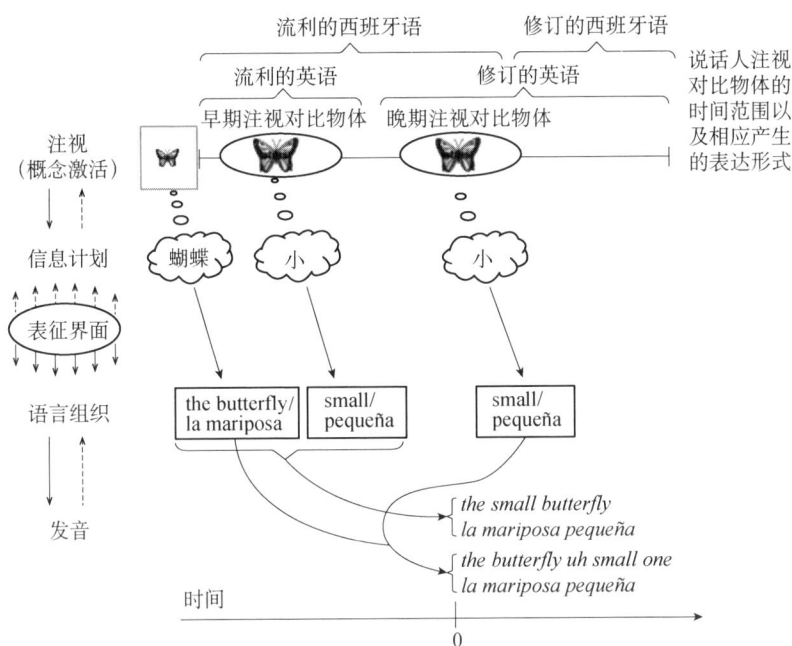

图 5-18　英语和西班牙语中概念准备的严格递进假设示意图
（Brown-Schmidt & Konopka，2008）

布朗-施密特和克那普卡（Brown-Schmidt & Konopka，2015）沿用上述逻辑，进一步证明了在较长的表达中，概念加工也是采用严格递进的方式。在上一部分曾经提及，眼动技术在言语产生研究中的一个重要优势是可以观测言语产生过程中的认知加工。这一点在布朗-施密特和克那普卡（Brown-Schmidt & Konopka，2015）的研究中体现得非常充分。在该研究中，研究者要求被试产生包含两个名词的并列名词短语，如"the star and the dog"（"星星和狗"）。在给被试呈现的视觉刺激中，有时第一个名词存在对比物体（NP1 条件），此时如果想要听者能够根据说话人的描述准确找到目标物体，那么作为说话人的被试就需要在第一个名词前面加上相应的形容词，如"the small star and the dog"（"小星星和狗"）；有时第二个名词存在对比物体（NP2 条件），那么作为说话人的被试就需要在第二个名词前面加上相应的形容词，如"the star and the small dog"（"星星和小狗"）。其中，NP1 条件和布朗-施密特和克那普卡（Brown-Schmidt & Konopka，2008）的实验设置非常相似，只是要求被试表达的语句长了一些，在原来表达的基础上增加了一个名词（"and the dog"），因此研究者预期结果和 2008 年的研究一致。对于 NP2 条件，如果说话人在开始发音后持续采用严格递进的加工模式提取概念信息，那么当对比物体被注视的时间发生在表达 NP1 的过程中时，说话人仍能及时更新 NP2 中关于形容词的信息，从而产生一个流畅的名词短语；只有当对比物体被注视的时间在表达 NP1 之后，说话人才会由于来不及更新形容词的信息而产生不流畅的表达（例如，"the star and uh … the small dog"，"星星和嗯……小狗"）或者重新修订表达（例如，"the star and the dog, uh small dog"，"星星和狗，嗯，小狗"）。反之，如果说话人在开始发音后需要准备更多的概念信息（与严格递进假设相比，即多于一个内容词），那么对比物体被注视的时间无论发生在表达 NP1 的过程中还是之后，说话人都会由于来不及更新形容词的信息而产生不流畅的言语或者修订，结果如图 5-19 所示，这进一步支持了言语产生过程中概念准备也是严格递进的这一观点。

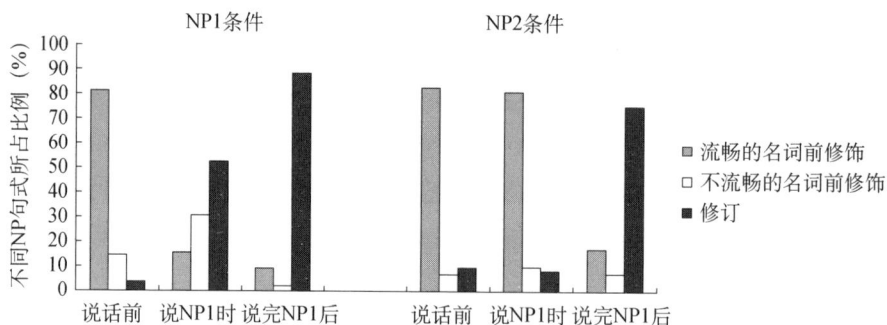

图 5-19　对比物体被注视的时间发生在不同时间窗口时产生的流畅表达、不流畅表达及修订表达的比率（Brown-Schmidt & Konopka，2015）

综上所述，布朗-施密特等（Brown-Schmidt et al.，2006，2008，2015）为我们利用眼动技术探讨言语产生的概念化阶段提供了很好的实例，验证了对非目标但相关物体的注视能够反映概念形成和言语计划的交互阶段，其中利用指代表达中对非目标物体的注视情况探讨概念准备是一个非常巧妙的设计。尽管在上述指代表达的研究中，被试处在一个对话场景中，即有说话人和听者，但事实上并不存在对话。说话人只是单向输出，听者不需要做出言语上的反馈，说话人也不需要进一步表达来维持对话或其他互动。因此，我们认为布朗-施密特等的研究仍然属于独白言语的范畴。我们在第六章还将继续介绍在类似的研究设计下探讨指代表达的其他眼动研究。布朗-施密特等（Brown-Schmidt et al.，2006，2008，2015）主要关注概念准备的计划广度问题，以对比物体首次被注视的时间为主要指标，发现概念准备是严格递进的，说话人可以根据自己获取视觉信息的顺序逐词更新表达的概念信息，从而产生不同形式的表达。

　　根据第一部分我们提到的列维特的单词产生模型，词汇的产生需要先提取其概念信息，进而提取相应的词条和音韵信息。因此，如果概念准备是严格递进的，那么我们可以推测词条的选择和音韵编码的计划广度也应该是词汇或者比词汇更小的单元。事实上，早在 2001 年，格里芬就利用眼动技术探讨了词汇选择和音韵编码的计划广度，发现也是严格递进的。格里芬（Griffin，2001）在研究中给被试呈现了 3 个离散的物体（图 5-20），并要求被试产生一个描述该场景的句子，如"钟表和电视在针的上面"（"A and B are above C."）。我们看到，这里句子的主语就是刚才所说的并列名词短语。研究中操纵了 A、B、C 三个物体名称的命名一致性和词频。其中命名一致性是指目标图片的备选名称数量，因而被认为会影响词汇选择的速度；而词频被认为会影响词汇语音的提取速度。在记录被试命名潜伏期的同时，眼动仪追踪记录了被试在整个实验过程中的眼球运动轨迹，结果发现，句子的命名潜伏期会受到 A 的命名一致性和词频的影响，而改变 B 和 C 的命名一致性和词频并不会影响潜伏期。这样的结果表明，说话人在开始发音前，并没有对并列名词短语中的第二个名词（即 B）进行词汇选择，而是只准备好 A 后就开始发音了。

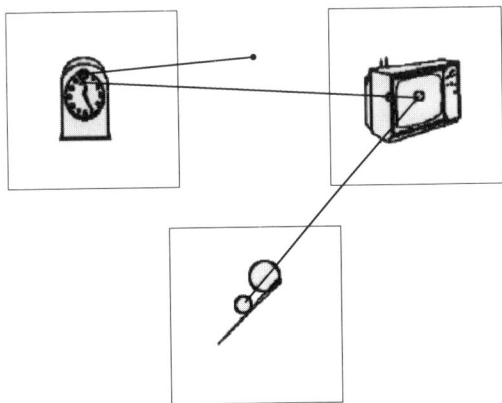

图 5-20　刺激呈现及眼动模式示例（Griffin，2001）

　　此外，该研究以句子开始发音表达的时间为界，将每一个试次划分为开始发音前和开始发音后两个时间段，由此可以直观地看出说话人在产生"A 和 B 在 C 的上面"这样一个句子时，对句中的每个名词是如何进行序列加工的（表 5-1）。在开始发音（表达 A）之前，在 B 上的凝视时间很短（平均值不到 300ms），而在 C 上的凝视时间更短（平均值不到 20ms）。在开始发音后，被试对 B 的凝视时间明显增加，而对 C 的凝视时间的增加更为明显。该结果进一步展示了言语产生的严格递进式加工。

表 5-1　格里芬的研究中不同时间段对各个物体的
注视时间的平均值（标准误）　　　　单位：ms

类别	命名一致性	物体位置	
		B	C
开始表达 A 的时间	高	1137（29）	1138（26）
	中	1154（31）	1190（38）
开始表达 A 之前的凝视时间	高	206（22）	13（13）
	中	271（31）	16（7）
开始表达 A 之后的凝视时间	高	616（55）	1426（105）
	中	812（70）	1660（106）

资料来源：Griffin（2001）

综上所述，句子产生中的概念准备、词汇选择和音韵编码都是序列进行的，而且说话人在完成了第一个名词的音韵编码之后才开始句子的表达，并在表达的过程中序列提取第二个和第三个名词的词汇信息。回到我们之前讨论的序列还是并行加工的问题，这显然与图 5-13 的并行加工假设不符，支持了序列加工假设，或者至少是如图 5-12 中展示的部分序列加工。然而，上述结论也存在争议。有研究以命名反应时为指标，发现句中的第二个名词在开始发音前也完成了词条的选择，即使这个名词位于句子末尾（Meyer，1996；Wagner et al.，2010）。关于音韵编码的计划广度同样存在争议。因此，有研究者提出，计划广度未必是固定不变的，可能存在个体差异，如与年龄、工作记忆容量等有关。下面我们具体介绍眼动技术在这些问题中的应用。

（2）计划广度的个体差异

斯维兹等（Swets et al.，2014，2021）沿用了布朗-施密特等（Brown-Schmidt et al.，2006，2008，2015）的研究思路，利用眼动技术和指代表达探讨了言语产生中计划广度的个体差异。斯维兹等（Swets et al.，2014）主要探讨了工作记忆容量的个体差异是否能预测概念准备的计划广度。给被试呈现的视觉刺激中同样存在两个几乎相同的物体，只是在某一个特征上不同。如图 5-21 所示，左侧的猫有四条腿，而右侧的猫只有三条腿，除此以外两只猫是一样的。要求被试根据箭头的指向，说出句子"四条腿的猫向火车下方移动，三条腿的猫向火车上方移动"（"The four-legged cat moves below the train and the three-legged cat moves above the train")。尽管这一点与布朗-施密特等的研究不同，在该研究中两个物体都需要作为目标物体表达出来，但研究逻辑其实是一样的。其中，左侧物体与目标物体的作用是相似的，都需要说话人最先提取并表达出来；右侧物体与对比物体的作用是相似的，说话人对左侧物体的概念准备以及相应的言语组织是受到对右侧物体信息提取的影响的。如果被试的计划广度足够大，就会在开始说话前尽早收集有关这两只猫的信息，以便在语言上为听者准确描述出指定的那只猫，比如，"四条腿的猫"或者"所有腿都完好无损的猫"。反之，如果被试的计划广度并没有那么大，那么很可能在开始说话前并没有注意到后面的那只猫，因此没有相应的修饰语，只说"那只猫在向火车下方移动"，从而造成指代的模糊。斯维兹等根据工作记忆容量的前测结果，将被试分为高、低两个组，从而检验工作记忆容量对计划广度的影响。

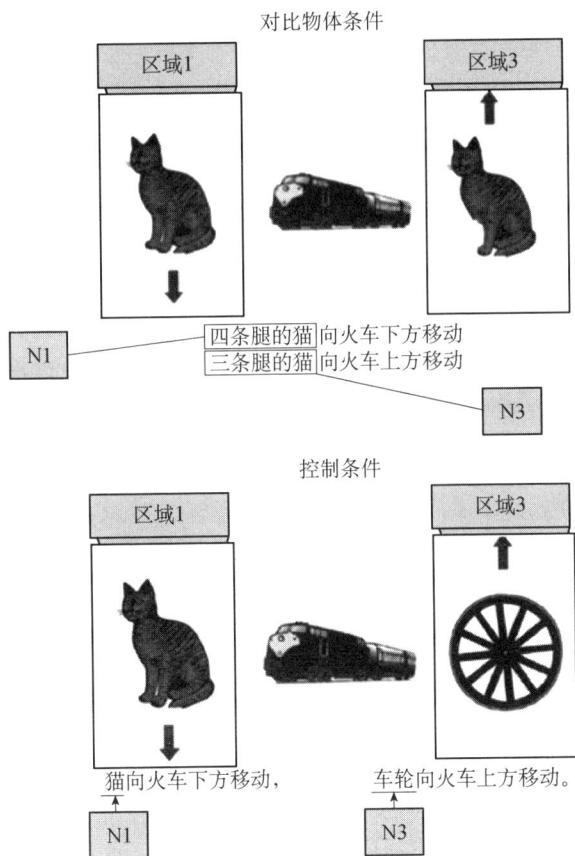

图 5-21　斯维兹等（Swets et al., 2014）研究中的呈现刺激示例。在有对比物体条件下，对应的目标表达是"四条腿的猫向火车下方移动，三条腿的猫向火车上方移动"；在没有对比物体的控制条件下，对应的目标表达是"猫向火车下方移动，车轮向火车上方移动"

斯维兹等（Swets et al.，2014）的研究逻辑看起来很棒，但是如果没有眼动技术的参与以及选取恰当的眼动指标，在实际检验时可就没那么容易了。首先，要探讨计划广度的个体差异，就需要对计划广度做出较为精确的界定。通过表达的内容（第一个名词是否带有修饰语）对计划广度做精确界定是很难的，因为对表达的内容只能做定性观测。此外，一个最为常用的定量观测指标就是言语产生的潜伏期（反应时）。但是，在该研究中，潜伏期也很难直接反映计划广度，因为即使工作记忆容量的确会影响计划广度，不同的工作记忆容量假设也会对潜伏期结果做出不同的预期。根据简单容量假设（simple capacity account），容量大的被试会因为计划广度也较大，所以言语产生的潜伏期更长；根据容量效率假设（efficient capacity hypothesis），工作记忆容量的大小不会影响言语产生的潜伏期，即使计划广度有所不同。相比而言，眼动指标对计划广度的反映是可以不受工作记忆容量假设的影响的。但是如果完全沿用布朗-施密特等的分析方法，即在分析不同的表达（形容词在名词前或后）的情况下，对比物体首次被注视的时间，即图 5-21 的视觉刺激中右侧物体首次被注视的起始时间，其结果与言语产生的潜伏期相似，都有可能受到记忆容量假设的影响。因此，斯维兹等在眼动指标上选择了相对值，而不是绝对值。

具体而言，斯维兹等以开始发音前对第一个物体（如四条腿的猫）和第三个物体（如三条腿的猫）的注视时间比率为指标。我们很容易预期，被试对第一个物体的注视时间比率高于第三个物体，因为在开始发音前，说话人主要提取句首名词，这一点在之前关于计划广度大小的研究中已经得到了充分验证（Griffin，2001；Meyer & van der Meulen，2000）。更重要的是，该指标是时间比率，而非绝对时间之间的比较，因此不管根据哪个记忆容量假设，都可以预期相较于计划广度较小的被试而言，计划广度较大的被试在开始发音前会相对更多地注视第三个物体，反之，注视第一个物体的时间比率则相对较低。结果如图 5-22 所示，在实验条件下，即存在两个物体相同但个别特征不同（四条腿的猫和三条腿的猫）的对比情况（如图 5-21 上半部分，对比条件），随着工作记忆容量的增大，对第一个物体（区域 1）的注视时间比率越来越低，而对第三个物体（区域 3）的注视时间比率越来越高，从而验证了研究者的实验预期，支持了工作记忆容量影响计划广度的结论。斯维兹等在后续的研究中（Swets et al.，2021）采用相似的方法，比较了美式英语、德语和法语的计划广度，不仅验证了布朗-施密特和克那普卡（Brown-Schmidt & Konopka，2008）的研究结论，而且发现即便都是说法语的被试，其计划广度也存在个体差异。具体而言，加工速度越快的个体在概念准备时采取的递进加工策略越彻底。

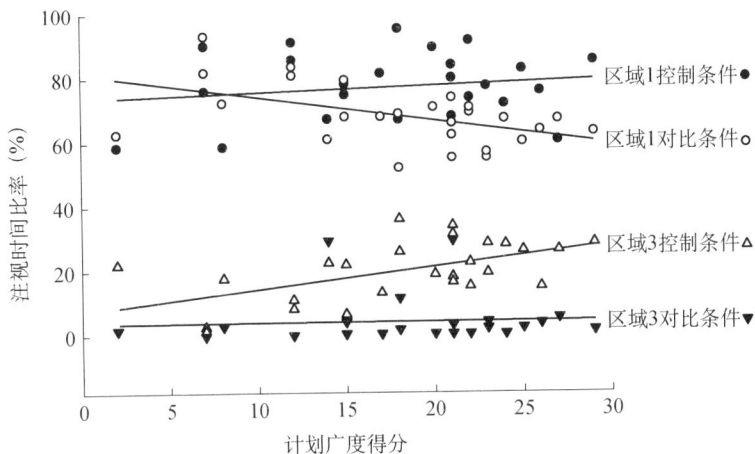

图 5-22　开始发音前对第一个物体和第三个物体的注视时间比率与工作记忆容量的关系
（Swets et al.，2014）

　　在词汇选择和音韵编码计划广度的个体差异方面，格里芬和斯皮勒（Griffin &
Spieler，2006）利用眼动技术探讨了计划广度的老化问题，即老年人与年轻人的计
划广度存在哪些差异，无论从理论还是实践的角度，都发现老年人在词汇提取的
速度和准确性上有所减退，特别是对于 70 岁以上的老年人。因此，研究者推测老
年人可能会为了应对自己在提取词汇上的困难而采取更大的计划广度，从而确保
言语的流畅。为了检验该推测，格里芬和斯皮勒（Griffin & Spieler，2006）采用了
与格里芬（Griffin，2001）的研究相同的方法，选取了平均年龄为 19.9 岁的 15 名
年轻人和平均年龄为 74.5 岁的 15 名老年人作为被试。结果发现，老年人的确在言
语产生的潜伏期上显著长于年轻人。同样，这一潜伏期的差异可能源于老年人采
用了更大的计划广度，也可能源于老年人提取第一个名词需要更长的时间，眼动
结果支持了后一种情况。结果发现，老年人在开始发音前对第二个物体和第三个
物体的注视模式与年轻人相同，而且在注视时间上与年轻人没有显著差异，且都
不受这两个物体对应的名词的命名一致性和词频的影响，说明老年人并没有在开
始发音前更多地计划后面的两个名词。对表达的进一步分析也支持了该结论。分
析发现，在开始发音之后，老年人的表达流畅性更差，从开始发音到开始表达第
二个名词的时间间隔也更长，说明老年人的确是在开始发音后才计划第二个名
词的。

　　综上所述，部分证据支持了言语产生的计划广度存在个体差异，但是显然这

一差异并没有大到撼动计划广度的严格递进假设的程度。当然，关于计划广度的个体差异问题，还有很多研究采用了其他方法，并得出了不同的结论。在这里，我们更关心的是眼动技术在解决这些问题中发挥了哪些作用。我们看到，布朗-施密特等（Brown-Schmidt et al.，2006，2008，2015）在研究中选用了对比物体首次被注视的时间，有效地反映了说话人概念信息提取的时间进程，从而系列地探讨了概念准备的计划广度。但是，在斯维兹等（Swets et al.，2014，2021）的研究中，由于涉及工作记忆容量及相关的不同假设，选用的眼动指标改为对目标物体和对比物体注视时间的比率。由此可见，哪怕是相似的或者延承的研究，由于研究问题之间的细微差别，其适用的眼动指标也很可能不同。不过，这也体现了眼动技术的一大优势，因为眼动指标真的很多，关键是要找到最恰当的那个。

（二）对话言语中的计划时间

对话中的言语产生是近几年研究者非常关心，且非常有趣的一个问题。它与我们日常的言语交流更加贴近，是建立在独白言语产生的基础上更为复杂的情景。其中，我们会惊喜地发现，对话中双方的角色互换进行得如此快速和流畅，很少出现双方一起说话或都不说话的尴尬（不可否认，我们有时也会刻意制造这种"尴尬"来表达一定的含义，例如，面对一个请求，我们可能会刻意多等些时间回答，以表达自己的不情愿）。前人的语料库分析也证实了这一点，例如，研究者在一项关于"是否"问题的问答对话语料分析中发现，问题和回答之间的时间间隔一般稳定在 200ms 左右（Stivers et al.，2009）。我们是如何做到这一点的呢？毕竟我们在产生一个单独的名词（命名一个物体图片）时就需要 600ms 左右的准备时间，而在场景描述任务中产生一个简单句需要至少 1500ms 的准备时间（Griffin & Bock，2000；Jescheniak et al.，2003；Schnur et al.，2006）。因此，一个非常直观的答案就是，我们在对方说话的时候就已经在准备自己接下来的言语了。

在上述这个大前提下，研究者首先关注的主要问题之一是我们什么时候开始准备自己的言语？一个直观的假设当然是越早越好。莱文森和托雷拉（Levinson & Torreira，2015）就在大量的语料库分析和前人研究的基础上提出了言语计划的早期假设（the early hypothesis）。该假设认为，在对话过程中，其中一方在听对方话语的同时，会尽早地开始准备自己的话语，进行相应的概念准备和言语组织阶段的信息提取，然后将这些信息储存在一个缓冲器中，待到对方话语即将结束时，启动相应的发音系统进行表达。这样的加工模式固然可以使我们在对话过程中顺利地交换角色，但也存在一定的弊端。毕竟言语理解和产生都是需要认知资源的

（Roelofs & Piai，2011），甚至共享一些神经基础（Hagoort et al.，1999）。因此，早期计划的加工模式会造成言语理解和产生的长时间并行加工，在认知资源的利用上并不经济，还会造成两个加工之间的相关干扰。舍思和梅耶尔（Sjerps & Meyer，2015）就采用眼动技术，检验了对话言语中的角色交换策略，并支持了言语计划的晚期假设（the late hypothesis）。下面我们就来详细看看这项研究。

舍思和梅耶尔（Sjerps & Meyer，2015）在研究中给被试呈现了如图 5-23 所示的视觉刺激，在试次开始时播放其中一行对应的描述语句。例如，对于第一行来说，对应的语句是"把公共汽车放在头盔的下面，把脚放在草莓的上面"。被试的任务是理解播放的语句，并按照相同的方式描述另一行物体，其中箭头表示方向，例如，在听到播放第一行的描述语句后，说出"把树放在蝴蝶的下面，把蜡烛放在墙的上面"，这样就构成了只有言语产生的条件。在双任务条件下，被试还需要做一个除拇指以外的四个手指固定顺序键盘敲击任务，即产生和按键双任务。此外，该研究还设置了一个理解（倾听录音）和按键的双任务条件，即两行的描述语句都是语音播放给被试的，被试不需要自己说话，只需在听完之后按键判断刚才听到的第二句描述是否正确。研究者之所以做出如此复杂的实验设置，是因为在一开始的实验一中并没有眼动技术的参与，仅仅依赖其他的行为指标。

图 5-23 视觉呈现刺激示例（Sjerps & Meyer，2015）

实验一的基本逻辑是，在对话过程中，无论是理解对方的言语还是计划自己的言语，都需要耗费中央认知资源。如果在对话过程中设置了另一个同样耗费中央认知资源的任务，如敲击键盘，那么完成该任务的效率（如敲击键盘的速率）就会受到对话任务的干扰，特别是当被试在理解对方言语的同时开始计划自己的言语时，敲击键盘的效率就会进一步下降。在这样的逻辑下，以理解和按键的双任务条件下的敲击键盘效率为基线，找到产生和按键双任务条件下敲击键盘的效率下降节点，也就找到了被试在对话言语中开始计划自己言语的时间。在上述实验逻辑和设置下，被试在听到语句的第一个名词时，其实已经可以判断出对应哪一行，以及自己需要描述哪一行。因此，如果被试采用的是早期计划策略，那么在听到第一个名词时就可以开始计划自己的言语了。事实与此预期相反，实验一的结果显示，敲击键盘的效率在产生和按键双任务条件下发生下降的节点在播放的话语结束前约 500ms，即被试在对话言语中即使有条件尽早地开始计划自己的言语，依然是等到对方话语快结束时才开始计划的，即所谓的晚期计划假设。

实验一不仅逻辑和设计比较复杂，而且存在一种混淆的解释，即这种晚期计划的策略是否是由于在产生和按键双任务条件下对认知资源的需求太大而选择的一种特殊策略？为此，实验二在实验一的基础上增加了对眼动的记录。这样不仅能够为实验一的结论提供进一步的证据，而且能够检验上述混淆的解释。首先，如果被试在实验一中的确采用了晚期计划的策略，那么鉴于眼动和言语加工之间存在紧密的时间联系，可以预期包括产生和按键的双任务条件在内，被试都是在晚期才开始注视自己要表达的物体。其次，如果晚期计划是产生和按键双任务条件下的一种特殊策略，那么可以预期与该条件相比，在只有言语产生的条件下，注视转移到要表达的物体的时间更早。为此，实验二的眼动指标选取了对两行物体的注视时间比率，在该研究中称为凝视比率，并且主要检验凝视比率随时间的变化情况。

实验二的眼动结果如图 5-24 所示。以刺激图片开始呈现为时间的 0 点，此时被试对两行图片的凝视比率相当，因为这时被试还无法预期哪一行物体是播放的语句所描述的，哪一行又是自己要描述的。在图片呈现 4s 后，也就是播放的语句进行 1s 后，被试主要注视播放的语句所描述的物体；在播放的语音快要结束时，被试主要关注自己要表达的那行物体。这些结果进一步验证了实验一的晚期计划结论，表明在对方的话语快要结束时，被试才开始准备自己的话语。此外，无论是在产生和按键双任务条件下，还是在只有言语产生的条件下，被试都是在播放的语音快要结束时才将注视转移到自己要表达的物体上，说明这种晚期计划的加工方式并不是高认知负荷下的一种特殊策略。

在舍思和梅耶尔（Sjerps & Meyer，2015）的研究中，我们可以看出眼动技术在探讨对话言语中的角色交换策略方面体现出的作用和优势。基于注视和言语加工之间的紧密联系，被试计划自己言语的时候，会将注视从需要理解的物体转向需要表达的物体上。因此，该研究选取的眼动指标是凝视比率，通过凝视比率随时间变化的情况，反映被试何时将注视转移到自己要表达的物体上，从而推断被试采用的角色交换策略是早期计划还是晚期计划。研究结果支持了晚期计划假设，

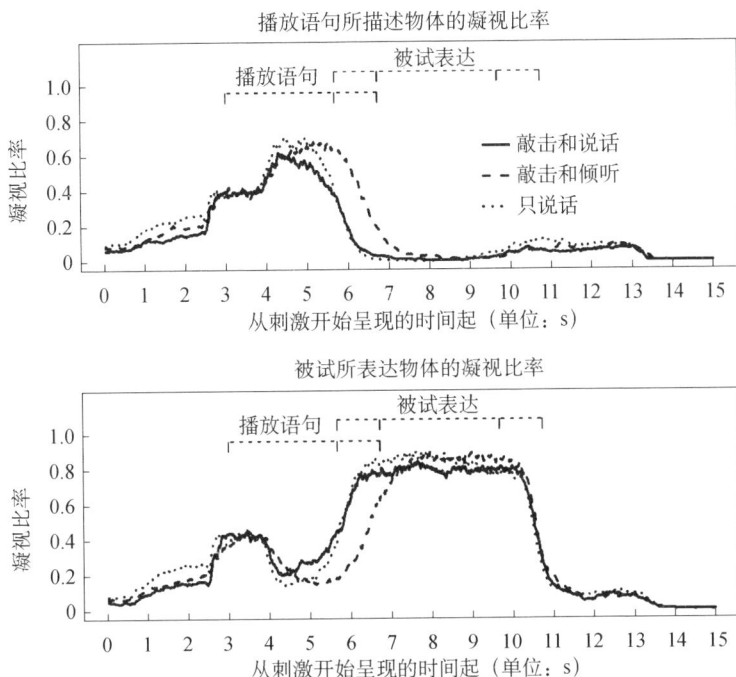

图 5-24 在 3 种任务条件下播放语句对应的物体（上图）和被试要描述的物体（下图）的
凝视比率随时间的变化趋势（Sjerps & Meyer，2015）

即在有条件尽早地开始计划自己言语的情况下，被试依然是等到对方的话语快结束时才开始计划自己的言语。然而，这一结论同时带来了另一个问题，即说话人是如何预测对方的话语快要结束的？对于该研究中的被试而言，对方话语的句式是相对固定的，其描述的物体也呈现在屏幕上，因此可以轻松地预测对方话语的内容和结束时间。显然，我们在现实生活中的双人对话并非如此。那么，我们在现实对话中如何预测对方话语的结束时间呢？或者晚期计划只是在这种实验范式下采用的特殊策略，我们实际采用的是早期计划策略，因此不存在预测的问题？为此，巴特尔（Barthel et al.，2016，2017）沿用了上述研究中眼动技术的优势，但是采用了另一种对话范式，对双人对话言语中的计划策略进行了进一步的探讨。

巴特尔（Barthel et al.，2016，2017）采用的是一种列表补足（list-completion）任务导向的对话范式，任务包含两个对话人，其中一个是被试，另一个是实验助理。两人分别在两个隔音的房间，通过耳机和麦克风对话。研究者给实验助理的屏幕上呈现的视觉刺激如图 5-25（a）所示，要求实验助理采用"我有……"或者"我看见……"的句式，说出屏幕上的物体，例如，"我有钥匙、风筝和钻石"；给被试的屏幕上呈现的视觉刺激如图 5-25（b）所示，要求被试说出自己屏幕上多出来的那几个物体，例如，"我还有订书机和甜甜圈"。事实上，实验助理说的话是提前录好并在实验中播放给被试的，只是采用上述方法营造出对话的情景。在这样的对话范式中，虽然被试也能够在屏幕上看到对方描述的物体，从而通过注视比率随时间的变化来推断注视由理解的物体转向产生的物体的时间，但是在被试听到相应的物体名称之前，是无法预测具体哪一个或哪几个物体是对方描述的。因此，与舍思和梅耶尔（Sjerps & Meyer，2015）采用的研究方法相比，被试无法精确地预测对方话语的内容及结束的时间。

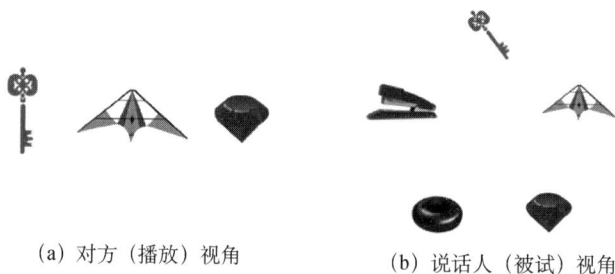

(a) 对方（播放）视角　　　　(b) 说话人（被试）视角

图 5-25　列表补足任务中的实验刺激示例（Barthel et al.，2016）

　　然而，被试在理解对方的话语时，依然可以找到一些话语即将结束的线索，比如，当对方的话语描述的是多个物体时，最后一个物体名称之前会有"和"（例如，"我有钥匙、风筝和钻石"）；当对方的话语仅仅描述一个物体时，物体名称之前会有"只"（例如，"我只有钥匙"）。Barthel 等（2017）称之为词汇线索（lexical cue）。此外，我们的语音都是有起承转合、抑扬顿挫的，被试可能会根据这些韵律线索（acoustic cue）来预测对方话语的结束时间。因此，Barthel 等（2016，2017）通过不同的实验设置，进一步降低被试对句子何时收尾的可预测性。巴特尔（Barthel et al.，2016）主要是利用德语的特点，通过对句尾动词的操纵来削弱词汇线索的提示作用。具体而言，是在实验中设置了两个自变量，都是针对被试听到的话语，分别是句尾是否有动词（±Vend）和句尾是否可预测（±Pend）。句尾不可预测的条件（−Pend）下采用的动词是"habe"（相当于英语中的"have"）。"habe"在德语中既可以是主动词，即句尾不需要再加动词；也可以是辅助动词，即需要一个主动词"besorgt"（相当于英语中的"gotten"）处于句子的末尾。因此，在包含动词"habe"的句子里，即使被试听到了提示最后一个名词的信号，即"和"（德语中为"und"）或"只"（德语中为"nur"），被试仍然不能精确地预测对方说出的句子何时结束。与此不同的是，像"sehe"（相当于英语中的"see"）这样的主动词（句尾不需要再加动词）或者"kann"（相当于英语中的"can"）这样的情态动词（句尾必须再加动词），被试是可以通过"und"或"nur"的出现预测对方的话语何时结束的，即+Pend 条件。相应地，也就产生了句尾有动词（+Vend）和没有动词（−Vend）的条件（表 5-2）。

表 5-2　4 种条件下的语句示例（Barthel et al.，2016）

条件		句尾是否可预测	
		−Pend	+Pend
句尾是否有动词	−Vend	Ich habe einen Schlüssel，einen Lenkdrachen und einen Rubin.	Ich sehe einen Schlüssel，einen Lenkdrachen und einen Rubin.
	+Vend	Ich habe einen Schlüssel，einen Lenkdrachen und einen Rubin besorgt.	Ich kann einen Schlüssel，einen Lenkdrachen und einen Rubin besorgen.

巴特尔等（Barthel et al.，2016）主要探讨了两个问题：①对话言语中说话人何时开始计划自己的言语，是早期还是晚期？②早期或晚期计划策略的选择，是否依赖于对对方话语结束点的预测？对于这两个问题，核心都是看说话人何时开始注视自己要表达的物体，以及这个时间是否受到对话语转换（turn taking）预测的影响。因此，该研究选取的眼动指标仍然是注视比率，主要检验被试说出的第一个物体的注视比率在不同条件下随时间变化的趋势。同时，在数据分析方法上选用了递增曲线模型（growth curve model），这是一种利用时间多项式作为预测因子来模拟注视可能性的混合效应回归模型。该模型包含时间的线性（Time）、二次项（$Time^2$）和三次项（$Time^3$）参数。其中时间的线性参数模拟了实验过程中注视比率随时间的总体变化趋势——增加或减少；时间的二次项参数模拟了曲线的陡度，即曲线的"U"形程度，代表了注视比率变化的速度；时间的三次项参数模拟了曲线的"S"形程度，代表了注视比率变化的早晚。结果如图 5-26 所示，其中横坐标是时间，以对方话语中最后一个名词的开始时间为 0 点，纵坐标为被试对自己表达的第一个物体以 100ms 为间隔的注视比率。

在结合上述实验设计和分析方法的基础上，对于该研究关注的两个问题，可以分别做出如下预期：根据早期计划假设，被试在识别出对方表达的最后一个物体后，就会尽快开始准备自己的言语，因此句尾有没有动词并不影响开始计划的时间，即±Vend 和 $Time^3$ 之间不存在显著的交互作用；相反，根据晚期计划假设，被试会依据对方表达即将结束的时间来决定何时开始准备自己的言语，因此句尾有动词时开始计划的时间更晚，即±Vend 和 $Time^3$ 之间存在显著的交互作用。实际结果支持了早期计划假设。从图 5-26 也可以看出，不管句尾有没有动词，注视比率的增加都是在对方话语中最后一个宾语名词出现后大约 400ms 加速，表明被

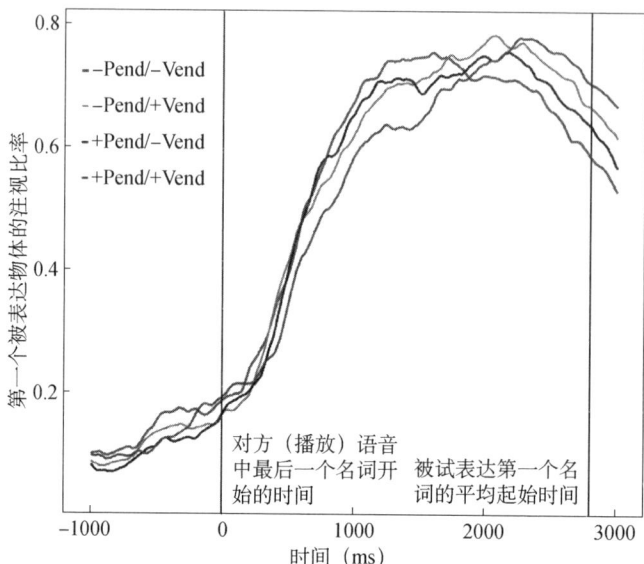

图 5-26　巴特尔等（Barthel et al.，2016）的研究中被试说出的第一个物体的
注视比率随时间变化的趋势（见文后彩图 5-26）

试就是在这个时候开始计划自己的言语的。

　　另一个研究问题是关于说话人对对方表达结束时间的预测。如果说话人的计划策略依赖于对对方表达结束时间的预测，那么被试开始计划自己言语的时间在可预测条件（+Pend）下会早于不可预测条件（−Pend），即±Pend 和 Time^3 之间存在显著的交互作用；相反，则不管句尾是否可预测，被试开始计划自己言语的时间都是一样的，即±Pend 和 Time^3 之间不存在显著的交互作用。实际的检验结果支持了后者。从图 5-26 也可以看出，不管句尾是否可预测，注视比率的增加都是在大约 400ms 加速。这与早期计划假设也是一致的，因为只有在晚期计划假设中，说话人才需要根据对方话语的结束时间来决定自己开始计划言语的时间。

　　巴特尔等（Barthel et al.，2017）进一步检验了提示句尾的词汇线索和韵律线索对计划策略的影响。其中，词汇线索为"和"，设置是有或无（±LEX）。韵律线索有两种，一种是低降界音（low falling boundary tone），设置是有或无（±BT）；另一种是音高峰值的降阶（downstepped pitch peaks），设置同样是有或无（±DWNS）。这三个因素共组合出以下四个实验条件：①无词汇线索，有低降界音，无音高峰值的降阶（−LEX，+BT，−DWNS）；②有词汇线索，有低降界音，无音高峰值的降阶（+LEX，+BT，−DWNS）；③无词汇线索，无低降界音，无音高峰值的降阶（−LEX，−BT，−DWNS）；④无词汇线索，有低降界音，有音高峰值的降阶（–LEX，+BT，+DWNS）。由此，通过实验条件①和②的比较，可以检验词汇线索的作用；通过实验条件①和③的比较，可以检验低降界音线索的作用；通过实验条件①和④的比较，可以检验音高峰值降阶线索的作用。

　　巴特尔等（Barthel et al.，2016）采用了与上一个研究相同的分析方法，结果见图5-27。从图5-27可以看出，不管是否有句尾线索，线索是词汇的还是韵律的，被试对自己要表达的物体的注视比率都是在对方话语中的最后一个名词开始后不久就迅速上升，这与早期计划假设是一致的。具体的检验结果显示：±LEX和$Time^3$之间、$Time^2$之间都存在显著的交互作用，表明有词汇线索时，注视由理解的物体转向表达的物体的时间更早，变化也更快（曲线更陡峭）；±BT和$Time^3$之间、$Time^2$之间都没有发现显著的交互作用，表明注视没有受到低降界音的韵律线索的影响；±DWNS和$Time^3$之间、$Time^2$之间也都没有发现显著的交互作用，表明注视也没有受到音高峰值降阶的韵律线索的影响。总之，该研究结果表明，下一个说话人在识别出对方话语即将结束的信号时，就尽快开始计划自己的言语，而对方话语即将结束的提示线索可以作为"启动信号"以便及时反应。

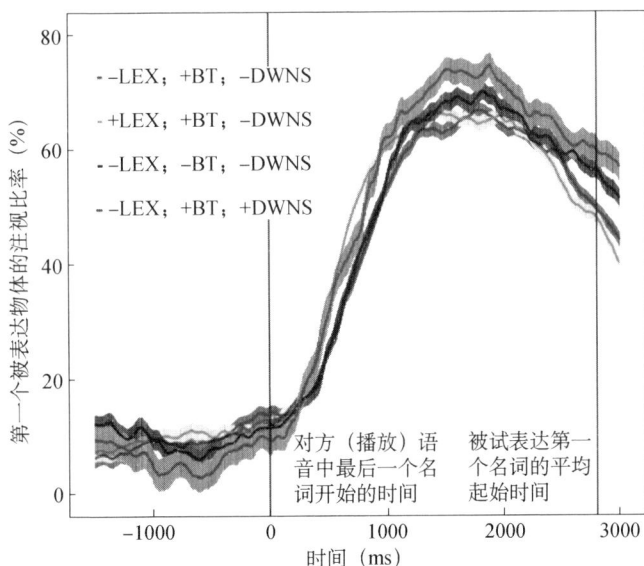

图5-27　巴特尔等（Barthel et al.，2017）的研究中被试说出的第一个物体的注视比率随时间变化的趋势（见文后彩图5-27）

　　综上所述，在对话言语中双方的角色互换问题上，眼动技术同样发挥着优势，特别是在检验说话人何时开始准备自己的言语时，说话人对自己要描述的物体的注视比率随时间变化的趋势，能够很好地反映说话人计划言语的时间进程。尽管目前早期计划和晚期计划的假设仍然存在争议，但我们看到这个问题已经不仅局限于此，而是扩展到了诸如对角色互换时间点的预期等问题上。关于这个研究问题，相信未来研究者会有更丰富的探讨，我们也可以期待眼动在其中继续发挥更加重要的作用。

第六章

眼动在句子产生不同加工阶段的应用

尽管在列维特的《讲话》（*Speaking*）一书出版之前，言语产生领域也有一些理论研究和总结，但不可否认的是，这本书全面地概述了到 1989 年为止言语产生领域的所知内容，从连贯的理论角度来理解这些发现并得出预测，因此极大地推动了新研究的产生。此书出版以后，言语产生领域获得了蓬勃发展。其中许多研究围绕该书中提出的言语产生模型的各个加工阶段（图 2-1）进行探索和检验，例如，谈话双方背景知识对概念化阶段信息加工的影响，言语组织阶段中句法的提取，以及自我监控的机制，等等。本章将围绕该模型中的各个加工阶段和涉及的问题，介绍眼动技术在其中的应用。

第一节　句子产生的概念化阶段

在第五章第二节的"独白言语中的计划广度"部分，我们曾详细介绍了布朗-施密特等（Brown-Schmidt et al.，2006，2008，2015）利用指代表达的特点，探讨了概念化阶段的计划广度问题的研究。这些研究也进一步验证了指代表达的言语计划过程在反映概念化加工阶段的作用。因此，这一节我们仍然围绕指代表达的相关研究进行分析，以便了解眼动技术在探讨句子产生的概念化阶段的应用。眼动在指代表达中扮演了两个重要角色。首先，眼睛注视的指向性本身就是一种指代表达；其次，根据眼动和言语产生的密切联系，可以利用眼动技术探讨指代的言语表达问题。

一、眼动和指代表达的关系

注视的指向性在生活中随处可见。例如，我们请他人帮忙递一个物体，有时不需要说话，对方顺着我们眼睛注视的方向，就可以找到想要的东西。这种关系是如此紧密，以至于婴儿可以通过成人的眼神来学习新词汇（Baldwin，1991，1993）。那么，除了注视的方向，其他的眼动信息是否也参与了指代表达？格里芬和奥本海默（Griffin & Oppenheimer，2006）就探讨了注视时间和指代表达的关系。

（一）眼动和指代意图的关系

上一部分我们介绍过物体的注视时间与相应的词汇提取难度有关。一种可能的原因是，注视有助于词汇的概念/语义和语音信息的提取，同时可以避免注视其他物体带来干扰。格里芬和奥本海默（Griffin & Oppenheimer，2006）称之为内容假设。我们前面介绍的很多研究都支持了这个假设。另一个可能的原因是，说话人的指代意图促使他/她在要表达相关内容时注视与该内容相关的空间区域，被称为指代假设。如果产生的词汇是针对图片的正确名称，那么这两个假设之间没有差别；如果产生的不是与图片对应的词汇，那么这两个假设的预期就不同了。根据内容假设，此时提取的词汇不是图片的名称，所以图片的注视时间不应该再与词汇提取难度有关；根据指代假设，注视时间仍然和词汇提取有紧密联系。据此，格里芬和奥本海默（Griffin & Oppenheimer，2006）做出了一个巧妙的实验设计。他们给被试呈现的图片与格里芬和博克（Griffin & Bock，2000）的研究相似，要求被试用一个主动态的句子来描述一个动作场景，例如，"一只乌龟在用水枪喷一只老鼠"（图4-4右侧）。其中一半的被试在遇到生命性的受动者（如"老鼠"）时，需要用不正确的词汇（如"兔子"）来替换掉正确的词汇，即说出"一只乌龟在用水枪喷一只兔子"；在遇到非生命性的受动者（如"船"）时，需要用图片对应的正确名称来产生句子。另一半被试则相反，在遇到生命性的受动者时使用正确的名称，而在遇到非生命性的受动者时用不正确的词汇替换。上述每组被试又平均分成两组，其中一组在用不正确的词汇替换时，要求统一都使用一个新词"blick"，而另一组采用的不正确词汇需要与正确的词汇相似，但概念不同，如用"兔子"替换"老鼠"，用"木筏"替换"船"。

该研究主要关注的眼动指标显然是注视时间，结果如图6-1所示，显示了在开始说出受动者之前，被试对施动者、受动者以及其他区域的总注视时间。结果显示，在受动者的名称统一用新词"blick"替换时，在各个兴趣区的总注视时间与使用正确词汇时没有显著差异，尽管"blick"这个词被高度重复地使用。这一结果支持了指代假设，即说话人的眼睛注视是对与当前思想内容相关的位置的视觉空间注意的反映（Griffin，2004；Spivey et al.，2004）。除了注视时间，该研究还关注了一个眼动指标——眼音距。关于眼音距这个概念，我们在上一部分解释过。它可以进一步细分为起始眼音距和结尾眼音距，其中起始眼音距等同于命名反应时，包含目标项被表达之前的所有加工阶段。其结果与总注视时间一致，即受动者的起始眼音距在使用新词"blick"替换时和使用正确词汇时相比，没有显著差异。

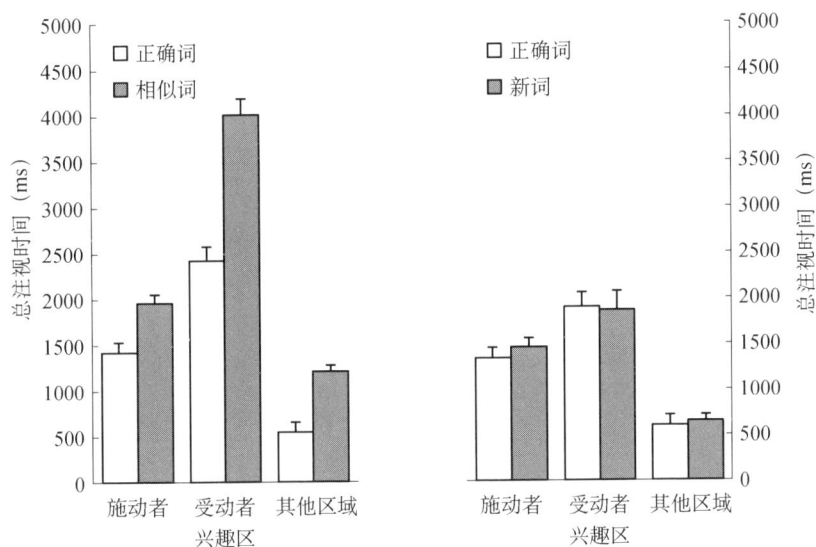

图 6-1　左图为包含正确词汇的句子和不正确但相似的词汇的句子，右图为包含正确词汇的句子和用新词"blick"替换的句子。纵坐标为开始说出受动者之前，被试对施动者、受动者以及其他区域的总注视时间的平均值及标准差

此外，该研究还发现，使用相似词汇替换时的总注视时间显著长于使用正确词汇时，而且这个差异主要表现在对受动者的注视上。与此一致的是，受动者的起始眼音距在用相似词汇替换时，也显著长于使用正确词汇时。对此，一种可能是相似的词汇和目标词汇之间存在干扰，其逻辑与图词干扰范式中的语义干扰效应相似。另一种可能是在用相似的概念名称替换时，可选择的词汇更多，所以需要的时间也更长，其逻辑与格里芬（Griffin，2001）的研究中涉及的命名一致性效应相似。不管是哪种解释，这些结果都在一定程度上支持了内容假设。由此可见，尽管说话人准备一个物体的名称时，在特定位置提及一个物体的意图可以引导他

们的注视，但注视时间同时也受到词汇提取难度的影响。注视时间和概念表征、词汇提取之间的这种对应关系与前人的研究结果也是一致的（Humphreys et al.，1997；Roelofs，1992；van der Meulen，2001）。

总之，上述研究表明，眼动指标中的注视时间不仅与目标区域对应的词汇提取难度有关，还会受到指代意图的影响。除了注视本身的指代性以外，言语产生领域的研究者更关心注视和我们最终产生出来的指代言语有什么关系。下面我们就来具体探讨两项相关的眼动研究。

（二）眼动和指代言语的关系

指代言语的作用主要体现在歧义性的指代场景（ambiguous scene）中。所谓歧义性的指代场景，是指在某些场景，我们需要从相似的物体中准确表达出我们特指的那一个物体。例如，在游乐场，我们经常看到卖气球的人会同时牵着一簇五颜六色、各式各样的气球，这时一个小朋友要想买到自己心仪的气球，他/她就需要准确地表达出到底想要哪一个，比如，"那个红色的米老鼠形状的气球"。这个指代表达是否准确呢？那要看卖气球的人是否能够准确给出这个小朋友心仪的气球。如果卖气球的人手中有好多红色的米老鼠形状的气球，其中有些可以亮灯，有些不可以，那么上述指代表达的信息就是不充分的，即有歧义的指代表达（ambiguous referring expression），这个小朋友还需要指出是"那个红色的米老鼠形状的会亮灯的气球"。如果卖气球的人手中都是米老鼠形状的气球，只是颜色不同，那么上述指代表达的信息就是过量的。尽管这种表达仍然可以使卖气球的人给出心仪的那个，但事实上他/她只需要说出"那个红色的气球"就可以了。由此可见，准确地指代言语是歧义性指代场景中沟通有效的重要保障。戴维斯和卡索斯（Davies & Katsos，2010）的研究发现，说话人在指代言语表达中的信息量是否充分，具有较大的个体差异。这个差异是否源于独特的认知特征？戴维斯和克雷萨（Davies & Kreysa，2017）采用眼动技术探索了这一问题。

戴维斯和克雷萨（Davies & Kreysa，2017）设计了一种实验室条件下的歧义性指代场景，如图 6-2 所示。每个试次给被试呈现包含 4 个物体的视觉刺激，用方框标示目标物。其他物体可能与目标物都无关（图 6-2 左侧部分），或者有一个物体与目标物是同一物体，只是大小不同，称为对比物体（图 6-2 右侧部分）。被试作为说话人，其任务是描述目标物体，从而使对方在没有方框标示的情况下准确选中目标物体。在该实验设置中，没有对比物体的情况其实是作为填充刺激出现，研究者主要关心在有对比物体的情况下，被试产生的指代言语的情况及其与眼动所反映的认知加工的关系。研究者预期，与指代言语信息量不足的情况相比，当指代言语的信息量充分时，说话人对对比物体的注视会更多。此外，还可以预期，在这个简单的指代表达任务中，成年被试很少产生信息量不足的指代言语表达，因此研究者在其他条件不变的情况下，增加了一次呈现 8 个物体的情况。总之，该研究主要关心存在对比物体的情况，而此时产生信息过量的指代言语的概率很低，因此最后的数据分析是基于一个 2（视觉刺激复杂性：4 个物体或 8 个物体）×2（言语信息量：不足或恰当）的实验设计，因变量是注视比率和注视时间这两个眼动指标及命名潜伏期。

图 6-2　戴维斯和克雷萨设计的歧义性指代场景示例（Davies & Kreysa，2017）

除了场景设计以外，该研究还通过实验流程的设置，将言语产生中前期的物体识别阶段和后期的言语计划阶段区分出来，从而检验具体哪个阶段的加工与指代言语的信息充分性的联系最紧密。如图 6-3 所示，在注视点"+"呈现结束以后，并没有直接把如图 6-2 所示的指代场景呈现出来，而是将不带有方框标示的视觉刺激先呈现一段时间（有 4 个物体时呈现 2000ms，有 8 个物体时呈现 3000ms）。这个阶段称为预视阶段，被试有足够的时间识别视觉刺激中的所有物体，但不知道哪一个是目标物。随后，屏幕中央出现一个圆形注视点并呈现 1000ms。待圆形注视点消失时，一个方框出现，以锁定目标物体，并和物体一起呈现 4000ms。此时，说话人才能够计划相应的指代表达，并按照要求尽快开始说出来。

研究者根据预期首先检验了对比物体的注视与指代言语的信息量之间的关系。具体而言，根据注视发生的阶段，将实验试次分为 4 类：①只发生在预视阶段；②只发生在表达前阶段；③两个阶段都有；④两个阶段都没有。每类试次下产生信息量不充分的指代表达的比例如图 6-4 所示。与两个阶段都有注视（第③类）相比，两个阶段都没有注视（第④类）的试次中产生信息不充分的指代表达的比例更高，注视只发生在表达前阶段（第②类）的试次中则没有显著差异，

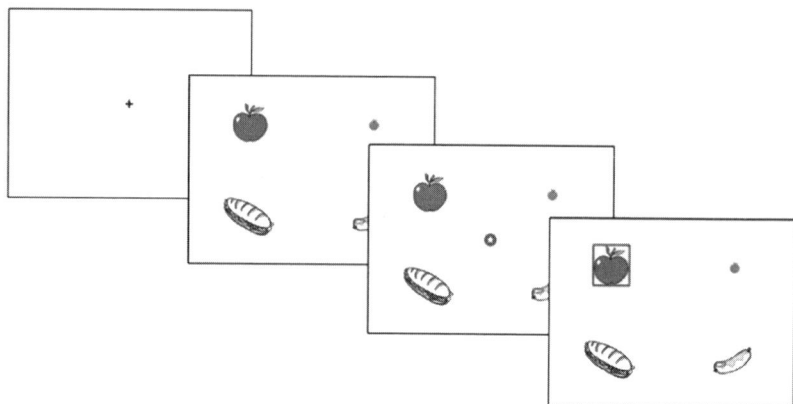

图 6-3　实验流程图（Davies & Kreysa，2017）

而注视只发生在预视阶段（第①类）的试次中也倾向于更多的信息不充分表达，但只是边缘显著。这表明在发音之前注视对比物体比在识别目标之前注视对比物体更有助于产生信息充分的指代表达，而注视减少会导致信息量不充分的指代言语表达。

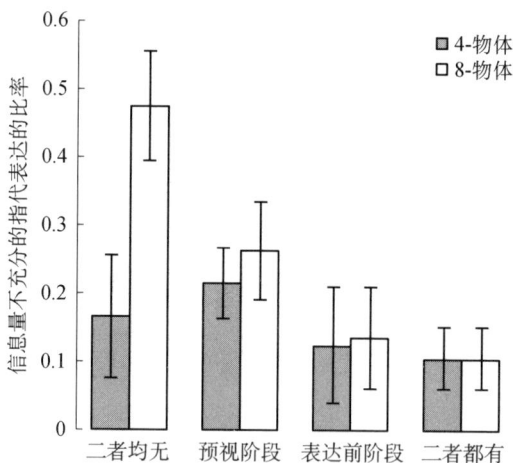

图 6-4　对对比物体的注视发生在不同阶段时产生信息量不充分的指代表达的比率
（Davies & Kreysa，2017）

为了验证上述结论，研究者对对比物体的注视时间和注视比率进行了更为精确的分析。在注视时间方面，研究者首先检验了预视阶段和表达前阶段对对比物体的总注视时间，结果如图6-5所示。与信息量不充分的指代表达相比，表达充分时对对比物体的注视时间更长，而且该效应不受物体数量的影响。该结果进一步验证了在发音之前更多地注视对比物体有助于产生信息，充分地指代和表达这一结论。然而，在开始表达之后，对比物体的注视是否会继续影响指代表达信息的充分性呢？研究者进一步检验了开始发音后对对比物体的总注视时间，结果与开始发音前恰恰相反，在不充分的表达下，对对比物体的注视时间显著长于充分的表达。究其原因，研究者推测可能是言语产生过程中的自我修正导致的。后续对自我修正和没有修正的表达的注视时间进行比较，结果也支持了这一推测。由此可见，对对比物体的总的注视时间并不能解释指代表达的信息充分性问题，还需要分析注视发生在哪个阶段。

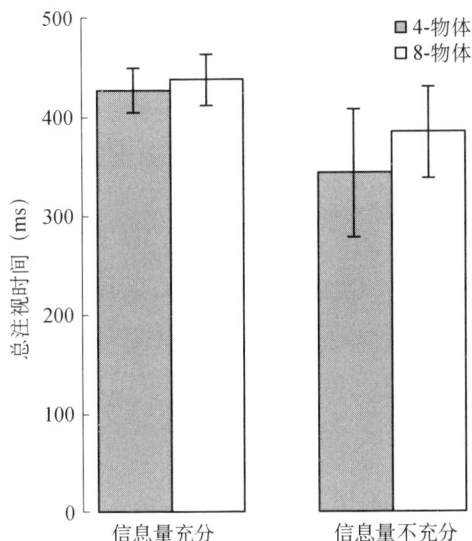

图 6-5　信息量充分和信息量不足时对对比物体的注视时间（Davies & Kreysa，2017）

在注视比率方面，该研究检验了目标物体和对比物体注视比率的比值，再进行 log 转换，因此该比值为 0 意味着对两个物体的注视概率是一样的，结果如图 6-6 所示。毋庸置疑，与对比物体相比，被试的注视更偏向于目标物体；相应地，该比值也基本都是正值。重要的是，这种偏向在表达信息不充分的情况下更为明显，而且这种偏向在表达信息充分与不充分情况下的差异在不同时间阶段也存在显著变化：在表达前阶段，这种差异是很明显的；在预视阶段，被试还不知道哪个物体是目标，所以可想而知这种差异并不显著。更重要的是，在表达前阶段，这种偏向最强的时候表达的信息是不充分的，而偏向最弱的时候表达的信息恰恰是充分的。这些结果再次表明，在开始表达前对对比物体的注视增加会导致表达的信息更充分，而注视减少会导致表达的信息不充分。

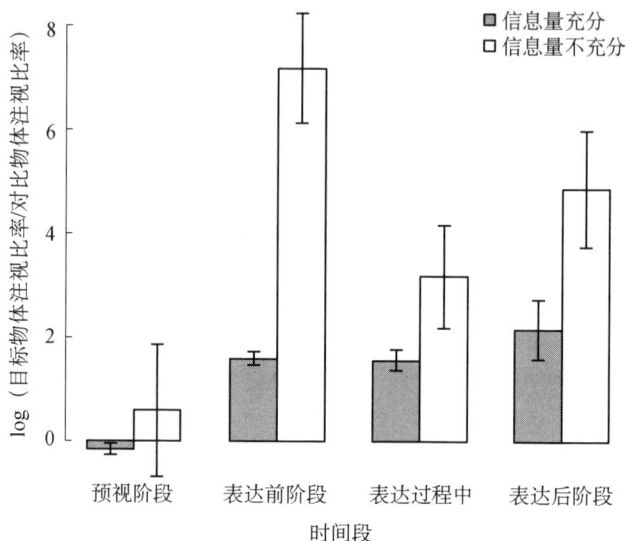

图 6-6　目标物体和对比物体的注视比率在不同时间段的比值（Davies & Kreysa，2017）

　　总之，戴维斯和克雷萨（Davies & Kreysa，2017）通过检验歧义性指代场景中的对比物体，即与目标物体相似的非目标物体的注视时间、注视比率和指代言语表达的关系，发现在言语计划阶段，对对比物体的注视情况与指代言语的信息充分性有紧密联系。

二、眼动在指代言语产生中的应用

　　明确了眼动与指代言语之间存在紧密联系，研究者就可以应用眼动技术探讨指代言语的产生机制。让我们再次回到刚才买气球的场景中，对于成年人来说，这显然不是一个多么艰难的任务，但是对于学龄前的小朋友来说，可就未必那么容易了。你可能会看到一个小朋友急得面红耳赤，用手指着说"那个，那个，就是那个"，可是家长和卖气球的人始终未能明白他/她究竟想要的是哪个。那么，学龄前儿童是如何学习非歧义性的指代表达，最终达到成人的水平呢？拉巴利亚蒂和罗伯逊（Rabagliati & Robertson，2017）利用眼动技术探讨了这个问题。

　　该研究在实验程序上优化了戴维斯和克雷萨（Davies & Kreysa，2017）的设计，如图 6-7 所示。在歧义性的指代场景中有 3 个物体，分别为目标项（黄色的小汽车）、对比项（红色的小汽车）和干扰项（苹果）。先给被试呈现该场景 4250ms，即预视阶段。接着，一个叫埃尔莫（Elmo）的人偶会出现在目标项的旁边，同时被试会听到一个录好的声音 "Which picture does Elmo like?"（埃尔莫喜欢哪幅图呢？），被试此时需要说出答案。如果说出"黄色的小汽车"则没有歧义，如果说出"小汽车"则是有歧义的。被试说完后，由主试按键进入下一阶段。这时，人偶埃尔莫消失，3 个物体继续呈现 750ms，研究者将该阶段称为命名后阶段。最后，人偶埃尔莫再次出现，并且发出"哇哦"或者"耶"的声音。至此，一个试次就结束了。由此可见，拉巴利亚蒂和罗伯逊（Rabagliati & Robertson，2017）为了适应儿童被试，对歧义性指代场景的干扰项个数和呈现时间都做出了调整。此外，在呈现方式上也更加生动有趣。更重要的是，该研究还增加了一个命名后阶段，因为预视阶段和命名后阶段中目标项和对比项之间的眼跳比率是研究者最为关心的指标，分别反映了指代表达中存在的两种关键性加工：描述场景前的前激活监控和描述结束后的自我监控。

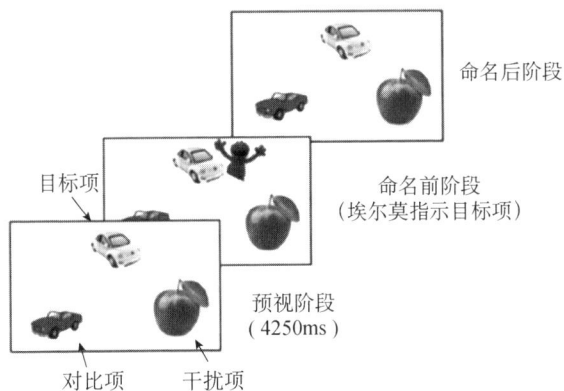

图 6-7　实验程序示意图（Rabagliati & Robertson，2017）（见文后彩图 6-7）

　　为了检验这样的程序设置和指标的选择是否能够如预期一样，敏感地反映出歧义性表达的不同加工过程，研究者首先选取成人被试，操纵了场景类型和歧义类型两个变量。其中，场景类型分为有歧义和无歧义两种，无歧义就是 3 个物体之间没有指代上的歧义。歧义类型分为语言歧义和非语言歧义两种，其中图 6-7 所示即为非语言歧义，而语言歧义是指 3 个物体中有两个物体虽然形状、概念相差很大，但可以用同一个词语指代，即我们汉语中常说的多义词。例如，英语中的"bat"既可以指代蝙蝠，也可以指代棒球棒，因此在语言歧义条件下，可以将 3 个物体中的两个分别设为蝙蝠和棒球棒。在这样的设置下，成年人被试在各个阶段中目标项和对比项之间的眼跳比率如图 6-8 所示。

　　结果表明，在预视阶段，非语言歧义条件下目标项和对比项之间的眼跳比率显著高于无歧义条件；而语言歧义条件下则与无歧义条件下没有显著差异。这表明对于非语言歧义（例如，两辆颜色不同的小汽车），说话人在早期就发挥了前激

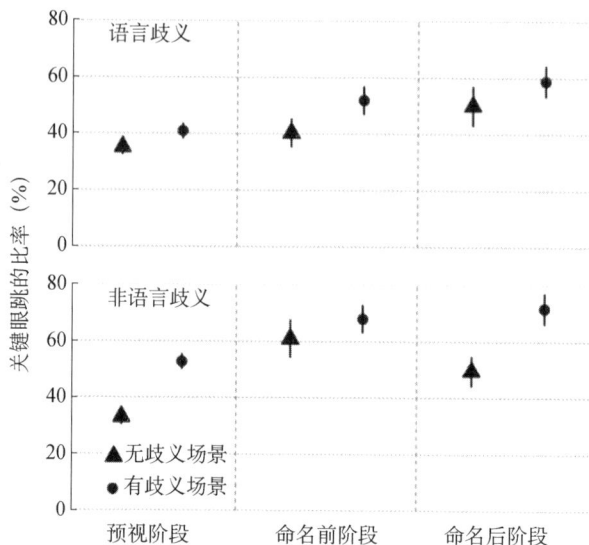

图 6-8　语言歧义条件（上半部分）和非语言歧义条件（下半部分）下不同时间窗内关键眼跳的比率（即目标项和对比项之间的眼跳在图片之间的所有眼跳中所占的比例）

活监控的作用，从而减少歧义性的指代表达。对被试的言语表达分析也支持了这一点，显示非语言歧义条件下产生的特定指代表达显著多于语言歧义条件，表明说话人能够更好地避免非语言歧义造成的指代表达歧义。同理，研究者在命名后阶段也发现了支持自我监控的证据，尽管该证据来自对结果的补充分析（只分析存在关键眼跳的实验试次）。更重要的是，该研究在后续的实验中，采用相似的方法探讨了 3—5 岁儿童的指代歧义表达情况，结果发现儿童同样存在前激活监控和命名后的自我监控，并且推测儿童避免歧义性指代表达的能力很可能是通过自我监控的学习机制实现提升的。具体的研究和讨论比较复杂，在此不再赘述，有兴趣的读者可以追溯原文。这里我们想给大家展示的是，眼动为探讨歧义性的指代表达的加工提供了非常好的技术支持和应用。后面我们还会看到一些探讨其他问题的研究也沿用了类似的思路和场景设计。此外，还可以看出，只要场景设计合理，眼动技术特别适合探讨儿童的言语加工问题。

第二节　言语组织阶段的句法生成

句法能使词汇产生独特的意义组合。一个个独立的词在一定的句法规则下以一定的顺序进行排列，才能表达出完整、确定的意思。因此，句法的生成不仅意味着为每个词语分配语法功能，也意味着词序的确定。那么，词序是如何确定的呢？关于这个问题有两个重要假设。一个称为词汇锚定模型（lexical driven model），认为词汇的可提取性决定了词序，一个词语的可提取性越高，它就越倾向于最先表达，并充当句子的主语（Bock，1982）。该假设的主要证据来自主动句和被动句的选择。研究发现，被启动的物体更倾向于做主语最先表达出来，即便需要采用不常用的被动句式（Bock，1982；Tomlin，1997）。另一个假设称为结构递进（structural incrementality），认为句法结构的生成在先，然后才将词语依次填入，即使词语的可提取性会影响这一过程（Ferreira & Engelhart，2006）。可以说格里芬和博克（Griffin & Bock，2000）为结构递进假设提供了第一份证据。他们给被试呈现事件图片，然后一部分被试的任务是自然描述图片，一部分被试的任务是做审美判断，还有一部分被试的任务是识别事件的受动者（这个任务依赖于被试对事件因果关系的理解）。结果发现，在审美判断任务中，被试的首次注视落点主要受到知觉凸显性的影响；而在事件描述任务中，被试的首次注视落点主要在主语上。由此可见，在言语产生任务中，知觉因素并不能决定哪个物体做主语或最先表达。到目前为止，词汇锚定假设和结构递进假设之间仍然存在争议，眼动技术的应用也为两个假设分别提供了证据支持。下面，我们各选一项影响较为广泛的研究进行详细介绍。

葛莱门等（Gleitman et al.，2007）为词汇锚定假设提供了眼动方面的证据支持。该研究指出，虽然前人的研究已经发现了词汇的可提取性对主动句和被动句选择的影响，但是其中存在混淆因素。首先，主动句和被动句的选择并不完全依赖于词汇的可提取性。以英语为母语的被试更加偏爱主动句，因此即使场景图片中的受动者被启动，被动句的使用频率依然低于主动句，只是相较于施动者被启动的情况，被动句的使用频率显著升高（Bock，1986）。其次，概念因素也会影响词序和句法的选择。例如，在图6-9（b）这样的事件场景中，说话人更倾向于用"人"而非"狗"作为主语。此外，我们还更倾向于使用高频的动词，从而影响主语的选择。仍以图6-9（b）这样的事件场景为例，既可以将其描述为"一条狗在追一个男人"（A dog is chasing a man），也可以将其描述为"一个男人正从狗身边逃跑"（A man is fleeing a dog）。尽管两个句子都是主动句，但是由于动词"chase"的使用频率更高，在不考虑其他因素的情况下，说话人会更倾向于用"dog"作为主语。

考虑到上述因素，葛莱门等（Gleitman et al.，2007）选用了4种刺激材料（图6-9），分别为：①主动句/被动句。如图6-9（a）所示，可以描述为"一个男人在踢另一个男人",或者"一个男人被另一个男人踢"。②透视谓语(perspective predicates),指主语和宾语互换来表示相同意思的一对动词,如"chase"和"flee"。③对称谓语(symmetrical predicates),指施动者和受动者是对称关系的谓语动词,如"meet""match"等。例如,图6-9(c)可以描述为"一名警察与一名建筑工人握手"(A policeman shakes hands with a construction worker)或"一名建筑工人与一名警察握手"(A construction worker shakes hands with a policeman)。④并列名词短语,其中两个名词短语是并列关系,顺序对语义没有任何影响。例如,图6-9(d)可以描述为"猫和狗互相咆哮"(The cat and the dog are growling at each other)或"狗和猫互相咆哮"(The dog and the cat are growling at each other)。研究采用了与韦雷卡等(Vereca et al., 2004)的研究相似的注意捕获技术,从而在被试意识不到的情况下引导起始眼动指向场景中的某一个物体。

图6-9   实验采用的4种刺激材料示例(Gleitman et al., 2007)

根据词汇锚定假设,注意的操纵会引导注视指向某一个角色,从而增强相应词语的可提取性,进而会影响所有情况(上述4种刺激材料)下的句式结构的选择,即被早期注意的物体更倾向于最先表达。根据结构递进假设,言语产生任务中的注视落点主要受句法结构而非知觉因素的影响,那么早期的注视落点与词序之间没有预测关系。然而,结构递进假设认为,句法结构的构建在词汇填入之前，即早期阶段，而句法的构建需要建立在对事件的理解上，因此早期注意可能通过对事件理解的影响，特别是主题/背景的安排，进而影响句法的选择。如果是这样，那么早期注意应该只会影响前三种句式结构的选择，不会影响并列名词短语的词序，因为并列名词短语中的两个物体在主题/背景的分配上没有差别。

　　研究结果首先分析了每种句式被选择的百分比，结果与词汇锚定假设的预期一致，即 4 种刺激材料下都发现了早期注意线索对词序的影响。在这里，我们更加关心眼动方面的结果。图 6-10 非常直观地为我们展现了注视比率和词序之间的紧密联系，特别是在图片呈现的早期阶段。如图 6-10（a）所示，总的来说，说话人最早提到的角色（N1 对应的物体）也倾向于在早期先被注视。这种模式与格里芬和博克（Griffin & Bock，2000）报告的研究结果类似。然而，该研究中显示的两个主要角色（N1 和 N2）的注视比率的分离（发生在前 200ms 以内）与格里芬和博克发现的相比要早得多。这一点进一步支持了词汇锚定假设。因为结构递进假设认为，早期的注视与词序之间没有预测关系，而是反映了对场景事件的理解，在确定了初步的词序之后才会出现注视和词汇表达之间的紧密联系。

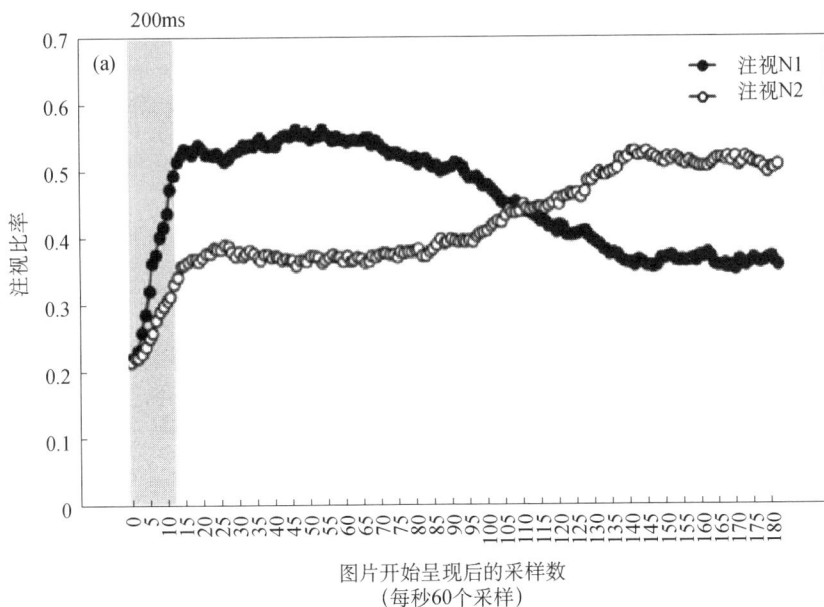

图片开始呈现后的采样数
（每秒60个采样）

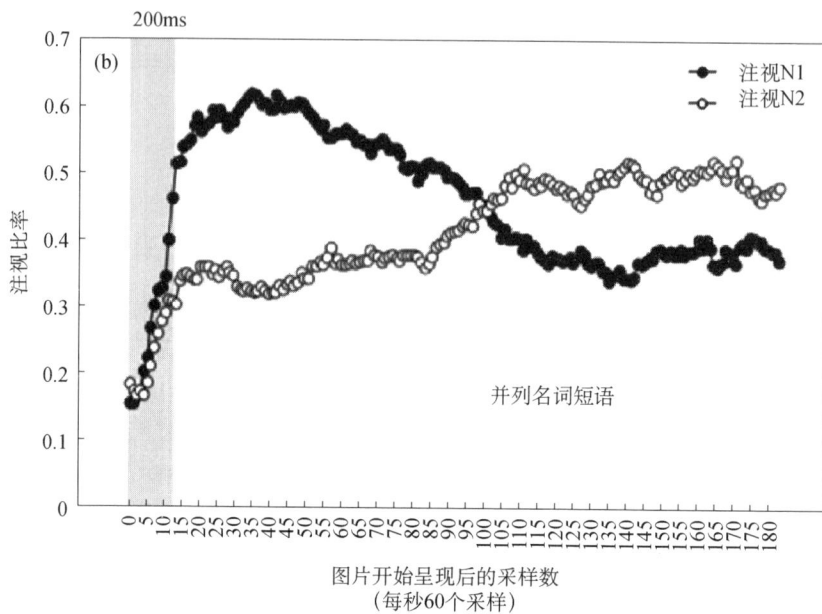

200ms

(b)

注视N1
注视N2

注视比率

并列名词短语

图片开始呈现后的采样数
（每秒60个采样）

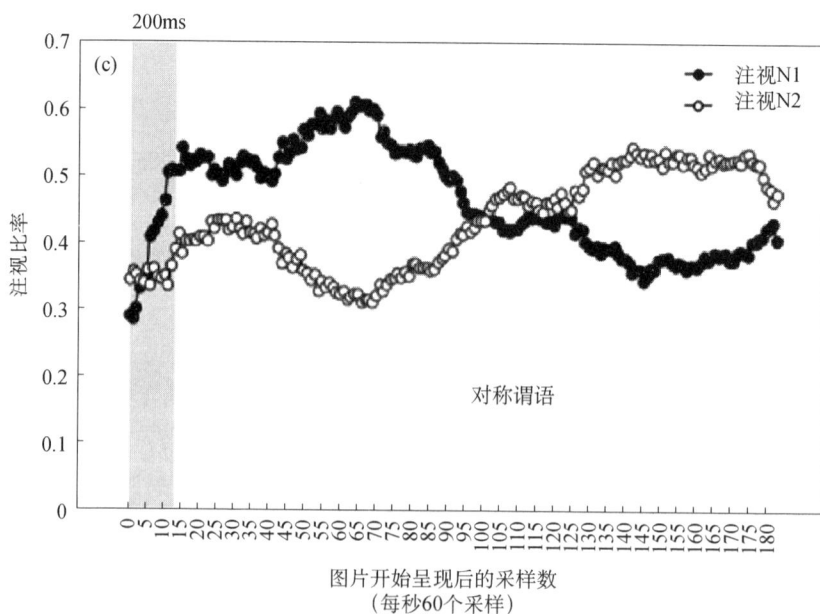

200ms

(c)

注视N1
注视N2

注视比率

对称谓语

图片开始呈现后的采样数
（每秒60个采样）

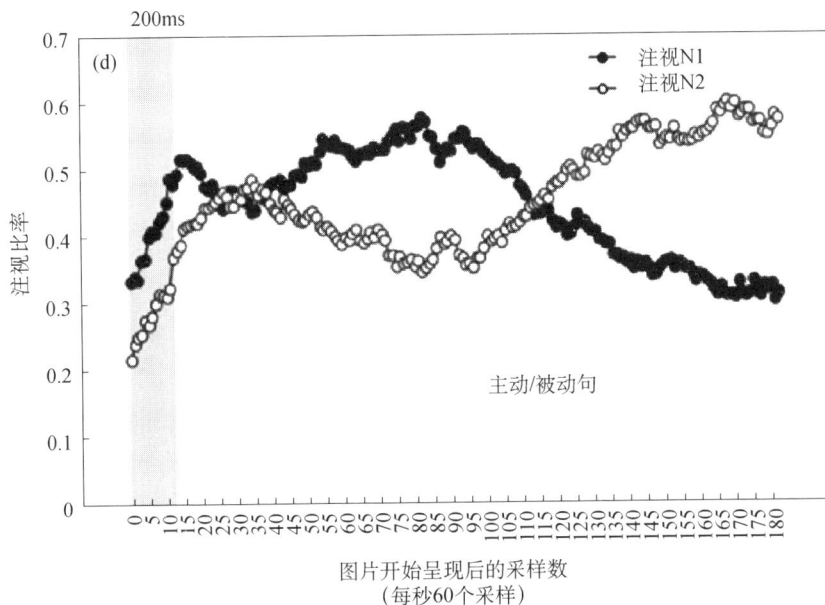

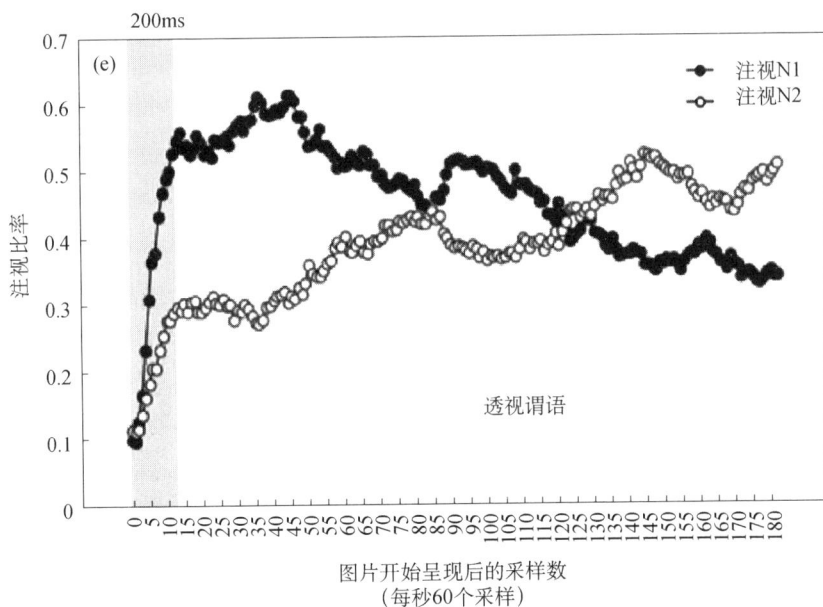

图 6-10　第一个名词和第二个名词所对应的物体的注视比率随采样数的变化。以图片开始呈现为横坐标的 0 点，以 17ms 为间隔，连续分析 3s 的时间段。其中图（a）为平均了所有刺激类型的结果，图（b）为并列名词短语，图（c）为对称谓语，图（d）为主动/被动句，以上都有操纵注意力捕获的启动刺激，图（e）为透视谓语，并且没有操纵注意力捕获的启动刺激

（Gleitman et al.，2007）

　　库欣克西等（Kuchinsky et al.，2011）的研究为结构递进假设提供了眼动方面的证据支持。该研究指出，虽然词汇锚定假设看上去简洁、直观，但是它同时意味着在开始说话的时候，说话人对后面即将要说的话没有一点设想，句子的结构是随着每一个元素在知觉或概念上凸显后自然构建起来的，这显然与我们的常规理解不符。此外，多项研究发现，在图片呈现的早期，存在一个很短的场景理解阶段，此时注视的顺序和词序没有必然联系，然后才将注视集中在主语或者是任务指向的角色身上（Bock et al.，2003；Griffin & Bock，2000）。因此，库欣克西等（Kuchinsky et al.，2011）的研究沿用了博克等（Bock et al.，2003）的时间描述任务检验词汇锚定假设和结构递进假设。

　　该研究只采用了模拟表盘（图 6-11），任务有两种，分别是常规表述和反向表述。所谓反向表述，是指要求被试将表盘的长针和短针互换含义后描述时间。如图 6-11 所示，按照常规表述是"11 点 40 分"，在反向表述任务中应该是"8 点 55 分"。根据结构递进假设，注视是一个自上而下的控制过程，是由句法结构对应的词序决定的。在反向表述中表达的顺序变了，被试需要先表达长针对应的时间含义，那么被试应该很自然地先注视长针，而不会干扰词序的加工。词汇锚定假设的预期则不同。词汇可提取性的一个影响因素是知觉方面的，即眼动首先落在哪里。知觉因素如颜色、亮度等会影响视觉注意和注视，从而促进该区域的物体识别和命名（Itti & Koch，2000），因此词汇锚定也就意味着知觉因素是引导注视的主要因素，进而决定表达的词序。库欣克西等（Kuchinsky et al.，2011）称之为知觉引导假设（perceptual guidance hypothesis）。该假设预期，反向表述时间与被试的生活经验相悖，所以会干扰言语的组织。此外，结构递进假设和知觉引导假设对眼音距的预期也是不一样的。根据结构递进假设，反向表述时间会在刺激呈现的早期做出结构上的反转，因此会延长时钟（第一个短语）对应的指针（长针）的眼音距，但是不会影响分钟（第二个短语）对应的指针（短针）的眼音距。根据知觉引导假设，词汇是递进加工的，反向表述时间应该会使第一个短语和第二个短语的眼音距有同样程度的增加。

　　该研究主要分析了 3 个眼动指标。在注视的引导方面，考虑了首次注视潜伏期和凝视时间两个指标。其中对凝视的定义，是一个指针上面有几个连续的注视。结果如图 6-12 所示。不同条件下（常规表述与反向表述）言语产生的潜伏期差异较大，因此首次注视的起始点没有用首次注视潜伏期的绝对值来反映，而是用它占言语产生潜伏期的百分比来表示（即图 6-12 的横坐标）。图中条形的长度表示

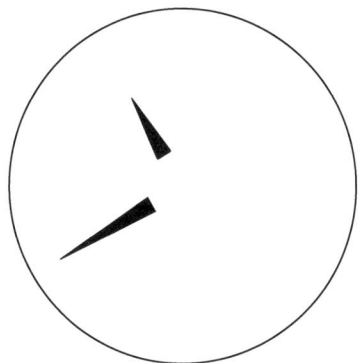

图 6-11　模拟表盘示例（Kuchinsky et al.，2011）

凝视时间的长短。由图 6-12 可以直观地看出，长针和短针的首次注视起始点在常规表述和反向表述中正好相反，始终是先注视表达中第一个短语对应的指针，后注视第二个短语对应的指针，凝视时间同样与表达的顺序紧密相关。这些结果与结构递进假设的预期一致。递进性上分析的指标是眼音距，结果同样支持了结构递进假设。第一个短语的眼音距在常规表述和反向表述中的差异有 263ms，且在统计学意义上的差异显著；第二个短语的差异只有 94ms，且在统计学意义上的差异不显著。

在词汇锚定和结构递进假设的争论之中，一些研究（Hwang & Kaiser，2014，2015）似乎提供了调和两者的途径。它们发现相同的实验在英语被试和韩语被试上的结果是不同的。由此推论，词汇在句法选择和词序中的作用并不是通用的，而是会受到不同的语言间语法的制约。例如，研究者采用词汇启动范式提高目标词的可提取性（Hwang & Kaiser，2015），具体程序如图 6-13 所示。在目标场景呈现之前，会出现一个与某个物体角色语义相关的词语（如图中"egg"/鸡蛋/与目标场景中的"鸡"语义相关）。其实词汇锚定假设中大量的支持证据都来自该范式，主要发现被启动的角色（即图中的"鸡"而非"狐狸"）更倾向于作为主语，从而影响了主动句和被动句的选择（即更倾向于产生"鸡被狐狸追"，而非"狐狸追鸡"），由此支持了词汇可提取性对句法生成的作用。该研究在英语被试上重复出了该结果（Hwang & Kaiser，2015）。有趣的是，韩语被试在主动句和被动句的选择上并没有受到启动刺激的影响。研究者由此推测，英语者和韩语者的句法生成过程可能是不同的，前者符合词汇锚定假设，而后者更符合结构递进假设。

(a) 眼动模式：常规表述

短针

长针

占言语产生潜伏期的比率（%）

(b) 眼动模式：反向表述

短针

长针

占言语产生潜伏期的比率（%）

(c) 眼动模式：常规表述与反向表述

短针

■ 常规表述
□ 反向表述

长针

占言语产生潜伏期的比率（%）

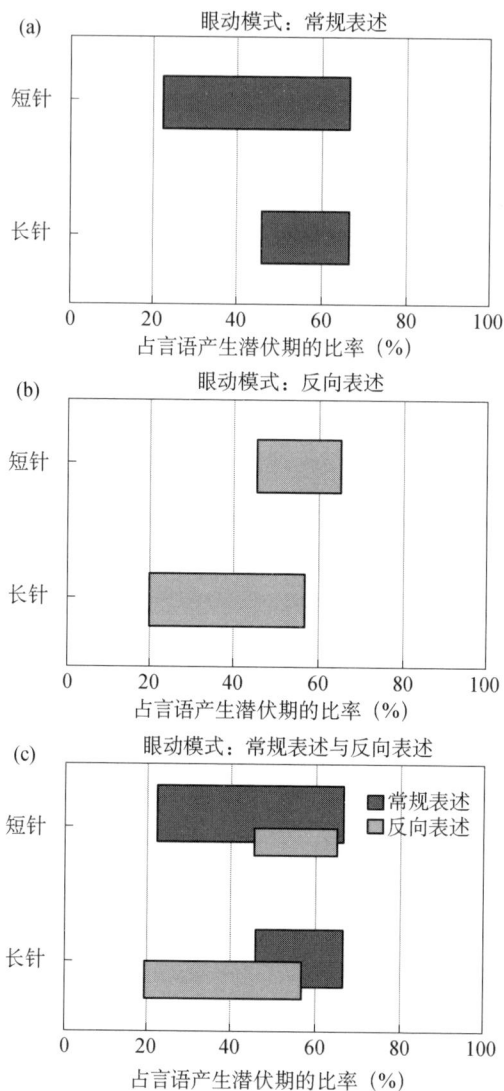

图 6-12　长针和短针在常规表述与反向表述中的首次注视潜伏期占言语产生潜伏期的
比率。其中图（a）为常规表述，图（b）为反向表述，图（c）综合了
常规表述与反向表述（Kuchinsky et al.，2011）

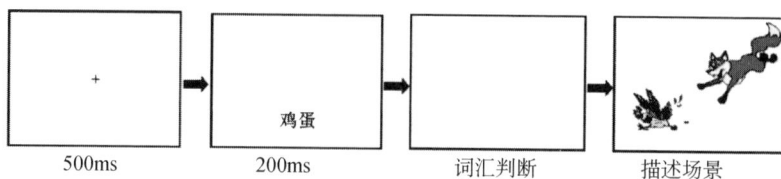

500ms　　　　200ms　　　　词汇判断　　　　描述场景

图 6-13　词汇启动范式示例（Hwang & Kaiser，2015）

然而，上述推测是建立在韩语被试句式选择差异不显著的结果基础上的，缺乏足够的说服力。所幸的是，眼动结果支持了这一推测。如图 6-14 所示，英语被试在图片呈现的早期就表现出对被启动物体角色有更多注视，而韩语被试在开始发音前对两个物体角色的注视比率相当。由此可见，英语者和韩语者的句法生成过程的确有所不同，由此也可以看出眼动在言语产生研究中起到的重要作用。对于该研究的结果，研究者推测可能是由于英语和韩语在语法限制上的不同：在英语中句首一般为主语，而在韩语中词序和语法角色之间没有必然联系。

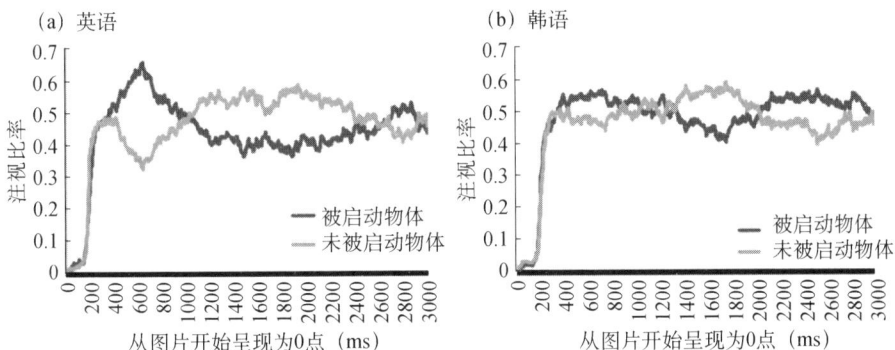

图 6-14 被启动物体和未被启动物体的注视比率从场景图片开始呈现之后 3s 的变化趋势
（Hwang & Kaiser，2015）

综上所示，词汇的属性（可提取性、概念因素、动词等）、句法结构和知觉因素（视觉凸显性等）之间显现出复杂的关系。根据词汇锚定假设，知觉因素引导了注意，而被注视的物体对应词汇可提取性高，进而决定了词序和相应的句法结构。根据结构递进假设，句法结构引导了注意和注视的分布，进而决定了词汇提取的顺序。尽管研究者发现不同的语言使用者可能采用了不同的策略（Hwang & Kaiser，2014，2015），如英语者采用词汇锚定，韩语者采用结构递进，但是如果将这一结果归因于两种语言的语法限制不同，那么英语者采用的策略显然也不算是纯粹的词汇锚定，而是受到语法的制约。后续的研究不再局限于这两个对立的假设，而是试图探讨三者之间的交互影响，我们将在第八章第二节言语产生对视觉注意的影响部分再做详细介绍。

第三节 自我监控

让我们再次回顾列维特的言语产生模型（图 2-1）。说话人在言语产生的过程中可以利用多种渠道监控自己的表达，例如，我们可以听到自己说出的话，通过言语感知来监控自己说出来的话是否偏离了原来的计划，这在模型当中被称为外部通道（external channel）。此外，说话人还可以在发音前检查语音的内部表征，被称为内部通道（internal channel）。许多研究发现了存在内部监控通道的证据。例如，拉克内和图勒（Lackner & Tuller，1979）发现，在外部发音被噪声掩蔽之后，说话人依然可以监测到自己的语误。然而，说话人是如何监测内部表征的，目前仍存在争议。

关于内部监控通道的机制，主要有两派观点。一派观点认为，内部监控通道与外部通道一样，都依赖于言语感知系统。以列维特的知觉环理论（perceptual loop theory）为代表，其认为音韵编码的结果会传递给言语感知系统，经历与外部通道一样的言语感知处理过程之后，再将形成的结果传递给一个控制成分，从而实现检查、打断以及自我纠正的功能（Levelt，1983，1989）。另一派观点认为，内部监控是语言产生系统自己的装置。具体而言，产生系统会在每个加工层级上产生一个结果，并监测这一结果是否符合目标（Mattson & Baars，1992）。两派观点都有不同的证据支持，其中休伊（Huettig）和哈坎苏克（Hartsuiker）在一系列眼动研究中发现了与前者不符的证据。下面我们来详细介绍。

休伊和哈坎苏克（Huettig & Hartsuiker，2010）给被试呈现如图 6-15 所示的视觉刺激，包含 1 个目标图片和 3 个干扰词。其中 1 个干扰词和目标图片语音相关[如图 6-15（a）中"harp"和目标图片对应的词语"hart"，即荷兰语的"心"]，另外 2 个干扰词与目标图片语音无关；或者 3 个干扰词都和目标图片语音无关，如图 6-15（b）所示。为了简洁起见，我们在此省略该研究设置的其他控制条件。前人在视觉世界范式（visual world paradigm）的研究中发现，在包含印刷词语的视觉刺激中，只要与听到的句子的词语语音相关，对这个相关词语的注视都会多于无关词语（Huettig & McQueen，2007）。那么，如果内部监控通道依赖于言语感知系统，在言语产生开始之前就会出现言语感知实验中的相应效应，即语音相关词和无关词的注视比率在开始发音前就会分离。具体而言，由于前人研究对内部监控通道的时间进程的评估是在开始发音前 145ms（Indefrey & Levelt，2004）至 250ms（Levelt，1989），而言语感知实验中语音相关和无关词的注视比率的分离发生在听觉刺激呈现后 200ms（推测用来编码和执行眼动的时间）。如果内部监控通道同样引发了语音相关和无关词在注视比率上的分离，那么预期这个分离应该发生在开始发音前 50ms（−250+200）到开始发音后 55ms（−145+200）。如果只有外部监控通道依赖于言语感知，那么预期这个分离应该发生在开始发音 200ms（0+200）之后，即与前人的言语感知实验相似。

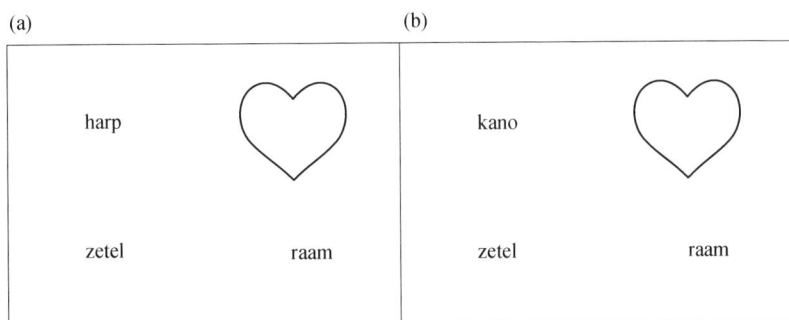

图 6-15　实验中采用的视觉刺激举例（Huettig & Hartsuiker，2010）

　　语音相关干扰词和无关干扰词的注视比率随时间变化的趋势如图 6-16 所示。直观上看，两者注视比率的分离发生在开始发音后。休伊和哈坎苏克（Huettig & Hartsuiker，2010）分别对 4 个 150ms 的时间段进行了统计分析。第一个 150ms 的时间段是从开始发音前 50ms 到开始发音后 100ms。这个时间段包含内部监控通道引发效应的时间段。结果发现，此阶段语音相关和无关词的注视比率之间无显著差异，因此不支持内部监控通道依赖于言语感知的假设。第二个 150ms 的时间段是开始发音后 55—205ms，结果同样没有显著差异，不支持内部监控和言语感知的关系。第三个 150ms 的时间段是开始发音后 200—350ms。因为感知和眼动执行需要 200ms，所以这是发音后第一个可能发生分离的阶段。结果发现，语音相关和无关词之间在注视比率上仍然无显著差异。最后一个 150ms 的时间段紧接着上一个，是开始发音后 350—500ms。结果发现，语音相关和无关词之间的差异显著。这与休伊和麦昆（Huettig & McQueen，2007）在言语感知实验中得出的结果是一致的，即注视比率的分离效应发生在听觉刺激开始呈现的 300—400ms 的时间窗，而且在 400—500ms 的时间窗内效应更加明显。由此可见，言语产生中的外部监控通道与言语感知的机制是一样的。

　　综上所述，休伊和哈坎苏克（Huettig & Hartsuiker，2010）在发现外部监控通道与言语感知具有相同机制的证据时，并没有发现内部监控通道依赖于言语感知的证据。然而，该研究只采用了言语产生任务，通过前人研究对内部监控、外部

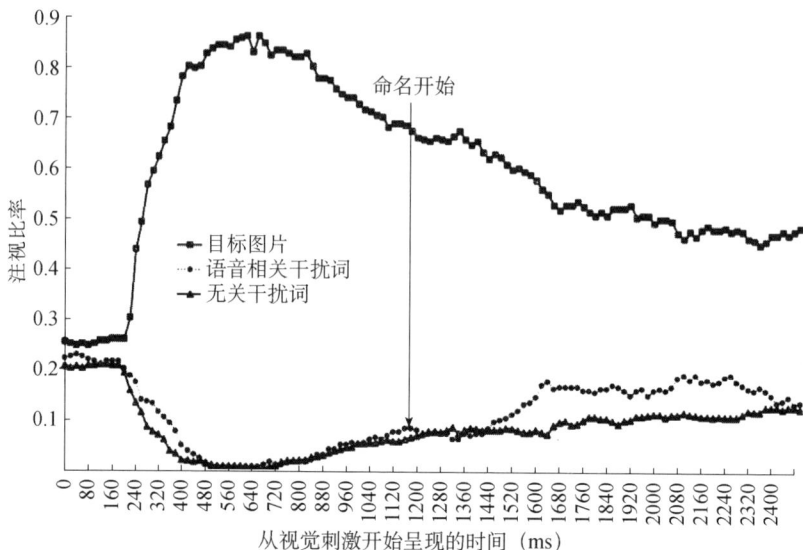

图 6-16　视觉刺激中各个物体的注视比率随时间变化的情况。其中 0 点为视觉刺激开始
呈现的时间（Huettig & Hartsuiker，2010）

监控以及言语感知的时间进程的评估选取分析的时间窗，并没有对言语产生和感知进行直接比较。尽管其结果与休伊和麦昆（Huettig & McQueen，2007）的言语感知研究结果令人吃惊地一致，但毕竟这两项研究在程序上有很大差异。休伊和麦昆的任务是感知一个句子中的目标词。此外，说话人听自己说的话和听别人说的话，在预期上是有很大差别的（我们显然能够更好地预期自己的话），而研究发现预期对眼动模式有显著影响（Pickering & Garrod，2013）。因此，研究者认为有必要采用相同的刺激和被试，直接比较言语感知和产生任务中的眼动模式与效应发生的时间窗，以验证言语产生的自我监控中是否只有外部监控通道依赖于言语感知系统。

戈万等（Gauvin et al.，2013）就是采用相同的实验刺激和被试，直接比较了言语感知和产生任务中语音相关和无关词在注视比率上发生分离的时间进程，进而检验自我监控的内部通道和外部通道是否依赖于言语感知机制。具体方法如图 6-17 所示，给被试呈现 4 个印刷词语，其中两个词语之间语音相关（"man"和"mango"），其他词语之间语音都无关。在言语产生任务中［图 6-17（a）］，被试需要读出画横线的词语；在言语感知任务中［图 6-17（b）］，被试会在词语呈现 200ms 后听到目标词（"mango"）。同样，为了简洁起见，在此省略了其他控制条件。

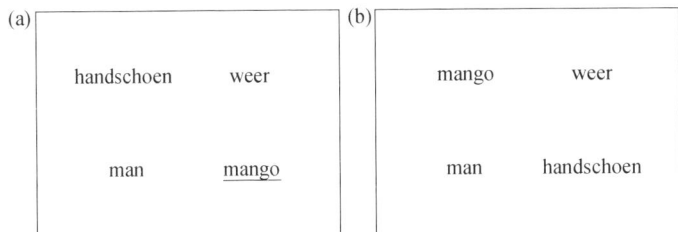

图 6-17　实验刺激举例（Gauvin et al.，2013）

核心的眼动结果如图 6-18 所示。从直观上可以看出，在言语感知任务中，语音相关和无关词在注视比率上的分离发生在听觉刺激开始呈现后的 350ms 左右，并一直持续到听觉刺激呈现后的 1000ms；在言语产生任务中，语音相关和无关词在注视比率上的分离发生在被试开始发音之后的 100ms 以内，并持续到开始发音后 700ms 左右。具体的统计分析在两个任务中都是从语音开始前 200ms 开始，以 200ms 为间隔，一直分析到语音开始后 1000ms。对于言语感知任务，语音相关词和无关词之间在语音开始前 200ms 到开始后 200ms 都没有注视比率的分离；在语音开始后 200—400ms 有 2.3% 的差异，但在统计上并不显著；在语音开始后 400—600ms 阶段差异开始显著，并且一直持续到语音开始后 1000ms。对于言语产生任务，语音相关词和无关词之间在语音开始前 200ms 到开始后 200ms 同样都没有注视比率的分离；在语音开始后 200—400ms 的时间段，两者出现显著差异；在语音开始后 400—600ms 的时间段，两者的差异只在被试检验上显著；在语音开始后 600ms，两者不再有差异。言语产生任务上的这些结果与休伊和哈坎苏克（Huettig & Hartsuiker，2010）的发现非常一致。首先，在开始发音前和发音后，短期内都没有语音相关词和无关词之间注视比率的分离，该分离出现在开始发音后 200—600ms，与该研究中言语感知任务下发现的效应所在时间段重合，也包括休伊和哈坎苏克（Huettig & Hartsuiker，2010）研究中发现的 350—500ms 时间段，由此进一步验证了自我监控中的外部监控通道而非内部通道依赖于言语感知系统。此外，与言语产生任务相比，言语感知任务中效应的幅度更大、持续时间更长，研究者将其归因于预期的作用。

综上所述，休伊和哈坎苏克陆续开展了两项眼动研究，都没有发现自我监控的内部通道依赖于言语感知机制的证据，在一定程度上支持了内部监控是独立于言语感知的产生系统的装置。然而，这个装置的具体工作机制是怎样的，目前尚不清楚。从两项研究均发现外部监控通道与言语感知在眼动上的相似表现来看，眼动技术在探讨自我监控方面是敏感且适用的。未来的研究可以考虑采用其他实验设计或眼动指标，进一步探究内部监控通道的具体工作机制。

言语感知任务

注视比率

目标词

语音相关干扰词

无关干扰词

听觉刺激开始呈现的时间为0点（ms）

言语产生任务

注视比率

目标词

语音相关干扰词

无关干扰词

被试开始发音的时间为0点（ms）

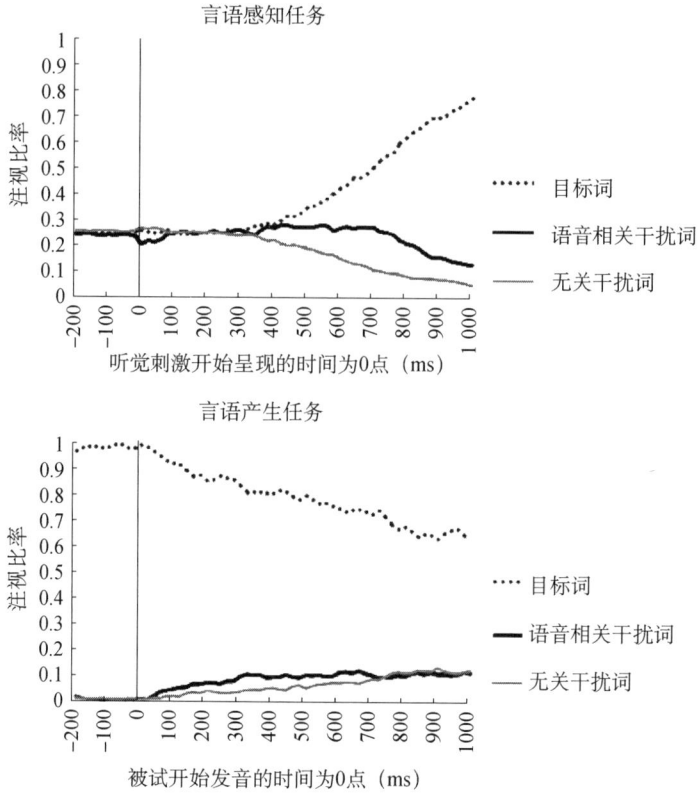

图 6-18　视觉刺激中各个物体的注视比率在言语感知和言语产生任务中随时间变化的情况。
其中言语感知任务中的 0 点为听觉刺激开始呈现的时间，言语产生任务中的 0 点为
被试开始发音的时间（Gauvin et al.，2013）

第七章

眼动在文本朗读中的应用

提到文本朗读，我们几乎不需要给它下定义，因为大家对它都很熟悉，特别是对于在学校生活中经历过早读和晚读的朋友们而言更是如此。就语言学习而言，无论是中文的学习，还是英文的学习，朗读在学习的早期都扮演了重要角色，朗读是阅读的起点和基本功。在学习语言的过程中，个体往往是在掌握基本的读写能力之后才开始默读（Taylor & Connor，1982）。

文本朗读也是以产生有声语言为结果的，因此它也是一种言语产生。同时它也具有沟通和交流的作用，例如，我们在工作和生活中时常会遇到拿着稿件宣读的场景。然而，它与我们日常交流中的言语产生有所不同，即并不是把我们心中想要表达的概念或想法即时地以言语为载体输出，而是把文字转化为有声语言的一种创造性活动。由此可见，它的认知过程与我们前面所提及的言语产生是不同的。在本章内容中，我们首先来看文本朗读都经历了哪些认知过程，它与我们之前介绍的言语产生有何不同。

第一节　文本朗读的认知加工过程

我们在第一部分曾提到，包括图片命名任务在内的场景描述任务，能够反映日常交流中言语产生的主要加工过程，因此场景描述任务在言语产生的研究中可以说是应用最广泛的方法。下面，我们就来详细探讨文本朗读和场景描述都经历了哪些加工过程，它们究竟有何异同。

一、文本朗读和场景描述的差异

我们以一个示意图来展示场景描述任务和文本朗读任务的异同。在场景描述任务中，我们会给被试呈现一个场景图片，如图 7-1 左侧呈现的一个小和尚在烛光下看书的场景，并且让被试用一句话来描述这个场景，如"小和尚在看书"。在这个任务中，从实验刺激（stimulus，图 7-1 中简称 S）到被试做出反应（response，图 7-1 中简称 R），除早期对场景的视觉加工以外，还需要经历哪些认知加工过程呢？根据第一部分中介绍过的言语产生模型（Levelt，1989），可以将其简单归纳为概念化、言语组织和发音三个阶段，其中言语组织阶段包括语法编码和音韵编码，而语法编码又主要包含词汇选择和语法提取（图 7-1）。具体而言，被试首先在概念化阶段提取场景中涉及两个主要概念"小和尚"[如图 7-1 所示，i(MONK)]和"书"[如图 7-1 所示，i(BOOK)]；然后在语法编码阶段分别选择词语"小和尚"（词条 MONK）、"书"（词条 BOOK）和"看"（词条 READ），并将它们以主谓宾（SVO）的语法结构组织在一起；接着在音韵编码阶段提取相应的语音信息；最后发音表达出来。

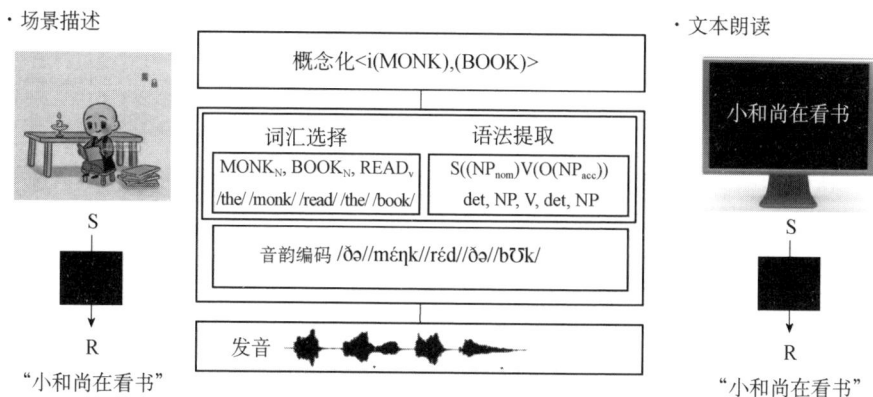

·场景描述

概念化<i(MONK),(BOOK)>

词汇选择 | 语法提取
$MONK_N$, $BOOK_N$, $READ_V$ | $S((NP_{nom})V(O(NP_{acc})))$
/the/ /monk/ /read/ /the/ /book/ | det, NP, V, det, NP

音韵编码 /ðə//ménk//réd//ðə//bʊk/

发音

S

R

"小和尚在看书"

·文本朗读

小和尚在看书

S

R

"小和尚在看书"

图 7-1　场景描述任务和文本朗读任务及其加工过程示意图

同样是产生句子"小和尚在看书"，文本朗读任务是怎样的呢？首先，我们给被试在视觉上呈现的就是文本"小和尚在看书"（图 7-1 右侧）。尽管此时呈现的刺激不是场景图片，但依然属于视觉刺激，因此被试首先需要对文本进行视觉加工。接下来的问题是，我们能否通过视觉加工的信息直接通达语音信息，然后发音表达出来呢？换句话说，在文本朗读任务中，概念化和语法编码是否是通向音韵编码的必要途径呢？这就涉及文本朗读中通达语音的两条可能通路：一条称为语音寻址（addressed phonology）通路；另一条称为合成语音（assembled phonology）

通路。前者认为，语音编码是在记忆中查询相应的"地址"，这个"地址"与词条是相关联的，因此该通路是存在词条或者说语义信息的激活的；后者则认为，语音编码是在视觉刺激呈现的同时合成或构建出来的，例如，对那些符合英语单词发音规则但实际不存在的非词的朗读，因为并没有与其对应的词条，因此其语音一定是通过视觉信息（以一定方式）构建出来的（Coltheart et al.，1977）。

上述语音编码的双通路假设，不仅得到了一系列实验证据的支持（例如，一些语义范畴判断实验，感兴趣的朋友可自行参考阅读），而且一些关于脑损伤患者的研究也显示，他们似乎有选择地损伤了语音的寻址通路或者合成通路。例如，有浅层阅读障碍的患者几乎能够读出所有的词和非词，但是他们可能将很多发音不规则的词以发音规则的方式读出来，例如，将"island（岛屿）"读成/izland/（Marshall & Newcombe，1973）。他们的问题似乎在于语音合成系统是完整的，而语音寻址系统受到损伤。相反，有语音阅读障碍的患者能够正确地读出大部分词，却不能读出非词（Coltheart，1981）。他们的问题似乎在于语音寻址系统相对完好，而语音合成系统几乎完全损坏。

虽然上述假设主要基于英语等字母语言的研究证据，但是如果我们把英语中的字母和汉语中的汉字类比来看，可以发现汉语的加工也有相似的特点。例如，英语中的非词"sute"虽然在英语中并不存在，但我们可以根据英语的发音规则推测出它的发音，从而朗读出来；与此类似，我们可以创造一个汉语中的非词"卡卢"，并且基于每个字的发音把它朗读出来，只是由于它在汉语中并不存在，所以我们既不知道它表达什么意思（语义信息），也不知道它是名词还是动词（语法信息）。由此可见，汉语的文本朗读中很可能也存在合成语音通路。在这条通路中，语音的通达是不需要概念化和语法编码参与的。至于语音寻址通路，虽然它涉及词条信息的激活，但不需要在众多概念相似的词条中进行选择，而且这个词形到词条的通达过程是高度熟练的，我们甚至会怀疑它是否是自动化的。因此，与场景描述任务相比，在文本朗读任务中，不管是通过语音寻址通路还是合成语音通路，抵达音韵编码的过程总是更简单，耗时自然也更短。

二、文本朗读和默读的差异

以阅读时是否发出声音为标准，阅读可以分为朗读和默读两大类。众所周知，眼动技术在默读方面的应用非常广泛。文本朗读和默读的主要差异不仅在于是否发出声音，还在于两者的意图不同。文本朗读的主要意图是发音表达出来，如果语音的通达是通过合成语音通路实现的，那么文本的语义信息并没有被提取；而默读的主要意图是理解语义，它并不需要语音的提取，当然语音信息如果自动提取的话除外。因此，关于文本朗读和默读在认知过程上的差异，我们需要关注两个问题：一个是在文本朗读中，语义提取不是必需的，被试没有这个意图，那么是否会自动提取语义信息？另一个是在默读中，语音提取不是必需的，被试没有这个意图，那么是否会自动提取语音信息？

事实上，我们在第一部分介绍过的图-词干扰范式，以及该范式下发现的经典的语义干扰效应和语音促进效应，就很好地说明了文本词汇的语义信息和语音信息都是可以自动加工的。让我们回想一下，在图-词干扰范式中，如果干扰词采用视觉呈现，并且重叠出现在图片中央，虽然要求说话人尽量忽略单词而对图片进行命名，即被试并没有提取单词语义和语音信息的意图，但是它们仍得到了自动激活，从而影响了图片命名的准备时间，引发了语义干扰和语音促进效应（Lupker，1979，1982）。

然而，在上述引用的研究中需要注意一个事实，那就是干扰词呈现的位置恰好是被试空间注意指向的位置，也就是被试应该加工的信息所在的位置。有研究证据表明，这种空间注意指向是识别词语所必要的（Schmalz et al.，2015）。由此可见，决定词语的语义和语音信息是否得到自动加工的关键因素，似乎并不在于词语加工的意图，而在于空间注意是否指向词语的位置。因此，无论是文本朗读还是默读任务，只要词语没有被跳读，我们就有理由相信词语的语义和语音信息都被自动激活。

上述结论和我们的日常经验也是相符的。作为一名熟练的阅读者，我们在朗读完一段文字后，一般都能说出这段文字的中心思想；而在默读时，我们常常有一种感觉，似乎听得到自己说出所注视词语的声音，甚至某些读者会发现，自己的嘴唇也有张合，只是没有发出声音而已。许多研究者认为，这种无声的内部言语对文本理解有重要作用（Huey，1968）。回顾第一部分我们探讨过的列维特（Levelt，1989）的言语产出模型。该模型假设，在言语产生过程中也存在内部言语，发生在音韵编码之后的语音编码阶段。其作用在于说话人通过理解自己的言语，从而实现自我监控和实时修正。因此，大多数研究者认为，文本朗读和默读任务在认知过程上的差异主要在于音韵编码之后的阶段，即朗读任务包含语音编码和发音运动的执行，而默读任务则不包含这两个加工阶段。

第二节 文本朗读中的眼动研究

到目前为止，对文本朗读的研究主要借鉴默读研究的丰富基础，并通过比较朗读和默读这两种阅读模式的差异了解朗读的认知机制（高敏等，2016）。研究发现，与默读相比，朗读不仅增加了发音要求，在眼动控制上也存在不同特点。对于相同的文本材料，朗读需要的总时间更长，朗读过程中的平均注视时间也更长，而平均的眼跳距离更短（Rayner，1998）。此外，朗读条件下注视点的数量比默读条件下多，再注视比率比默读条件下高（Vorstius et al.，2014）。这些差异是如何造成的？反映了朗读过程中哪些特有的加工机制？为了回答这些问题，许多研究者对朗读和默读的差异做了更细致的比较与分析，下面我们主要从眼音距对眼动控制的影响及副中央凹的信息提取这两个方面来详细介绍。

一、眼音距对眼动控制的影响

对于眼音距这个概念，我们在第一部分曾简要介绍过它从空间概念转化为时间概念的过程，眼音距包含起始眼音距和结尾眼音距两个指标。在文本朗读中，起始眼音距和结尾眼音距分别代表眼睛首次开始注视/注视离开一个词的时间与开始表达（朗读）该词的时间间隔（Järvilehto et al.，2008，2009）。它们具有不同的心理学意义，对眼动控制的影响也有所不同，下面我们分别来介绍。

（一）起始眼音距

在第一部分，我们用一个示意图（图 4-2）展示了起始眼音距在场景描述任务中的定义，即眼睛注视某一客体的时间与开始描述这一客体的时间间隔。由此可见，某一客体的起始眼音距就等同于该客体的命名反应时，包含客体的识别、概念准备、词条选择、音韵编码、语音编码和发音运动准备，直到开始发音前的所有加工阶段（参见图 2-2 单词产生的加工阶段）。同理，在文本朗读中，对于词 N 的起始眼音距等同于命名该词的反应时，包含该词被表达之前的所有加工阶段，因此包括该词的词汇识别、词汇通达以及发音运动的计划时间（Silva et al.，2016）。

起始眼音距具有哪些特点，它对朗读过程中的眼动控制又有哪些影响呢？因霍夫等（Inhoff et al.，2011）对此做了系统的探讨。他们在研究中每次给被试呈现一个自然文本语句并要求被试朗读或默读，然后分析句中关键词的起始眼音距、词频、词长对 4 个基本的眼动指标的影响，包括跳入目标词的眼跳距离（incoming saccade length）、首次注视时间、总注视时间和跳出目标词的眼跳方向（outgoing saccade direction）。其中，每个句子都包含 5 个关键词，其选择方法是从句首之后 4—6 个词开始，选取连续的 5 个词，以确保阅读过程以及相应的眼动模式已经稳定。例如，在一个自然语句"The sad wife wore a long black mourning dress to her husband's funeral."（那位悲伤的妻子穿着黑色长礼服参加丈夫的葬礼。）中，关键词分别为"long""black""mourning""dress""to"（图 7-2）。其中关键词"long"的起始眼音距为 422（1834—1412）ms，同理可以分别计算出"black""mourning""dress"的起始眼音距。第 5 个关键词"to"被跳读了，在注视又回视到"to"之后产生了第 11 个注视点，因此关键词"to"的起始眼音距是缺失的。

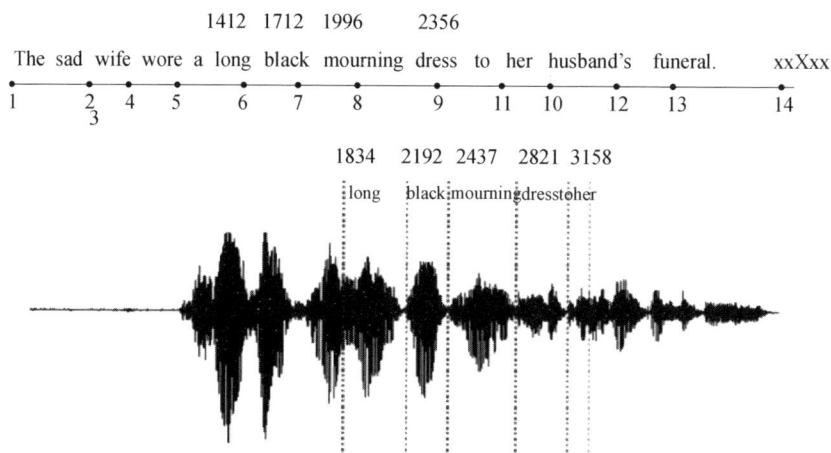

图 7-2　一个没有语误的自然语句朗读中眼动和发音的时间示意图（Inhoff et al.，2011）

在上述研究设置下，研究者发现起始眼音距的平均值为 486ms，其具体分布情况如图 7-3 所示，这与前人的研究结果是一致的（Järvilehto et al.，2008，2009；Laubrock & Bohn，2008；Laubrock & Kliegl，2015）。综合这些研究发现，对于熟练的成人阅读者，在朗读自然文本时的起始眼音距平均为 500ms 左右。由此可见，朗读者会将起始眼音距控制在一定范围内。那么，朗读者是如何做到这一点的呢？为了回答这个问题，因霍夫等（Inhoff et al.，2011）利用线性混合模型的优势，将早期的眼动指标一点点加入到晚期眼动指标的预测模型中。首先，以起始眼音距、词频、词长以及词频和词长的交互作用作为固定因素（fixed factor），来预测跳入目标区的眼跳距离；其次，将跳入目标区的眼跳距离作为固定因素增加到模型中，用以预测首次注视时间和总注视时间；最后，将总注视时间作为固定因素增加进来，用以预测跳出目标区的眼跳方向。结果发现，当起始眼音距为 250—750ms 时，首次注视时间、总注视时间以及跳入目标词的眼跳距离都随着眼音距的增大而增大，基本呈线性关系；当眼音距过大时（大于 900ms），它们的关系变为负向，并且回视概率提高。也就是说，朗读过程中对词的注视和发音是紧密联系在一起的，它们的间隔（眼音距）可以通过调整该词的注视时间来调节，如果这个间隔太长，一般会通过增加回视来调节（Inhoff et al.，2011）。该结论与前人的研究一致（Fairbanks，1937），也得到了后续研究的验证。例如，劳布罗克和克利格尔（Laubrock & Kliegl，2015）的研究发现，起始眼音距的大小与回视和再注视的概率呈正相关。

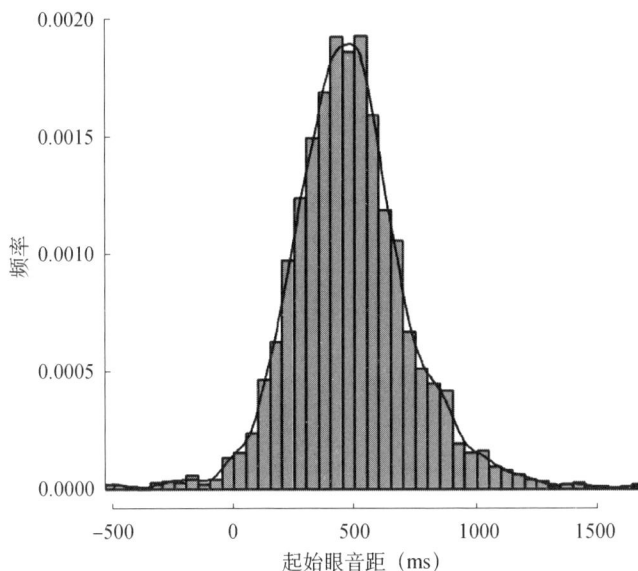

图 7-3　起始眼音距的分布情况（Inhoff et al.，2011）

　　为了更加直观地展示起始眼音距的特点及其对眼动控制的影响，我们在此引用劳布罗克和克利格尔（Laubrock & Kliegl，2015）的示例图（图 7-4）。劳布罗克和克利格尔同样采用了自然语句的朗读任务，以德语阅读者为被试，探讨了眼音距的动态变化。图 7-4 显示了在朗读句子的过程中注视（深灰线）和发音（浅灰线）随时间变化的几种典型情况。在左上角呈现的例句中，我们可以看到注视始终以一定的时间间隔引领着发音，即起始眼音距为一个相对恒定的正值。在右上角呈现的例句中，单词"Studienplatz"的频繁再注视，使得注视和发音的时间几乎重合，即结尾眼音距几乎为 0。在左下角呈现的例句中，出现了两次回视，它们都是出现在起始眼音距较大的时候，似乎是为了让注视等一下发音，以便将起始眼音距调整到回视前的一种较为恒定的状态。因为与前一种情况不同的是，限定词"einen"在正常的阅读过程中不太可能造成加工困难，所以回视到该词的目的很可能是缩小注视和发音之间的距离。最后，在右下角呈现的例句中，我们看到在句首就出现了再注视和回视，这很可能是注视在句首搜索时就预测到加工复杂的词，因此在一开始就为了维持较为稳定的起始眼音距而做出的调整。

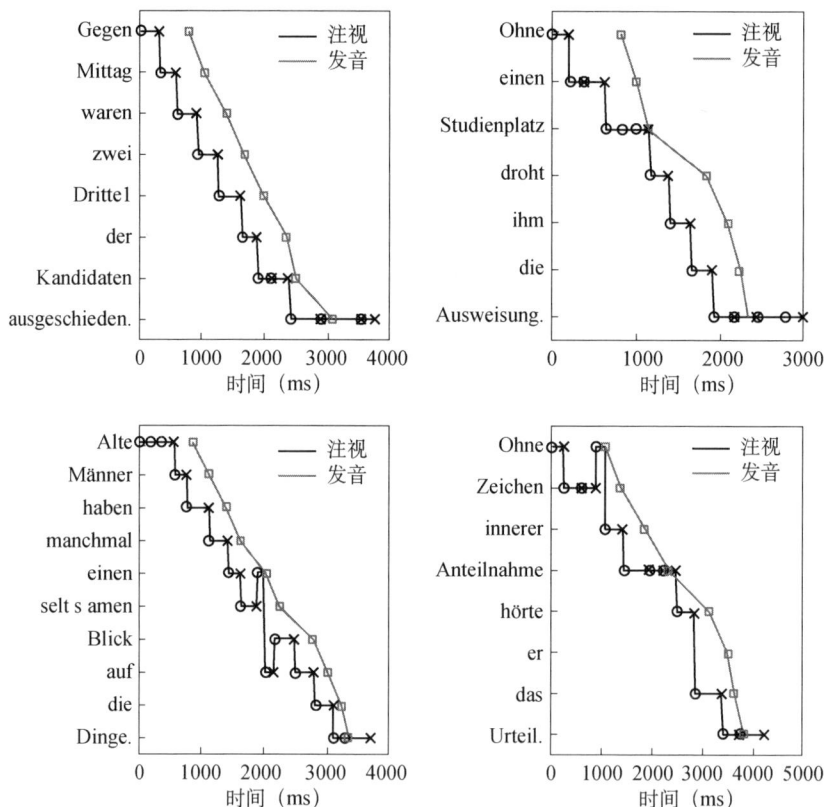

图 7-4　文本朗读时注视和发音相对关系的几种示例（Laubrock & Kliegl, 2015）。其中深灰线表示注视的位置，圆圈表示注视的起始点，×表示注视的结束点；浅灰线中的方框表示每个词开始发音的时间点

　　尽管前人的研究发现阅读者会将起始眼音距控制在一定范围内，但是个体间还是存在较大的差异。个体间的眼音距差异很可能反映了阅读能力的高低，这一推论得到了大量快速命名研究证据的支持。此外，对于同一名阅读者，起始眼音

距显然也不是固定不变的。因霍夫等（Inhoff et al.，2011）就发现，有 2% 的起始眼音距为负值，即先开始发音再开始注视。之所以会出现负值的情况，是因为目标词在被注视之前，已经由于副中央凹预视效应而提取了部分相关信息，我们将在后面的副中央凹信息提取部分做更详细的介绍。

（二）结尾眼音距

结尾眼音距是注视首次离开一个词的时间，与开始表达（朗读）该词的时间间隔。根据这个定义，在文本朗读中对一个词的结尾眼音距等同于该词的起始眼音距减去凝视时间。由此可见，结尾眼音距会比起始眼音距小很多。劳布罗克和克利格尔（Laubrock & Kliegl，2015）的研究报告，熟练的成人阅读者在自然文本朗读中结尾眼音距的平均时间为 254ms。研究者在快速命名任务中也发现，起始眼音距比凝视时间大约长 250ms（Jones et al.，2010，2013）。这意味着阅读者在注视移开词 N 转向词 N+1 后又等了约 250ms 才开始表达词 N。在总结起始眼音距的相关研究时，我们发现注视在等待发音，以确保起始眼音距维持在一定的范围，这很可能是因为朗读比默读时的平均注视时间要长。那么，在这里发音反过来等待注视 250ms，又有什么心理学意义呢？

要回答上述问题，我们首先需要弄清楚凝视时间的心理学意义。在第五章句子产生的序列和并行加工部分，我们曾介绍过部分序列加工假设（图 5-12），表明在产生并列名词短语时，对第一个命名客体的注视是在该客体对应名词的语音编码结束之后才移开的。也就说是，凝视时间包含语音编码及其之前的所有加工。同理，在朗读过程中，注视也被认为是在语音编码之后才移开的。凝视时间包含一个词在第一遍阅读时被注视的所有情境，而且对前词汇特征和词汇特征的反应都很敏感，被认为是反映词汇通达早期阶段的指标之一（闫国利等，2013）。因此，从理论上来说，朗读者只需在结尾眼音距这段时间完成晚期的发音运动计划（motor programming），即可开始执行发音。然而，事实上，在词汇产出的平均时间进程中，发音运动计划所需的时间约为 150ms（Indefrey & Levelt，2004）。由此可以推测，结尾眼音距并不仅仅是为了完成当前词汇在发音前的所有加工，而是具有更多的心理学意义。

结尾眼音距比发音运动计划所需的时间多了约 100ms，其中一个显而易见的原因是，阅读者将注视移开词 N 后转向了词 N+1。那为什么阅读者会在表达当前词语之前就去注视一个新的词语？席尔瓦等（Silva et al.，2016）推测这个时间间隔是为了实现词 N 和词 N+1 的并行加工，从而使朗读过程高效进行。如果朗读者在注视词 N+1 的初始阶段同时加工词 N，这是节省时间的；相比之下，如果眼睛的注视一直等到词 N 开始发音了，才移开去注视词 N+1，这显然是低效的。当然，也有可能朗读者在开始注视词 N+1 时已经加工完词 N，这样就不存在并行加工，但是很难解释为什么朗读者要如此延迟词 N 的表达。因此，目前对结尾眼音距最好的解释是，朗读者在加工词 N+1 的同时计划词 N 在发音前的最后加工阶段。

席尔瓦等（Silva et al.，2016）的研究结果支持了这一推测。该研究的逻辑是：如果结尾眼音距反映了词 N 和词 N+1 的并行加工，那么它的大小会受到并行加工的各个成分的自动化的影响。自动化一般被认为由两个成分组成：一个是加工速度（自动化程度越高，加工越快），另一个是从注意控制中释放，从而免于竞争带来的干扰（Cohen et al.，1992）。对干扰的免疫能力可以促进相邻词之间的并行加工。在对词 N 和词 N+1 的加工中，如果其中任何一个或两个需要消耗更少的注意资源，对一个词的加工就会免于另一个词的干扰，它们就可以并行加工（Protopapas et al.，2013），并反映在结尾眼音距上。换句话说，如果结尾眼音距反映了并行加工，那么它会受到干扰免疫的影响。该研究采用词汇熟悉性和词长作为操纵自动化的变量，从而检验自动化加工对结尾眼音距的影响。

具体而言，席尔瓦等（Silva et al.，2016）采用快速命名范式，以单词为刺激材料，并操纵了每个矩阵中词语的熟悉性（高频词、低频词、假词）和词长（长词，为 8—9 个字母；短词，为 4—5 个字母）。研究采用了区组设计，将不同的词汇熟悉性条件和词长条件分别做独立的命名矩阵（如图 7-5 所示为假词且为长词时的命名矩阵示例），而不是将不同词频和词长的词混合在一起做文本朗读。因为前人的研究发现，将不同词频的单词混合在一个矩阵里，会让高频词的加工也倾向于依赖合成语音通路，降低了语音寻址通路的应用，从而减小了高频词与低频词在加工通路上的差异（Lima & Castro，2010）。实验中，要求被试一行一行地朗读出每个词，并记录和计算出每个词的结尾眼音距。其中，矩阵的第一列以及最后一个词（图 7-5 中的"champalho"）的数据不纳入结果分析。这是快速命名范式中的常规操作，以获得稳定朗读状态下的眼动和发音数据。

词的熟悉性决定了词汇通达过程中语音寻址通路（词汇通路）和合成语音通路（亚词汇通路）的相对激活（Coltheart，2006）。高频词被认为在词汇通路上优于低频词和假词，假词被认为在亚词汇通路上优于高频词和低频词。词汇通路与亚词汇通路相比更加自动化，更能免于干扰（Paap & Noel，1991）。因此，如果免于干扰的能力决定结尾眼音距，那么可以预期高频词的结尾眼音距大于低频词和

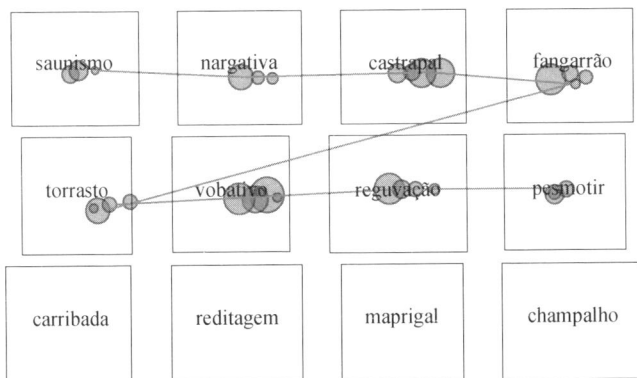

图 7-5　刺激为假词且为长词时的命名矩阵示例（Silva et al.，2016）。其中方框为每个词
相应的兴趣区，圆圈和线条为注视点和眼动轨迹演示

假词。与词汇通路相比，亚词汇通路涉及形音的直接转换，因此更加依赖于词长
（Rastle & Coltheart，1998，1999），那么预期词频和词长应该存在交互作用，且低
频词的结尾眼音距比高频词具有更大的词长效应。实际结果与上述预期非常符合，
可见结尾眼音距受到词汇加工的自动化程度的影响，表明结尾眼音距的时间内存
在词 N 和词 N+1 的并行加工。

此外，席尔瓦等（Silva et al.，2016）的结果呈现了结尾眼音距的分布情况
（图 7-6）。我们从结尾眼音距的分布图上可以看到，有相当一部分的结尾眼音距是
小于 0 的。结尾眼音距为负值，意味着注视还没有移开词 N 的时候就开始表达该
词了。如果说结尾眼音距反映了词 N 和词 N+1 的并行加工，那么结尾眼音距为负
值时，意味着这种并行加工很微弱，甚至不存在。席尔瓦等（Silva et al.，2016）
的研究结果也表明，与真词条件（包括高频词和低频词）相比，假词条件下的结
尾眼音距出现负值的概率更高，进一步表明缺乏自动化会阻碍结尾眼音距的时间
内的并行加工。

上述研究存在的一个问题是，席尔瓦等（Silva et al.，2016）采用的是快速命
名范式，由此获得的眼动与发音模式与自然文本朗读是否相同？其实，回顾劳布
罗克和克利格尔（Laubrock & Kliegl，2015）的自然文本朗读研究，我们会发现结
果是相似的。首先，我们在劳布罗克和克利格尔的研究中也可以看到结尾眼音距
为 0 或者负值的情况。如图 7-4 所示，除去句首和句尾，结尾眼音距较小或为负
值的情况，分别出现在左上角示例中的"Kandidaten"、右上角示例中的
"Studienplatz"和右下角示例中的"Anteilnahme"。这几个词几乎都是句中最长的
词，这与席尔瓦等（Silva et al.，2016）的研究结果分布图（图 7-6）也是一致的，

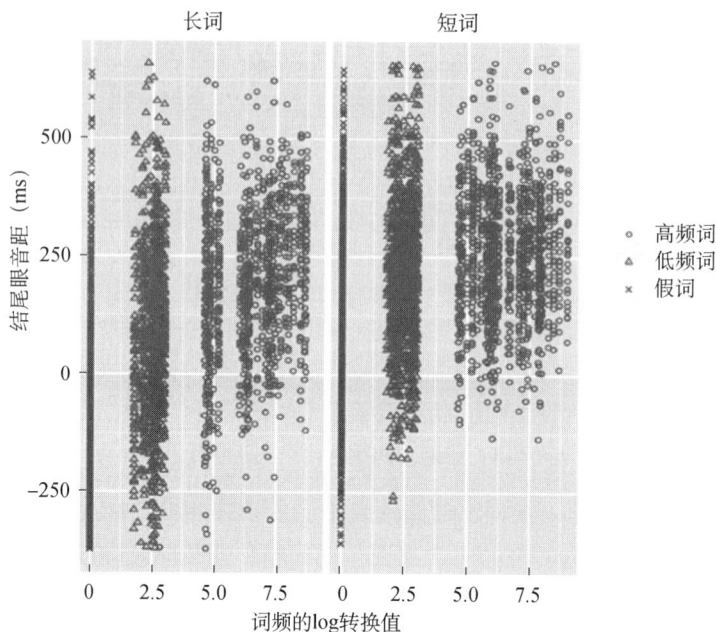

图 7-6　结尾眼音距在不同词频（高频词、低频词、假词）和词长（长词、短词）下的
分布情况（Silva et al., 2016）

即词长较长时（图 7-6 左侧）结尾眼音距出现负值的概率高于词长较短时（图 7-6 右侧）。上述结果说明，当词 N 的加工需要占用较多认知资源的时候，读者便无暇顾及词 N+1 了，那么词 N 与词 N+1 的并行加工就会被削弱甚至消失。此外，劳布罗克和克利格尔还发现，结尾眼音距的大小也与回视和再注视的概率呈正相关。不同的是，回视概率与结尾眼音距的相关程度高于和起始眼音距的相关程度，表明有时通过调节凝视时间已经成功降低了眼音距，如果没有成功，一般会通过增加回视来调节。

综上所述，结尾眼音距等同于起始眼音距减去凝视时间，一般大于单个词语计划发音运动所需的时间，因此可以认为其还包含当前词 N 和词 N+1 的并行加工。当这一并行加工的难度增大时，结尾眼音距会缩短，甚至转为负值。因此，结尾眼音距可以作为反映并行加工能力的指标之一，用于预测和评估阅读能力。相反，如果结尾眼音距过大，阅读者往往通过增加回视来调节，使其维持在一个较为稳定的区间。

二、副中央凹的信息提取

我们在关于眼音距的研究中可以看到，在自然文本的朗读过程中，不仅结尾眼音距可以为负值，而且起始眼音距也可能是负值，即在注视还没有落入目标词时，对目标词的发音已经开始了。这种情况是如何实现的呢？研究者在文本默读的眼动研究中发现，在眼睛中央凹注视一个词之前，对这个词的加工就已经开始了（Rayner，1975；Schotter et al.，2012）。一般情况下，读者在加工中央凹注视的词 N 时，加工到一定程度注意就开始转移，去加工中央凹注视词右边的词 N+1，也就是副中央凹注视的词。这么做的好处在于，当词 N+1 随后被中央凹注视时，先前从副中央凹预视中提取的信息被使用，从而加快识别这个词的速度，缩短对词 N+1 的注视时间，这一现象被称为副中央凹预视效应（parafoveal preview benefits）（Ashby et al.，2012；Inhoff et al.，2005）。

那么，阅读者在副中央凹的预视过程中都提取了哪些信息呢？研究发现，熟练的阅读者不仅能够提取低水平的预视信息，如视觉空间特点，还可以激活复杂的语言信息，包括音韵信息、正字法信息（白学军等，2015；Ashby & Rayner，2004；Ashby & Martin，2008），甚至是语义信息（Tsai et al.，2012；Veldre & Andrews，2016）。由此可以推测，如果文本朗读过程中同样存在副中央凹预视效应，那么当词 N+1 非常容易提取时，即使注视仍然落在词 N 上，词 N+1 的信息也可能通过副中央凹预视效应得到足够的信息提取，从而在注视落入词 N+1 之前就开始发音，导致起始眼音距为负值的情况。下面我们就来看文本朗读中是否存在副中央凹预视效应，以及这个效应与默读中相比有哪些特点。

（一）朗读中副中央凹预视效应的特点

阿什比等（Ashby et al.，2012）采用移动窗口范式，通过操纵窗口的大小来实现对副中央凹信息可见性的操作，从而比较朗读和默读任务中的副中央凹信息加工的特点与差异。具体而言，该研究中设置了两种窗口大小，分别为 3 个词和 1 个词。如图 7-7 所示，对于目标句 "Kevin reached for Miranda's armband when she moved away from him" 来说，只有当注视（*）落在了句子上，相应的词才会变成可见的，而其他词始终用相同词长的 x 字母串来掩蔽。在窗口为 1 个词时，只有被注视的词是可见的，当注视移开这个词后，这个词的位置又会恢复成 x 字母串，因此副中央凹信息是不可见的；在窗口为 3 个词时，只有被注视的词及其右侧的 2 个词是可见的，因此副中央凹信息是可见的。通过比较这两种窗口条件下的阅读速度，就可以检验副中央凹预视效应。大量研究已经证实了默读任务下存在副中央凹预视效应，因此可以预期在默读任务下，3 词窗口条件的阅读速度会显著快于 1 词窗口条件。阿什比等的研究更为关注的是与此相比朗读任务下的副中央凹预视情况。

实验句子：*Kevin reached for Miranda's armband when she moved away from him.*

3词窗口条件

```
Kevin reached for xxxxxxxx xxxxxxx xxxx xxx xxxxx xxxx xxxx xxx.
       *
Xxxxx reached for Miranda's xxxxxxx xxxx xxx xxxxx xxxx xxxx xxx.
                  *
Xxxxx xxxxxxx xxx Miranda's armband when xxx xxxxx xxxx xxxx xxx.
                            *
```

1词窗口条件

```
Kevin xxxxxxx xxx xxxxxxxxx xxxxxxx xxxx xxx xxxxx xxxx xxxx xxx.
       *
Xxxxx reached xxx xxxxxxxxx xxxxxxx xxxx xxx xxxxx xxxx xxxx xxx.
       *
Xxxxx xxxxxxx xxx Miranda's xxxxxxx xxxx xxx xxxxx xxxx xxxx xxx.
                  *
```

图 7-7　移动窗口范式示意图（Ashby et al.，2012）。其中星号（*）代表注视点的位置

对阅读速度的测量，阿什比等（Ashby et al.，2012）选用的指标是每分钟阅读的单词个数，同时以注视时间和注视次数来反映阅读效率。结果发现，在上述 3 个指标上，读者在朗读任务中都表现出了副中央凹预视效应，只是都比默读任务中的效应更小。具体而言，在默读任务中，副中央凹预视使得阅读速度在每分钟增加了 59 个词，即 3 词窗口条件下的阅读速度比 1 词窗口条件下每分钟增加了 59 个词；而在朗读任务中，这个增速只有每分钟 16 个词。关于注视时间的副中央凹预视效应，在默读任务下是 30ms，在朗读任务下则为 18ms。此外，副中央凹预视效应在注视次数上的表现也存在显著的任务差异。具体而言，在默读任务下是 1.25 次，即 3 词窗口条件下的注视次数比 1 词窗口条件下少 1.25 次，而在朗读任务下是 0.33 次，而且 3 词窗口条件和 1 词窗口条件下注视次数的差异不显著。

综上所述，阿什比等（Ashby et al.，2012）采用移动窗口范式，探讨了朗读中副中央凹的信息提取。结果发现，朗读过程中也存在副中央凹预视效应，但是该效应比默读过程中小，而且主要表现在注视时间而非注视次数上。然而，因霍夫和拉达克（Inhoff & Radach，2014）指出，出现上述研究结果可能是由于实验设置导致读者采用了一定的阅读策略。视窗大小决定了文本在每次注视过程中的视觉可见性，而且在整个句子阅读过程中视窗大小保持不变，因此读者很可能已经注意到副中心凹的信息预视要么可见，要么不可见。而且，窗口外文本的视觉和图形特征也非常明显，当副中央凹信息不可见时，读者可能采取更谨慎的策略阅读句子，尤其是在阅读相对流畅的默读任务中。为此，因霍夫和拉达克（Inhoff & Radach，2014）改用边界范式，检验默读和朗读任务下的副中央凹预视效应。结

果同样发现，朗读任务下在注视时间上存在显著的副中央凹预视效应，而且该效应显著小于默读任务。高敏等（2017）同样采用了经典的边界范式，用中文阅读材料验证了上述结果。此外，这两项研究对朗读中的副中央凹预视效应的机制做了不同程度的探讨。下面我们来详细看这两项研究。

（二）朗读中副中央凹预视效应的发生机制

对于朗读中的副中央凹预视效应比默读中小的现象，阿什比等（Ashby et al.，2012）在讨论中提出了一种可能的原因，认为朗读任务需要的认知资源更多，挤占了副中央凹信息加工能够使用的资源。这一推论与该研究中发现的副中央凹预视效应随着阅读技能的提高而增大的结果是一致的。同时，前人的研究发现，副中央凹预视效应会受到当前注视词语，即副中央凹前的词的提取难度的影响，当前注视词语的提取越难，副中央凹的预视效应越小（Henderson & Ferreira，1990）。这也与上述认知资源假设不谋而合。然而，该假设比较笼统，并没有明确认知资源的紧缺影响了副中央凹信息加工的哪个阶段。副中央凹的信息加工主要包括目标刺激位于副中央凹时的信息提取，以及注视移到目标刺激位置时对已提取信息的整合。这两个阶段都可能影响副中央凹预视效应的大小。为此，因霍夫和拉达克（Inhoff & Radach，2014）操纵了副中央凹信息被掩蔽的时间，以检验朗读中的副中央凹预视效应具体受哪个阶段的影响。

在因霍夫和拉达克（Inhoff & Radach，2014）的边界范式实验中，每次呈现一个自然语句，句中的单词以大小写字母交替的形式呈现。隐形的边界设置在目标前词之前，这样当注视落入目标前词时，目标词恰好位于副中央凹。句中除了目标词，其他词在整个阅读过程中都是可见的。目标词只在目标前词被注视一段时间后才开始显示，延迟时间分别设置为 0ms、50ms、100ms、150ms，其他时间则呈现一个与目标词长度匹配的假词作为掩蔽刺激。图 7-8 给出了延迟时间为 0ms 和 50ms 条件下的示例，其中目标词是"coffee"（咖啡），目标前词为"morning"（清晨），掩蔽刺激为假词"vattid"。在延迟时间为 0ms 的条件，即基线条件下，当眼跳跨过边界、注视落入目标前词时，目标词就即时呈现。在延迟时间为 50ms 的条件下，当注视落入目标前词时，目标词的位置仍然呈现掩蔽刺激"vattid"，直到 50ms 后才替换成目标词。也就是说，在目标刺激进入副中央凹范围后，前 50ms 是无法提取目标词的信息的。因此，延迟时间越长，副中央凹信息的提取时间越晚。下面我们来看具体结果。

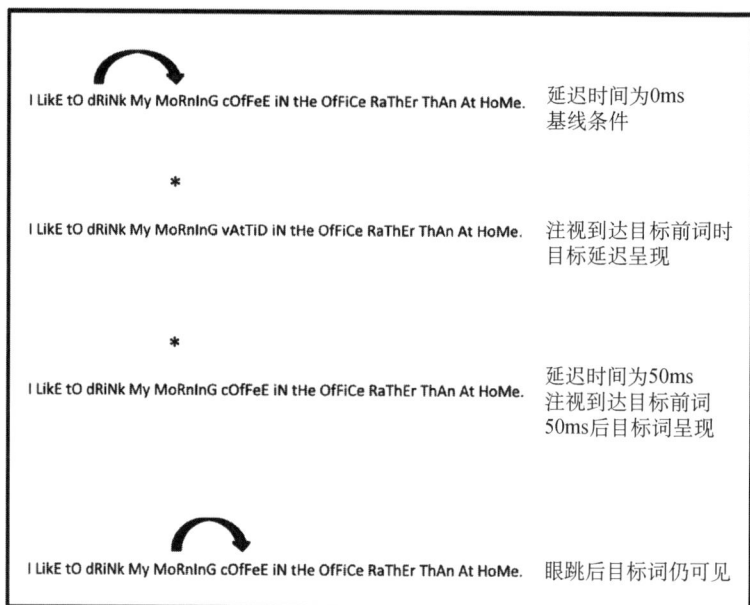

图 7-8　延迟时间为 0ms 和 50ms 条件下的示例（Inhoff & Radach，2014）。
其中星号（*）表示注视所在的位置，箭头表示眼跳

　　鉴于阿什比等（Ashby et al.，2012）的研究发现朗读任务下的副中央凹预
视效应主要体现在注视时间上，我们主要看因霍夫和拉达克（Inhoff & Radach，
2014）的研究中注视时间上的结果，包括首次注视时间、凝视时间和总注视
时间。其中，首次注视时间是指首次通过句子中某个兴趣区的首个注视点的
注视持续时间，这个指标能够反映词汇通达早期阶段的特征。凝视时间是指
从首次注视点开始到注视点首次离开当前兴趣区之间的持续时间，也是反映
词汇通达早期阶段的指标，一般表示一个词被成功加工。总注视时间是指某
个兴趣区所有注视点的注视时间总和。结果发现，对于目标前词的这 3 个注
视时间指标，阅读任务和延迟时间之间都不存在显著的交互作用，即朗读和
默读任务下注视时间随延迟时间变化的趋势相同。图 7-9 直观地显示了目标
前词的凝视时间，表明朗读和默读任务之间并没有表现出副中央凹信息提取
上的差异。

　　然而，在目标前词的凝视时间上，研究者发现了阅读任务和延迟时间之间的
交互作用（图 7-10），表明朗读和默读任务下副中央凹预视效应出现的差异，很可
能与副中央凹的信息整合有关。进一步分析发现，阅读任务和延迟时间之间的交
互作用主要源于延迟时间为 0ms 条件。如果去掉这个条件，则两者之间的交互作

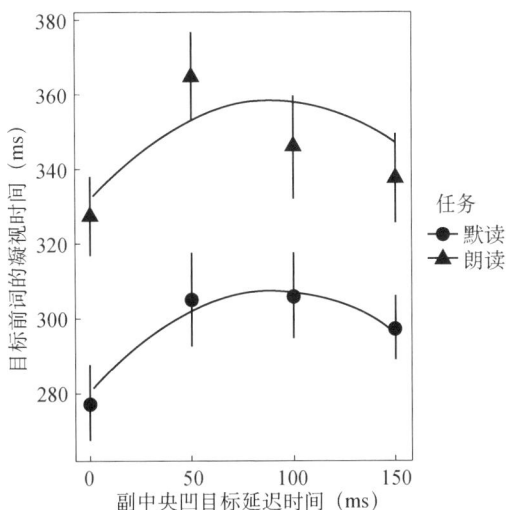

图 7-9　目标前词的凝视时间在不同阅读任务下随延迟时间变化的趋势
（Inhoff & Radach，2014）

用可以忽略（图 7-10 中的虚线）。由此可以推测，两种阅读任务下的副中央凹预视效应存在时间进程上的差异，并且这个差异很可能发生在预视的前 50ms。生存分析（survival analysis）的结果也支持了这一推测。通过比较延迟时间为 0ms 和 50ms 条件下凝视时间的生存概率函数，发现默读任务下 0ms 条件的生存概率低于 50ms 条件，这一差异发生在凝视时间 265ms 之后（图 7-11 左侧的垂直线），而在朗读任务下没有发现这个差异（图 7-11）。该结果表明，朗读中的副中央凹预视效应可能反映了与默读不同的眼动控制策略。具体而言，朗读任务下的副中央凹信息整合与默读任务相比滞后了 50ms。该结论也得到了国内研究的验证（高敏等，2017）。下面我们简要介绍一下国内这项研究，以便了解中文的实验和材料设置。

　　高敏等（2017）采用了两个边界范式实验，分别检验朗读任务中副中央凹预视效应的特点及时间进程。实验一设置了掩蔽预视条件和正常预视条件。掩蔽预视条件采用的就是边界范式的常规操作，即句子中除了一个特别的目标词外，其他的词在整个句子阅读中都是充分可视的。通常情况下，读者的注视越过目标词前面的某个无形边界，目标词才呈现。在注视越过边界之前，目标词位置出现的是掩蔽刺激，即与目标刺激笔画相同，结构、语音和语义均不同的假词（图 7-12）。正常预视条件就是目标词位置上出现的掩蔽刺激与目标词相同，即与正常阅读相同。通过比较掩蔽预视和正常预视下目标词的注视时间，即可获得副中央凹预视效应，从而比较朗读和默读之间副中央凹预视效应大小的差异。

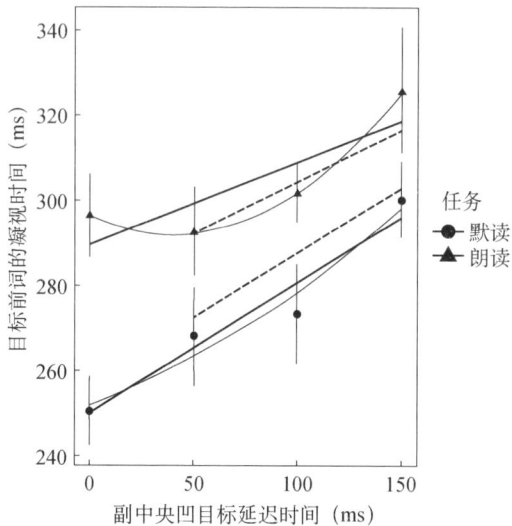

图 7-10 目标前词的凝视时间在不同阅读任务下随延迟时间变化的趋势
（Inhoff & Radach，2014）。其中实线为不同阅读任务下 4 种延迟条件凝视时间的
拟合曲线（或直线），虚线为去掉延迟时间为 0ms 条件后的拟合直线

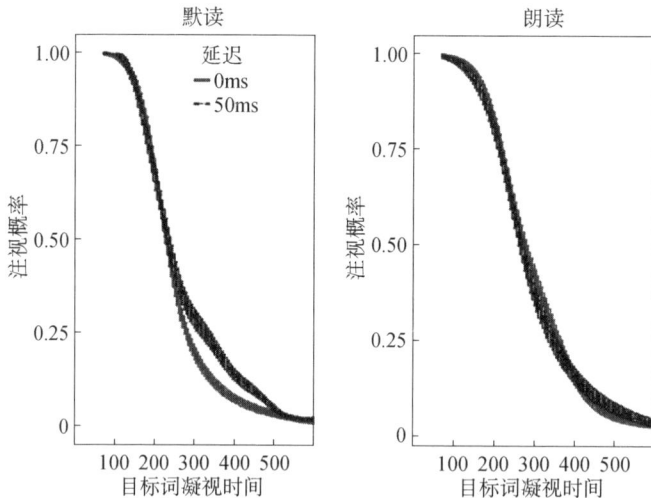

图 7-11 默读（左侧）和朗读（右侧）任务中延迟时间为 0ms 和 50ms 条件下凝视时间的
生存函数（Inhoff & Radach，2014）（见文后彩图 7-11）

预视条件	眼睛越过边界前后
掩蔽预视	这位女士的结婚因轭是一名温文儒雅的老师。（前） 这位女士的结婚对象是一名温文儒雅的老师。（后）
正常预视	这位女士的结婚对象是一名温文儒雅的老师。（前） 这位女士的结婚对象是一名温文儒雅的老师。（后）

图 7-12 边界范式实验材料举例（高敏等，2017）

该研究同样选取了 3 个注视时间的眼动指标：首次注视时间、凝视时间、总注视时间。结果如表 7-1 所示，无论是朗读（出声阅读）任务还是默读任务，读者在目标词上的 3 个注视时间指标都是掩蔽预视条件显著长于正常预视条件。这表明无论是在朗读还是默读中，副中央凹信息在可利用时都会提高阅读速度，即都存在副中央凹预视效应。此外，在首次注视时间和凝视时间这两个词汇通达的早期眼动指标上，阅读模式和预视条件有显著的交互作用，默读任务比朗读任务下有更大的副中央凹预视效应。该结果与前人采用移动窗口范式所得到的结果是一致的（臧传丽等，2013；Ashby et al.，2012）。

表 7-1　目标词在 3 个眼动指标上的平均值（标准差）　（单位：ms）

预视条件	首次注视时间	凝视时间	总注视时间
默读掩蔽预视	315（66）	381（75）	493（99）
默读正常预视	266（44）	298（50）	371（120）
出声阅读掩蔽预视	320（65）	424（55）	580（112）
出声阅读正常预视	304（76）	391（59）	499（88）

资料来源：高敏等（2017）

为了进一步说明副中央凹预视效应在朗读和默读中的差异具体发生的时间进程，高敏等（2017）在实验二中重复了因霍夫和拉达克（Inhoff & Radach，2014）的研究，即设置了目标刺激替换掩蔽刺激的延迟时间，即掩蔽刺激在中央凹词（目标前词）开始被注视的 0ms（没有延迟）、50ms、100ms 或者 150ms 后被替换成目标刺激。掩蔽刺激与实验一相同。目标词在朗读和默读任务下的首次注视时间、凝视时间和总注视时间如表 7-2 所示。与因霍夫和拉达克的研究结果不同的是，在目标词的 3 种注视时间上都没有发现阅读任务和延迟时间的交互作用。然而，进一步分析可以发现，默读任务下在首次注视时间和凝视时间这两个眼动指标上，50ms 延迟条件下对目标词的注视时间显著长于 0ms 延迟条件；而朗读任务下在总注视时间这个指标上，150ms 延迟条件下的注视时间显著长于 100ms 延迟条件（如表 7-2 中方框所示）。这些结果表明，在默读任务中，在注视目标词的早期，也就是 50ms 之内，被试或许就已经能够整合副中央凹词的预视信息了；而在朗读任务中，副中央凹词的预视信息在注视目标词的晚期才实现。这与因霍夫和拉达克发现的朗读任务下的副中央凹信息整合与默读任务相比滞后了 50ms 的结论是一致的。

表 7-2　目标词在不同延迟条件下眼动指标上的
平均值（标准差）　　　　　（单位：ms）

目标延迟条件	首次注视时间	凝视时间	总注视时间
默读 0ms	244（50）	272（68）	416（122）
默读 50ms	270（75）	307（85）	424（180）
默读 100ms	255（67）	286（74）	428（186）
默读 150ms	262（48）	294（63）	399（166）
出声 0ms	301（64）	401（107）	544（154）
出声 50ms	308（59）	388（75）	509（123）
出声 100ms	291（49）	372（73）	495（148）
出声 150ms	306（65）	394（74）	552（101）

资料来源：高敏等（2017）

　　综上所述，在中文的朗读研究中同样发现了副中央凹预视效应，并且该效应主要体现在注视时间而非注视次数上，这一点与阿什比等（Ashby et al.，2012）的研究结果一致。此外，与默读相比，朗读过程中的副中央凹预视效应更小。这可能是由于朗读任务对认知资源的需要更大，从而使副中央凹的信息整合滞后了约50ms。

第八章

眼动在言语产生中的其他应用

在前三章中，我们看到眼动在单词产生、句子产生以及本文朗读这种特殊的言语产生任务中都有广泛的应用。除此以外，眼动在言语产生领域的其他问题上也发挥着优势和重要作用。下面我们将归纳三方面的问题，分别是言语障碍、言语产生对视觉注意的影响及言语产生和理解的关系，以便更加全面地了解眼动在言语产生领域的优势和特点。

第一节　言语障碍的眼动研究

在日常流利的谈话中，我们每秒钟能够产生 2—3 个词。然而，并不是每个人都可以如此流畅地表达自己的想法，例如存在言语障碍的个体。言语障碍其实是一个很广泛的概念，包括对口语、文字或手势的应用或理解的各种异常。探讨言语障碍的发生机制，不仅有助于我们理解障碍的发生原因，从而帮助言语障碍个体进行有效的训练和矫治，还可以像探讨语误一样，对言语产生的模型和机制的理解有诸多重要启发。

一、口吃的眼动研究

口吃（stuttering）是一种典型的言语产生障碍。根据世界卫生组织的定义，口吃是"一种言语节律障碍，表现为在说话过程中患者明确知道自己希望说什么，但常由于不随意的发音重复、延长或停顿，在表达时产生困难"（World Health Organization，1977）。口吃不仅会降低社会交往的效果，对认知、情感、自我概念和社会性发展也都有明显的影响，因此其发生机制已成为教育学、心理学和行为遗传学等多学科共同关注的研究课题。

根据我们前面讲述过的言语产生模型，言语产生过程包含多个加工阶段，其中任何一个加工阶段出现异常，事实上都可能会引发言语产生障碍。口吃是哪个阶段的加工异常导致的呢？许多研究者为此展开了大量研究，并发现与言语流畅者相比，口吃者存在语音信息提取的延迟或困难（Kolk & Postma，1997）。然而，语音信息的提取也是一个复杂的过程，口吃者的语音提取障碍究竟发生在音韵编码阶段、语音编码阶段还是发音运动执行阶段，抑或这几个阶段都存在障碍，目前还不清楚。

回顾本部分的第七章，与场景描述任务相比，文本朗读任务的认知加工过程更为简单，不包含言语产生过程中前期的概念化和语法编码阶段，因此在言语产生领域的应用相对较少。然而，这也可以成为文本朗读任务的一个优势，可以避免概念化和语法编码阶段的潜在影响，将研究问题锁定在言语产生过程中的音韵编码、语音编码以及发音运动执行阶段。特别是我们前面提到过的非词朗读任务，可以避免语义信息的自动提取。佩尔察斯等（Pelczarski et al.，2019）正是利用文本朗读任务的这一优势，探讨了口吃者语音编码困难的具体发生阶段。下面我们来详细介绍这一研究。

佩尔察斯等（Pelczarski et al.，2019）采用的实验材料是 1—4 个音节的非词，从而避免了词汇的语义信息提取带来的干扰。研究采用默读和朗读两种任务，通过比较口吃者和非口吃者在两种任务中的表现，明确口吃这一言语产生障碍发生在音韵编码、语音编码还是发音运动执行阶段。与朗读相比，默读是不需要进行语音编码和发音运动的执行的，因此通过对这两种任务的比较，可以将音韵编码阶段的加工困难分离出来。然而，默读是没有言语产生潜伏期、错误率以及语音上的指标（如发音时长）的，因此在比较两个任务之间的差异时，眼动指标起了重要作用。

该研究的具体程序如图 8-1 所示。实验中要求被试首先将注视集中在电脑屏幕左侧的符号 & 上（图 8-1 上半部分）。只有获得了稳定的注视，实验刺激才完整地呈现（图 8-1 下半部分），包括左侧的符号 &、屏幕中央的非词刺激，以及屏幕右侧的符号刺激。其中，被试的核心任务是默读或朗读屏幕中央的非词。完成该任务之后，被试需要尽快针对屏幕右侧的符号刺激做出按键反应，判断两个 X 之间的符号方向是左还是右。这样的实验设置，与之前我们介绍的眼动在单词产生中的应用一样，是为了避免对屏幕中央非词刺激产生冗余的注视。该研究主要关注的眼动指标是总注视时间和总注视次数（即注视首次从左侧注视点 & 落入非词的兴趣区开始，直到注视移出该兴趣区并移向右侧的方向符号为止），以及被试在非词刺激上的总注视时间和注视次数总和。

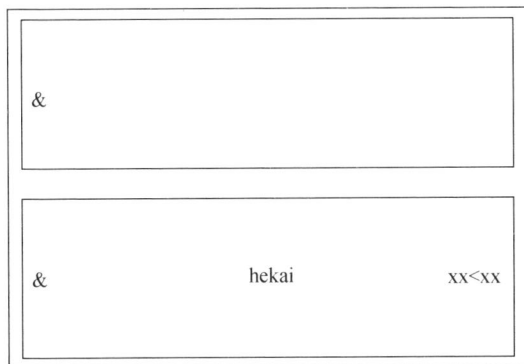

图 8-1　佩尔察斯等（Pelczarski et al.，2019）的实验刺激示例

　　在上述实验设置下，我们可以做出怎样的预期呢？首先，如果被试认真地执行了默读任务，那么被试在默读任务下会完成非词的音韵编码，因此默读任务下的总注视时间和总注视次数应该随着非词刺激的音节数的增加而增大。实际结果也符合这个预期，如图 8-2 所示。同理，在朗读任务中，被试需要完成非词的音韵编码、语音编码和发音运动计划，并最终执行。如果总注视时间和总注视次数可以反映被试对非词刺激在发音前的所有加工过程，那么可以预期，朗读任务中的总注视时间和总注视次数也会随着非词音节数的增加而增大，而且与默读任务相比，总注视时间更长，总注视次数更多。该预期也与实际结果完全符合（图 8-2）。

　　在上述结果的前提下，与研究问题更为密切的结果是口吃者与非口吃者之间在两种任务中眼动数据的比较。如果口吃者的言语加工困难存在于音韵编码阶段，那么无论是默读任务还是朗读任务，口吃者对非词的总注视时间都应该比非口吃者更长，总注视次数也更多。如果口吃者的言语加工困难存在于语音编码阶段和发音运动的计划阶段，而非音韵编码阶段，那么口吃者与非口吃者之间的眼动差异应该只发生在朗读任务中，在默读任务中两组被试之间应该不存在总注视时间和总注视次数上的差异。如果口吃者的言语加工困难同时存在于音韵编码、语音编码和发音运动的计划阶段，那么口吃者与非口吃者之间的眼动差异不仅存在于朗读和默读任务中，而且在朗读任务中这一差异更大。

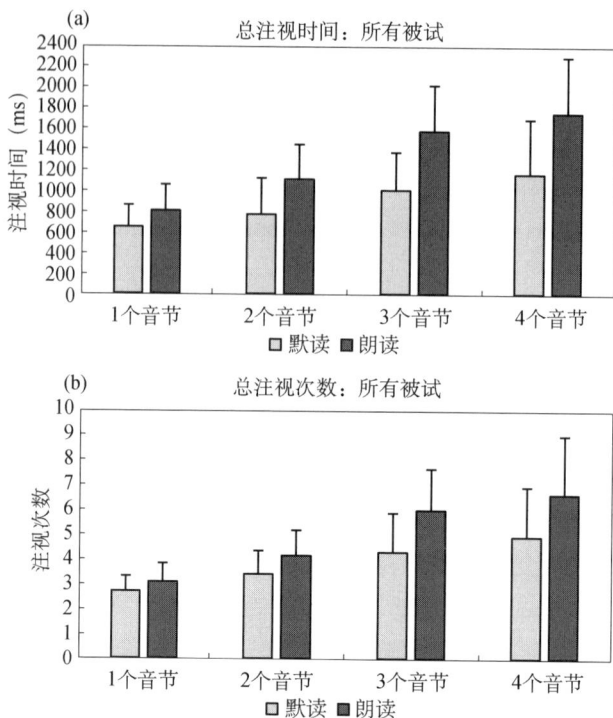

图 8-2　所有被试的眼动数据平均值随着音节数变化的趋势（Pelczarski et al.，2019）

　　然而，实际结果并没有像上述预期那么清晰。一方面，总注视时间的结果显示，口吃者和非口吃者之间只在朗读任务中存在显著的组间差异，这支持了口吃者的言语加工困难存在于语音编码阶段和发音运动的计划阶段，而非音韵编码阶段。另一方面，总注视次数的结果显示，口吃者和非口吃者之间在朗读和默读任务中都存在显著差异，而且在这两种任务中的差异相当，这支持了口吃者的言语加工困难存在于音韵编码阶段，而非语音编码阶段和发音运动的计划阶段。

　　这两个结论显然是彼此矛盾的，因此研究者又做了反应时的分析。需要注意的是，这里的反应时并不是发声反应的反应时，因为在默读任务中记录不到反应时。这里的反应时是指从符号 & 开始呈现，直到被试做出按键反应的反应时，也就是完成整个实验试次的时间。这个反应时的作用主要是和总注视时间结合在一起使用。如果将这个反应时减去非词刺激的总注视时间，就可以得到被试在左侧符号 & 上和右侧方向符号判断上所花费的时间，这个时间无论对于口吃者还是非口吃者，对于朗读任务还是默读任务，都应该是相当的。实际结果显示，口吃者的反应时显著长于非口吃者，而且这种组间差异在朗读任务中大于默读任务；当反应时减去总注视时间后，剩下的时间指标则不存在被试类型和任务类型之间的交互作用（图 8-3）。研究者由此推论，口吃者和非口吃者之间在总注视时间上的差异只在朗读任务中显著，在默读任务中不显著，可能是因为默读任务中对音韵编码的加工没有朗读任务深，诱发的差异达不到显著水平。综合结果支持了口吃者的言语加工困难同时存在于音韵编码、语音编码和发音运动的计划阶段。对于总注视次数的结果，研究者的解释是，注视次数主要反映了视觉注意的位置和程度。因此，总注视次数结果更多地反映了口吃者在非词阅读（包括朗读和默读）任务中投入了更多的注意，而非加工阶段上的不同。

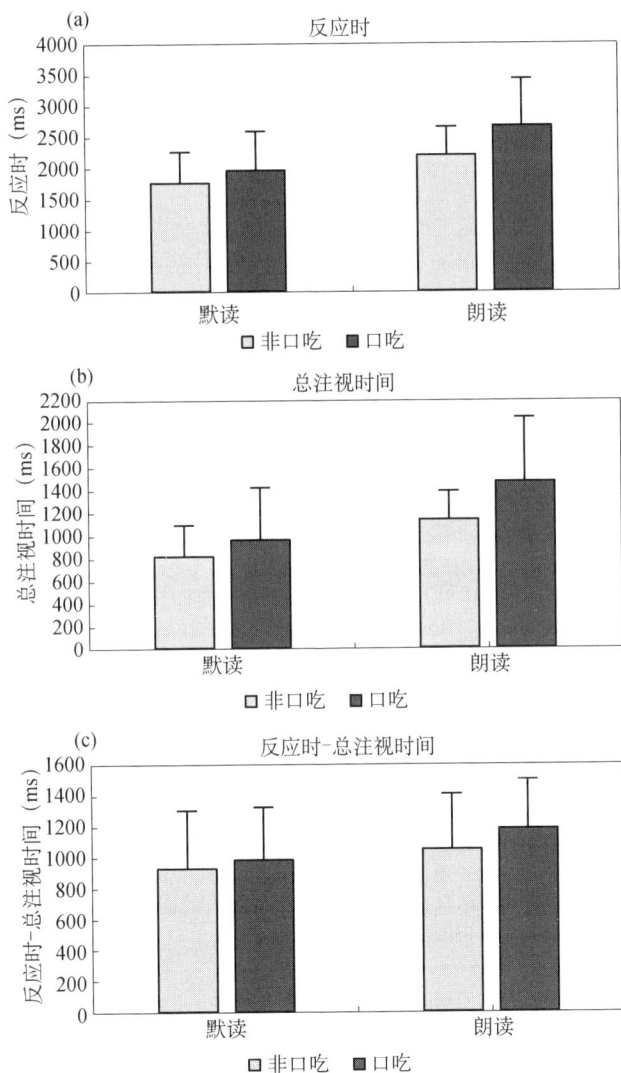

图 8-3 实验中不同阶段的时间参数（Pelczarski et al., 2019）。图（a）为反应时；
图（b）为总注视时间；图（c）为反应时−总注视时间。误差线为一个标准差

　　综上所述，从结果和结论来看，这项关于口吃者语音信息提取的眼动研究可能不算太成功，不过这并不妨碍我们从中学习到一些眼动在言语障碍研究中的经验或教训。首先，我们可以看出眼动指标的选择对于一项研究的成功与否起到了至关重要的作用。我们在前面概括过眼动的指标主要分为时间维度和空间维度，而每个维度下也存在多个眼动指标。具体选择哪个指标，需要根据指标反映的加工过程以及具体的研究问题来进行。在该研究中，总注视次数主要反映了视觉注意的位置和程度，而核心的研究问题是言语产生中的语音信息提取。这显然不是那么合适的，也提示我们将来可以采用更准确的眼动指标做进一步的探讨。我们将在第三部分更详细地介绍和总结言语产生领域常用的几个眼动指标，以及它们在实验中的获取方法。当然，我们也鼓励大家通过本部分中的诸多研究实例，尝试自己总结适用于不同研究问题的眼动指标。

　　其次，我们来看该研究的统计方法问题。该研究采用的统计方法是重复测量的方差分析，这本无可厚非，然而该研究只做了被试检验，没有做项目检验，这就使得该研究的检验结果存在一定程度的不确定性。此外，当前的心理语言学研究，特别是眼动研究，更多地采用线性混合模型。这样做既能规避方差分析中被试检验和项目检验不一致的情况，而且在模型的构建上具有很大的灵活性，特别适用于眼动研究中指标较多的情况。本系列丛书中会有一本专门介绍基于 R 语言分析的眼动数据处理方法，其中就包括如何用基于 R 语言的线性混合模型处理眼动数据，欢迎大家参阅，此处就不再赘述了。

二、阅读障碍的眼动研究

　　阅读障碍（dyslexia），简单来说是一种大脑综合处理视觉和听觉信息不能协调而引起的一种阅读和拼写障碍。它的表现特征主要反映在识字阅读方面，而非智力低下引起的阅读困难。阅读障碍是学习障碍的最主要类型之一，在中国学龄儿童中的发生率为4%—8%（隋雪等，2009）。对阅读障碍的早期诊断及其发生机制的研究能够帮助患者及时进行有效矫治，因此成为多学科研究者共同关注的科学问题。

　　从阅读障碍的定义和表现特征来看，它本不属于言语产生问题。然而，我们曾介绍过，即使是在不需要发出声音的默读过程中，大脑仍然会提取文本的语音信息，即我们常说的在心中默念文字或符号。阅读障碍的发生机制中有一个有影响力的假设，即音韵缺陷假设，认为阅读障碍是由音韵信息提取困难造成的

(Snowling，2000)。文本朗读任务恰恰聚焦于音韵编码以及之后的语音编码和发音运动执行。许多研究结果也表明，阅读障碍者与对照组相比，在快速命名字母和单词时命名时间更长，错误率也更高（Denckla & Rudel，1976）。琼斯等（Jones et al.，2008）更是在快速命名范式下引入了眼动技术，并利用起始眼音距这一指标探讨了阅读障碍的发生机制问题。这就与言语产生紧密联系了起来，下面我们来详细介绍一下这项研究。

关于阅读障碍的发生机制，尽管很多研究都指向音韵编码缺陷，例如，阅读障碍者在非词重复、音韵学习、语音意识、快速命名、言语短时记忆等任务中都有低于对照组的表现，但是上述任务的研究并不都侧重于音韵编码，有的侧重基本认知，如工作记忆容量，有的侧重神经基础，认为是小脑功能障碍。即便是应用广泛的快速命名任务，被试需要尽可能快速和准确地依次命名一系列视觉刺激，其中除了音韵编码对命名时间和错误率的影响以外，不可避免的还有视觉加工本身造成的影响。因此，阅读障碍是由纯粹的音韵编码缺陷引起的，还是伴有其他缺陷引起的一系列困难，目前仍存在很大争议。

琼斯等（Jones et al.，2008）就是通过操纵快速命名任务中视觉刺激（字母）的语音相似性和视觉相似性来检验阅读障碍者在该任务中的较低表现究竟是由音韵编码造成的，还是由视觉加工缺陷造成的。该研究选用字母作为视觉刺激，并操纵了字母之间的视觉相似性和语音相似性，其中语音相似性又分为首音相似和韵相似（图8-4）。每一种相似条件下都设有与它匹配的不相似条件。例如，视觉相似条件下有"p 和 q"，"b 和 d"，与其对应的不相似条件是将相似条件下的字母全部变为大写，即"P 和 Q"，"B 和 D"。首音相似条件如"k 和 q"，其起始发音都是/k/，与其对应的不相似条件是将相似条件下的字母顺序打乱，使"k"和"q"不再相邻。韵相似条件如"b 和 v"，其韵的发音都是/i/，与其对应的不相似条件同样是由字母顺序打乱所得。在这样的实验设置下，考虑到视觉相似和语音相似对加工难度产生的影响，首先可以预期会出现视觉和语音的相似性效应，即与视觉不相似的条件相比，视觉相似条件下的阅读表现较低；同理，与语音不相似的条件相比，语音相似条件下的阅读表现较低。更进一步是对阅读障碍者的预期，如果阅读障碍由视觉加工困难所致，那么可以预期阅读障碍者的视觉相似性效应较对照组更大；同理，如果阅读障碍由音韵编码缺陷所致，那么可以预期与对照组相比，阅读障碍者存在更大的语音相似性效应。那么，阅读表现通过哪些指标来反映呢？

韵相似									
b	**v**	z	**k**	**j**	z	**v**	**b**	**j**	**k**
j	**b**	**v**	z	**k**	**j**	z	**v**	**b**	**k** (等)
韵不相似									
b	**k**	z	**v**	**j**	z	**k**	**b**	**j**	**v**
j	**b**	**k**	z	**v**	**j**	z	**k**	**b**	**k** (等)
首音相似									
k	**q**	z	**g**	**j**	z	**j**	**g**	**k**	**q**
j	**k**	**q**	z	**g**	**k**	z	**g**	**j**	**q** (等)
首音不相似									
k	**g**	z	**q**	**j**	z	**j**	**q**	**g**	**j**
j	**k**	**g**	z	**g**	**k**	z	**q**	**j**	**q** (等)
视觉相似									
p	**q**	z	**b**	**d**	**p**	**d**	**b**	**q**	**p**
q	**b**	**d**	**q**	**p**	**q**	z	**d**	**b**	**z** (等)
视觉不相似									
P	**Q**	z	**B**	**D**	**P**	**D**	**B**	**Q**	**P**
Q	**B**	**D**	**Q**	**P**	**Q**	**Z**	**D**	**B**	**Z** (等)

图 8-4　琼斯等（Jones et al.，2008）的快速命名刺激呈现示例

　　该研究采用了 3 个指标来反映阅读表现。第一个是整个试次的总命名时间，即包含整个矩阵中所有字母的命名时间，这是前人文献中普遍采用的指标。它的优点在于获取方式非常便捷，不需要眼动仪等设备，因此广泛被应用于阅读发展和障碍的评估与预测。在该研究中也可以作为一个整体阅读表现的评估指标，但很显然无法具体到每个字母的阅读情况，对实验设置的敏感度也会因此降低（如图 8-4 所示，浅色字母是填充项目，不存在实验设置上的差别）。这时，另外两个眼动指标就起到了很好的补充作用。第二个是字母的注视时间，反映了对该目标字母的信息提取时间。第三个是字母的起始眼音距（该研究没有应用结尾眼音距，因此下面简称眼音距），反映了对该目标字母的命名反应时。这两个眼动指标都能很好地反映具体某个字母的加工情况，特别是起始眼音距对总命名时间的补充作用，可以细化到每个字母的命名反应时上。由于这两个指标的存在，还可以对相似的字母对（如"p 和 q"）中的前一个字母（即"p"）和后一个字母（即"q"）进行比较。下面我们来看具体结果。

　　在总命名时间上：①并没有发现韵相似性效应，只发现了组间差异，即阅读障碍者的总命名时间长于对照组；②在两组被试中都发现了首音相似性效应，而且这个效应在阅读障碍者中更大；③在两组被试中也同样发现了视觉相似性效应，

而且这个效应同样在阅读障碍者中更大。以上结果说明,阅读障碍者可能同时存在视觉和语音加工的困难,从而造成了其在快速命名任务中的整体表现较差。

在字母的注视时间上:①并没有发现韵相似性效应,只发现了组间差异,即阅读障碍者的注视时间长于对照组。②在两组被试中都发现了首音相似性效应,而且这个效应在阅读障碍者中更大。具体来说,对于目标字母对中的前一个字母,阅读障碍者并不存在显著的相似性效应,而且阅读障碍者与对照组之间也不存在显著差异;对于目标字母对中的后一个字母(受到了前面相似字母的影响),阅读障碍者在相似条件下的注视时间显著长于不相似条件,而且显著长于对照组的相似条件。③在两组被试中也同样发现了视觉相似性效应,但是这个效应在阅读障碍者和对照组中的大小相当,不存在显著的交互作用。具体来说,无论是对于目标字母对中的前一个字母还是后一个字母,阅读障碍者都存在视觉相似性效应;同样地,对照组也是这样。以上结果说明,阅读障碍者的注视时间普遍长于对照组,这与其在快速命名任务中的整体表现较差是一致的。另外,阅读障碍者受到了视觉相似性的影响,只是这个相似性影响的效应量与对照组相似,并没有显示出额外的加工困难。同时,阅读障碍者也受到了语音相似性的影响,而且与对照组相比受到的影响更大,显示出其存在音韵编码的缺陷。

在眼音距上:①并没有发现韵相似性效应,只发现了组间差异,即阅读障碍者的眼音距长于对照组。②阅读障碍组和对照组在首音不相似的条件下眼音距的差异不显著,而在首音相似条件下眼音距的差异显著。具体来说,对照组并没有表现出显著的首音相似性效应;阅读障碍组无论是对于目标字母对中的前一个字母还是后一个字母,都存在显著的首音相似性效应,即在相似条件下眼音距大于不相似条件。③与首音相似条件的结果类似,阅读障碍组和对照组在视觉不相似的条件下的差异不显著,但交互作用显著。具体来说,对照组不存在视觉相似性效应;阅读障碍组在相似条件下眼音距大于不相似条件,不管是考虑目标字母对中的前一个字母还是后一个字母,而且大于对照组在相似条件下的眼音距。以上结果说明,对照组几乎没有受到语音相似性和视觉相似性的影响,而阅读障碍组既受到了语音相似性的影响,又受到了视觉相似性的影响。不过阅读障碍组和对照组的不相似条件之间只有韵相似时存在组间差异,说明韵的加工只对组间差异有贡献。

综上所述,琼斯等(Jones et al.,2008)采用眼动技术,特别是利用注视时间和眼音距这两个眼动指标,对阅读障碍者在快速命名任务中表现较差的机制进行了精确和深入的探讨。具体来说,主要是检验阅读障碍的发生机制是否源于视觉加工缺陷和/或音韵编码缺陷。结果发现，在注视时间上，阅读障碍者并没有比对照组表现出更大的视觉相似性效应，只是表现出了更大的语音（首音）相似性效应；而在眼音距上，阅读障碍者表现出了比对照组更大的视觉相似性效应和语音（首音）相似性效应。我们在第七章曾提到，文本朗读中对目标项目的注视时间往往是不包含对该项目发音运动的准备时间的，但眼音距不同，它包含从注视目标项目开始到发音表达该项目之间的所有加工时间。因此，上述结果表明，首先，阅读障碍者存在音韵编码缺陷，这是导致其在快速命名任务中表现较差的主要原因之一，这与许多前人的研究推论一致；其次，阅读障碍者也存在视觉加工缺陷，但这一缺陷并不是发生在早期的知觉阶段，更可能是在视觉信息通达到语音或正字法时出现了困难。

当然，由于琼斯等（Jones et al.，2008）选用的是成年被试，这种由视觉信号转化为音韵编码或正字法编码时的缺陷，也可能是成年被试在长期的阅读障碍困扰下形成的代偿作用。要想区分它是阅读障碍的发生机制，还是由于阅读障碍形成的代偿作用，需要检验阅读障碍的儿童在由视觉信号转化为音韵编码或正字法编码时是否同样存在缺陷。Pan 等（2013）正是采用类似的方法检验了这一问题。

Pan 等（2013）同样采用了快速命名任务，探讨了阅读障碍儿童在该任务中的表现较差是否源于视觉信号转化为音韵编码时存在缺陷。同时，该研究采用了一个很精巧的设计，选用了两种视觉刺激：阿拉伯数字和点阵符号。对于阿拉伯数字，被试的任务是依次读出数字，这和字母的快速命名相似；对于点阵符号，被试需要首先确认目标符号包含多少个点，然后再说出相应的数字。在这样的实验设置下，两种视觉刺激对应的表达是完全相同的，因此可以更为直接地比较阅读障碍者和对照组在两种视觉刺激下的表现差异。

从琼斯等（Jones et al.，2008）的研究可以看出，起始眼音距是快速命名任务中一个敏感的眼动指标。它不仅可以将整个命名矩阵的时间细化到每一个或者每一类目标刺激的命名时间，而且由于起始眼音距包含发音表达之前的所有加工所需的时间，因此更能反映和音韵编码、语音编码及发音运动准备等加工相关的问题。Pan 等（2013）的研究主要探讨了阅读障碍儿童在视觉信号向音韵编码转化时是否存在缺陷，因此该研究同样采用起始眼音距作为主要指标，后面我们简称眼音距。如果阅读障碍儿童在文本的视觉信号转化为音韵编码时存在缺陷，那么可以预期，阅读障碍儿童与对照组相比，在命名阿拉伯数字时的任务表现（眼音距）差异比命名点阵符号时更大。相反，如果阅读障碍儿童在文本的视觉信号转化为音韵编码时不存在缺陷，那么由于阿拉伯数字的命名任务与点阵符号命名相比，任务更熟练，需要的认知资源也更少，因此预期两组被试的眼音距差异在点阵符号命名中更大。研究结果与前者一致，表明阅读障碍儿童在文本的视觉信号转化为音韵编码时存在缺陷。结合琼斯等（Jones et al.，2008）的研究结论，进一步表明这种缺陷并非在长期的阅读障碍困扰下形成的代偿作用。

三、特定型语言障碍的眼动研究

从 Pan 等（2013）的研究中，我们可以看出在研究语言障碍时选取儿童被试的重要意义。其实，眼动技术在以儿童甚至婴儿为被试的研究中所发挥的作用更为明显，因为眼动的测量是不需要被试具有任何语言或动作技能的。由此可见，眼动技术在语言障碍研究中有着非常广阔的应用前景。下面我们就来探讨另一种语言障碍——特定型语言障碍（specific language impairment，SLI），以及眼动在该领域中的应用。

特定型语言障碍已经有 150 多年的历史，且是最常见的儿童发育障碍之一。其主要表现是：儿童在正常环境中生长，智力和听力正常，没有神经或言语机制损伤，没有感觉缺损、精神发育迟滞等，但语言能力发展迟缓或异常（Leonard，1998）。统计显示，在美国的 5 岁儿童中，患有特定型语言障碍的比例约为 7%（Tomblin et al.，1997），而口吃的发病率约为 5%（Bloodstein，1995）。此外，口吃儿童中约 80% 可以在成年前自发恢复（Yairi & Ambrose，1999），而在患有 SLI 的 4 岁儿童中，只有大约 40% 的人可以在 5 年内恢复（Bishop & Edmundson，1987）。对于入学时仍有严重的特定型语言障碍的儿童来说，即使接受了专家的帮助，也常存在识字率偏低的现象（Catts et al.，2002），最后的受教育水平也通常都很低（Snowling et al.，2001）。由此可见，对 SLI 的发生机制的研究同样具有重要意义。下面我们就以安德烈等（Andreu et al.，2013）的研究为例，来介绍眼动技术在 SLI 研究中的应用。

患有特定型语言障碍的儿童有一个比较明显的特征，就是言语表达存在问题，主要表现为说话时词汇量少、句子长度短、结构简单，特别是在包含动词的叙述语言中存在困难。许多研究针对这一问题展开了探讨，并且发现 SLI 儿童存在句法表征的缺陷（Thordardottir & Weismer，2002）。然而，也有可能是 SLI 儿童的表征缺陷与句法结构无关，而与语义结构有关。安德烈等（Andreu et al.，2013）正是采用眼动技术探讨和区分了上述两种假设。

该研究选用了表达动作的图片作为实验刺激，并同时操纵了动作所包含的论元个数（图 8-5）。实验任务是让儿童被试说说图片中发生了什么事，同时记录下被试的发音反应和眼动轨迹。

图 8-5　动作中包含一个（女孩）、两个（小狗和收音机）和三个论元（男孩、奶奶和凳子）的图片举例（Andreu et al.，2013）

在眼动分析中，为了区分 SLI 儿童的言语加工缺陷存在于句法结构的表征还是语义结构的表征，研究者在划分兴趣区时专门定义了一个事件区域，主要包含动作信息。如图 8-6 中，左图方框标识出了两个论元时的事件区域；右图边框标识出了三个论元时的事件区域（"给礼物"区域）。当图片包含三个论元时，兴趣区同时还区分了施动者区域和受动者区域（图 8-6 右图）。

图 8-6　眼动分析时的兴趣区划分示例（Andreu et al.，2013）

眼动数据主要分析了注视比率和注视时间两个指标。根据前人的研究（Griffin & Bock，2000），这两个指标的结合可以说明动词的论元结构是如何引导视觉注意和句子产生的。被试首先会利用前几秒钟来识别事件并计划句子，这个过程会反映在注视比率上。一旦识别出这个事件，就可以通达一个特定的动词及生成一个句子所需的论元结构信息（如施动者、受动者等）。然后，在表达特定的词汇之前，被试会将他们的视觉注意力集中在对应的视觉区域，这个过程由动词的语义和论元结构的知识引导，会反映在注视时间上。

该研究的结果显示，在注视比率方面，综合 3 种动作图片（包含 1 个、2 个或 3 个论元）来看，在图片呈现的前 2s 时间里，SLI 儿童对事件区域的注视比率始终高于对照组儿童（图 8-7），这个差异在包含三个论元的图片中尤为显著；在注视时间方面，对于包含三个论元的图片，SLI 儿童不仅在事件区域的注视时间显著短于对照组儿童，在施动者和受动者区域的注视时间也更短（图 8-8）。这与他们发音表达的结果也是一致的，SLI 儿童与对照组儿童相比，在表达中更容易遗漏论元。这些结果表明，SLI 儿童并不是试图对动词的论元结构进行编码但最终失败了，相反，他们往往没有试图对论元进行编码。换句话说，与对照组儿童相比，SLI 儿童在视觉模式上的差异和句子描述上的问题源于对动词语义表征的缺陷，而非句法结构的缺陷。在言语产生中，动词的语义起着至关重要的作用，因为动词词条的激活依赖于对句子产生所需的其他信息的检索。从这个意义上说，有关论元结构的信息将有助于儿童在特定的上下文中产生一个包含特定动词及相关论元的句子。然而，SLI 儿童在动词的语义表征上存在缺陷，不足以指导他们有效地处理这些图片，因此他们较少关注事件区域，与事件相关的论元区域也无法准确地选择。这些反映在言语产生上，SLI 儿童就表现出比对照组儿童更多地省略了论元，并且更多地用非目标动词代替了目标动词。

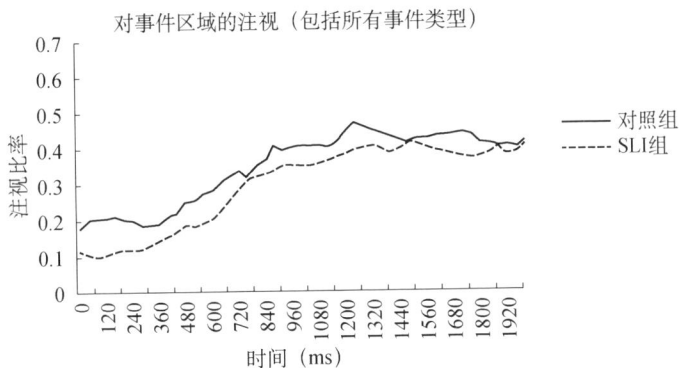

图 8-7　两组被试对事件区域的注视比率（Andreu et al.，2013）

总之，在语言障碍领域的研究中，眼动技术具有广阔的应用前景。由于眼动轨迹的测量不像问卷调查或按键任务那样受制于语言理解能力或运动能力，因此可以广泛应用于语言障碍的研究，特别是语言障碍儿童的诊断与机制研究。在应用时同样需要注意根据研究问题进行恰当的兴趣区划分和眼动指标的选择。目前，在语言障碍的研究中，常用的眼动指标包括目标区域的注视比率和注视时间，以及起始眼音距。相信未来会有更多的指标被纳入该领域的应用中。

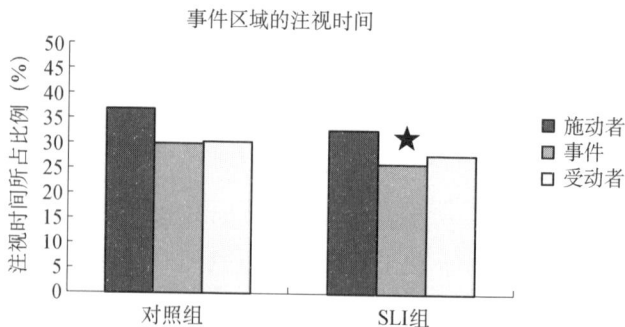

图 8-8　两组被试在包含三个论元的图片中对各个区域的注视时间比例（Andreu et al.，2013）

第二节　言语产生对视觉注意的影响

在第六章的第二节中，我们讨论了视觉注意对言语产生中句法加工的影响，并且发现在视觉上获得更多注意的物体更倾向于较早地表达，从而影响词序和句法的选择（Gleitman et al.，2007）。众所周知的是，低水平的视觉信息，如颜色、亮度、物体边界等，会影响视觉注意（Itti & Koch，2001）。在知觉研究领域，这些视觉信息有一个综合的指标，称为视觉凸显性（visual saliency），并且研究者认为视觉凸显的区域会吸引注视和注意，从而促进该区域的物体识别和命名（Itti & Koch 2000）。按照这个逻辑，知觉因素、视觉注意和言语产生中的句法加工是线性影响的关系。然而，最近的几项研究表明，事实并没有这么简单。在描述一个复杂的场景时，言语产生本身也会对视觉注意产生影响，甚至可能与知觉因素交互影响视觉注意的分布。

可可和凯勒（Coco & Keller，2015）利用眼动技术探讨了知觉因素、概念因素和句法结构因素对言语产生中眼动的影响。结果发现，3 类因素不仅都对眼动有影响，而且彼此之间存在交互作用。该研究采用了较为自然的复杂场景（图 8-9），被试的任务是自由地描述该场景，只是在描述之前会给被试呈现一个启动线索。其中，知觉因素为背景的复杂度，有高、低两个水平；概念因素为启动线索的概念属性，有有生命和无生命两个水平；句法结构因素则是被试产生的表达，鉴于被试是自由地表达，对句法结构是没有限制的，因此这里只分析了动词短语和名词短语两个水平。分析的眼动指标包含 4 个方面，分别为注视分布、扫描路径、首次注视潜伏期及眼音距。

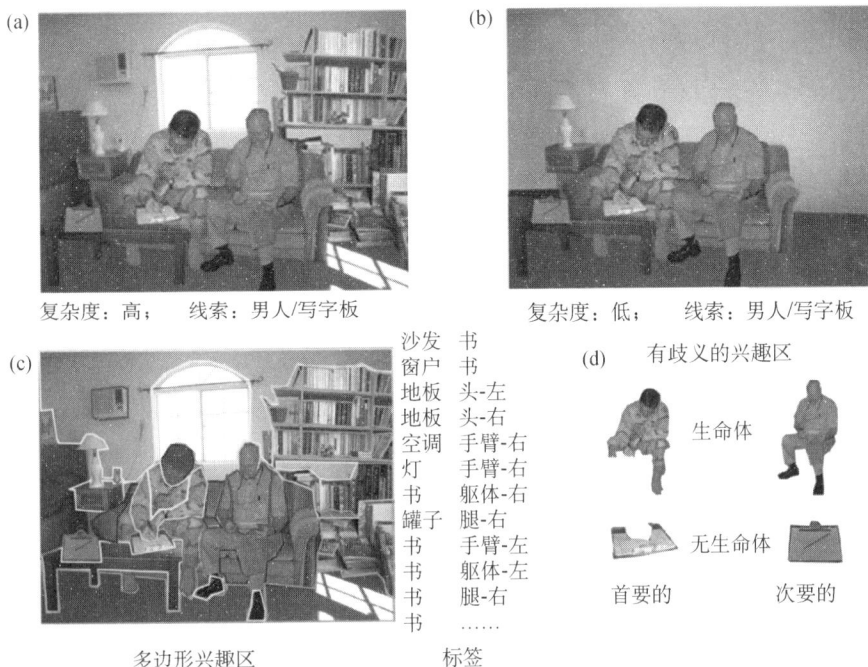

图 8-9　刺激场景及对应的兴趣区示意图。图（a）为高复杂度场景，图（b）为低复杂度场景，图（c）显示了兴趣区的划分及对应的标签注释，图（d）举例展示了线索启动的有歧义的区域，其中有生命的线索为"男人"（man），无生命的线索为"写字板"（clip board）

在图 8-9 中，高复杂度场景中启动线索为有生命的"男人"时的注视分布情况如图 8-10 所示，其中图 8-10（a）为开始发音表达前的注视分布，图 8-10（b）为表达过程中的注视分布。从图中可以明显看出，开始发音前的注视分布比表达过程中的分布更为集中。此外，与我们的直观推测一致的是，在高复杂度场景中的注视分布比低复杂场景中更分散。更重要的是，该研究发现了知觉因素和概念因素的交互作用，表现为在高复杂度场景和线索是有生命的物体时，注视分布在发音前和发音中的差异更大。由此可见，知觉因素和概念因素在自然言语的产生任务中协同影响注意的分布。

对扫描路径的分析选取的指标是湍流值（turbulence）。这个指标指的是眼动轨迹的序列变异性，能够反映扫描路径的复杂性。可可和凯勒（Coco & Keller, 2015）在扫描路径的湍流值上也发现了与注视分布相似的交互作用，即场景复杂性和线索的属性交互影响湍流值，具体表现为线索是有生命的物体时，高、低复杂度场景之间的扫描路径的湍流值的差异更大。此外，在该指标上还发现了知觉因素和句法结构因素的交互作用，具体表现为在言语产生过程中，高复杂度场景中被试产生的表达结构更丰富。

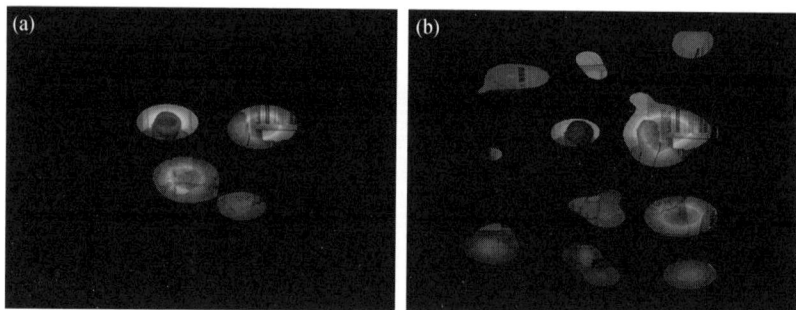

图 8-10　在描述高复杂度场景且启动线索为有生命的物体（"男人"）时的注视
分布示意图。图（a）是开始发音前，图（b）是表达过程中。眼动追踪热图表示注视概率，
从蓝色到红色表示由低到高（见文后彩图 8-10）

在首次注视潜伏期和眼音距的分析中，可可和凯勒（Coco & Keller，2015）同样发现了因素间的交互作用。例如，眼音距就受到知觉因素和概念因素的交互影响，具体表现为启动线索是无生命的物体时在高复杂度场景中眼音距更大。对此的解释是，一个拥挤复杂的场景会包含更多的地标，这些地标都可以作为描述无生命物体的基础，因此在表达该物体之前被试会更早地注视它。

总之，可可和凯勒（Coco & Keller，2015）的研究发现，句法结构并不是引导视觉注意的唯一因素。该研究还特别提出了概念因素对视觉注意的影响，尽管这里的概念因素只探讨了有生命和无生命这一概念属性。

费雷拉和雷里格（Ferreira & Rehrig，2019）对概念因素做了更为系统的探讨。费雷拉和雷里格认为，概念因素说到底是物体的语义信息，它会引导视觉注意并不意外。来自视觉搜索任务的证据就表明，视觉注意的分配充分建立在物体的语义信息上（Henderson，2003）。有无生命这一概念属性更是被发现会影响句法选择和词序（Coco & Keller，2009），那么可可和凯勒（Coco & Keller，2015）发现它与句法结构交互影响视觉注意也就不意外了。问题是，语义信息是如何系统地影响视觉注意的？特别是在言语产生任务中，它的作用和视觉凸显性相比，孰轻孰重？要想回答这些问题，首先需要对语义信息做一个和视觉凸显性相似的评定。关于这一点，Henderson 的实验室已经解决了（Henderson & Hayes，2017，2018）。他们将复杂的自然场景图片分成若干区域，然后请 165 名被试对这些区域的语义凸显性进行 7 点评分，最终得到如图 8-11（c）所示的语义凸显性分布图。同时，根据已有的视觉凸显性评价工具，基于物体相对于背景的亮度、颜色、边界等信息获得每个区域的视觉凸显性，如图 8-11（b）所示。随后，费雷拉和雷里格（Ferreira & Rehrig，2019）利用眼动技术比较了被试在不同任务下注视的分布图与视觉凸显图、语义凸显图的相关程度，得到了非常有趣的结果。不仅在两个言语产生任务（描述场景图片）中注视的分布与语义凸显性的相关更大，而且在一个仅仅观看场景、事后回忆的任务中也发现了类似的结果。这和我们一贯认为的视觉凸显性在注视初期影响更大的预期不一致。可可和凯勒（Coco & Keller，2015）的研究发现，知觉因素和概念因素的影响在言语产生任务的不同阶段是不同的，概念因素在言语产生过程中的影响大于它在发音前（言语准备阶段）的影响。为此，费雷拉和雷里格（Ferreira & Rehrig，2019）进一步分析了言语准备阶段，也就是言语产生的潜伏期内注视的分布，结果仍然发现语义凸显性的预测效果好于视觉凸显性。由此可见，语义凸显性在视觉注意中起到了非常重要的引导作用，这一作用即使在非言语产生任务中也大于视觉凸显性的作用。

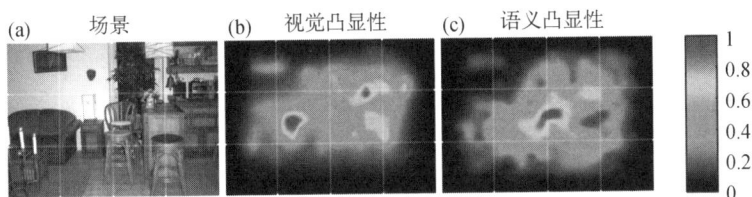

图 8-11　图（a）为场景图片，图（b）为视觉凸显性，图（c）为语义凸显性
（Ferreira & Rehrig，2019）（见文后彩图 8-11）

综上所述，费雷拉和雷里格（Ferreira & Rehrig，2019）继可可和凯勒（Coco & Keller，2015）之后，将语义信息在视觉注意中的作用推到了更新的高度，也让我们更加重视在用场景描述任务研究言语产生时语义信息的设置和控制。既然语义信息在视觉注意中的作用如此重要，那么回到第六章中句法生成的问题，上述结果是否从侧面支持了词汇锚定假设呢？其实细看这两项研究可以发现，其主要探讨的眼动指标是注视的分布，即语义凸显的物体或区域会受到更多的注意和注视，并没有涉及注视的顺序问题，因此语义信息和句法生成的关系依然是未来研究需要进一步探讨的重要问题。

第三节　言语产生和言语理解的关系

在第六章第三节的自我监控部分，我们可以看出言语产生和感知在一定程度上存在联系，尽管这两个领域在传统上被认为是独立的加工阶段，并经历了很长一段时间学者对其的独立探讨。事实上，言语产生和感知或者说和言语理解之间的关系远不止于此。下面，我们列举几项关于这两者关系的眼动证据。虽然这几项研究看上去关联不大，但都不无例外地发现，言语产生对言语理解是有影响的。

科利（Corley, 2010）探讨了言语产生过程中的修正对言语理解中预期的影响。正如我们在自我监控部分所介绍的，说话人在言语产生的加工过程中存在自我监控，包括内部监控和外部监控两个通道。其中内部监控通道发现错误后，可能在言语表达之前就进行了修正，列维特（Levelt, 1983）将其称为内隐修正，当然有时也会因为修正过程造成了言语产生的延迟，从而在表达中出现"嗯""啊"等填充词。如果是外部监控通道发现了错误，就会产生一个外显的修正，如"小明……小红吃了那个蛋糕"。听者在感知到对方的修正后，需要放弃之前听到的一部分内容（如"小明"），那么与此相关的预期是否也会被听者及时放弃呢？该研究利用眼动技术探讨了这一问题。

在言语理解领域，预期的存在已经成为一个不争的事实，它是听者能够快速理解对方言语的重要因素。然而，当对方出现言语的自我修正时，听者如何处理自己的预期呢？科利（Corley, 2010）考虑了 3 种可能：①无改变假设，即预期没有随着说话人的自我修正而改变，这是一种最简洁直接的可能；②就近假设，即听者会根据最近的信息做出预期，这样听者只需要根据修正后正确的信息进行预期，而不需要及时修正预期，因此是一种加工效率较高的可能；③重写假设，即听者会根据听到的信息，包括说话人的修正在内，重新做出预期。该研究利用经典的视觉世界范式，通过比较以下 4 种条件句中关键物体（如"蛋糕"）的注视概率检验了上述 3 种可能。

（a）The boy will eat the cake.（那个男孩将要吃掉那块蛋糕。）

（b）The boy will move the cake.（那个男孩将要移动那块蛋糕。）

（c）The boy will eat and move the cake.（那个男孩将要吃掉并移动那块蛋糕。）

（d）The boy will eat — uh, move the cake.（那个男孩将要吃掉，嗯，移动那块蛋糕。）

其中，句（a）和句（b）的差别在于动词是否具有限定性，即对关键物体"cake"是否有较强的预期。前人的研究发现，句（a）条件下"cake"的注视概率显著高于句（b）条件，从而说明了言语理解中预期的存在（Altmann & Kamide, 1999）。科利（Corley, 2010）沿用了上述逻辑，并预测会重复该结果。此外，研究增加了句（c）的并列动词条件和句（d）的修正条件。根据无改变假设，句（c）和句（d）中对"cake"的预期都是根据动词"eat"做出的，因此其注视概率和句（a）应该是一样的；根据就近假设，句（c）和句（d）中对"cake"的预期都是根据动词

"move"做出的，因此其注视概率和句（b）应该是一样的；根据重写假设，预期是综合所有信息做出来的，因此对于"cake"的注视概率，句（c）应该和句（a）一样，而句（d）应该和句（b）一样。

　　结果如图 8-12 所示，其中注视概率为听到某个词语时注视关键物体（如例句中的"cake"）的试次占有效试次的比例。我们可以从直观上看出，在听到"cake"之前，即听到"cake"之前的定冠词"the"时（图中方框标示）对"cake"的注视概率，句（c）条件和句（a）条件相近，句（d）条件和句（b）条件相近。统计结果支持了这一观察，并且与重写假设的预期是一致的。由此可见，听者在言语理解的过程中会综合考虑说话人的言语，包括自我修正的部分，以便做出正确的预期。

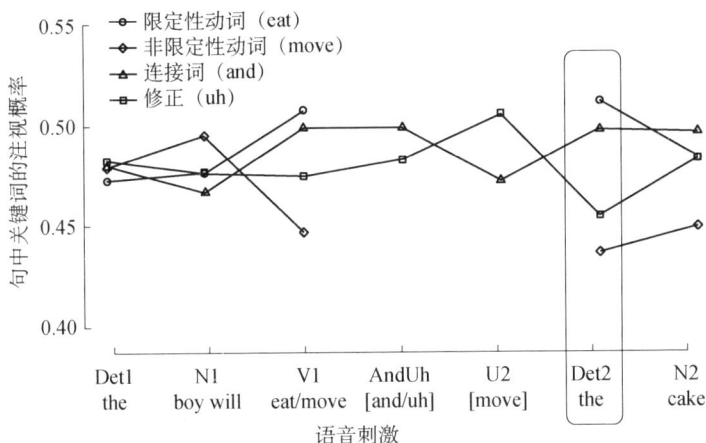

图 8-12　不同条件下对关键物体（如例句中的"cake"）的注视概率（Corley，2010）

　　塔马戈等（Tamargo et al.，2016）探讨了在理解双语转换言语（code-switched language）过程中言语产生对理解的影响。在双语者的交流中，特别是第二语言熟练度较高的双语者，可能会产生双语转换的言语。例如，两个汉英双语者在面对面交流的时候，可能会说出汉语和英语交替出现的句子，如"这是一把 special key，可以 open 不同种类的锁"。对于说话人而言，哪个词用汉语，哪个词用英语，或者说哪里出现语种的交替，完全在自己的控制之中。然而，对于听者来说就不同了，其预期性会大大降低，因此理论上会增加听者的理解难度。有趣的是，听者很少报告有理解双语转换的困难，甚至很难回忆出来刚才在什么地方有语种的转换。那么，研究者推测听者很可能利用产生的线索来引导自己的理解，从而缓和了双语转换带来的损耗。具体而言，听者可能会利用过去经验中双语转换出现的位置和频率，对转换做出合理预期，从而促进理解。塔马戈等（Tamargo et al.，2016）利用眼动技术验证了这个假设，下面我们来详细看看这项研究。

塔马戈等（Tamargo et al.，2016）首先对西班牙语-英语的双语交流做了一项语料库研究，并发现由西班牙语中的助动词"están"（即英语中的"be"）转换为英语的现在分词（如例句 a1），以及转换发生在助动词上（如例句 a2），即助动词之前是西班牙语，助动词和现在分词都是英语的语料，其在语料库中出现的频率是相当的。当助动词是"han"（即英语中的"have"）时，两种转换位置在语料库中出现的频率就不同了。具体而言，双语转换发生在助动词之后的情况（如例句 b1）出现的频率显著低于转换发生在助动词上的情况（如例句 b2）。在接下来的眼动实验中可以预期，如果听者会根据过去经验预期转换发生的位置，从而促进理解，那么句子 b1 和 b2 在理解难度上会出现显著差异，具体而言，句子 b1 在理解时需要花费更多的时间，而句子 a1 和 a2 在理解难度上不会出现显著差异。

（a1）los niños están cleaning their rooms.（孩子们正在打扫他们的房间。）

（a2）los niños are cleaning their rooms.（孩子们正在打扫他们的房间。）

（b1）los niños han cleaned their rooms.（孩子们已经打扫了他们的房间。）

（b2）los niños have cleaned their rooms.（孩子们已经打扫了他们的房间。）

眼动的研究结果与上述预期是一致的。实验具体采用的句子材料示例以及兴趣区的划分如图 8-13 所示。其中兴趣区 1 是句首的 4 个词，兴趣区 2 是主语，也是句子的第 5、6 个词，分析被试在阅读它们时的眼动指标，是为了建立基线水平，并排除后面的关键兴趣区的差异是由其他因素或句首造成的。兴趣区 3 是现在分词，也是关键兴趣区。之所以以它为关键兴趣区，是因为在进行比较的两种条件中，无论转换发生在助动词还是现在分词上，到这里转换都已经完成了。兴趣区 4 和 5 是关键词后的第一个和第二个词。将其纳入分析有两方面原因：一是眼动和言语加工可能存在不同步的情况，如果眼动快于言语加工，那么双语转换带来的效应会发生在关键词之后；二是研究者希望检验关键词上的转换效应是否会持续。

| El chef piensa que/
兴趣区 1 | los turistas/
兴趣区 2 | are/
兴趣区 3 | enjoying/
兴趣区 3 | the/
兴趣区 4 | food/...
兴趣区 5 |

图 8-13　实验材料和兴趣区举例（Tamargo et al.，2016）

该研究选取了两个眼动指标来反映阅读速度，分别是凝视时间和总注视时间。

相信阅读领域的研究者对这两个指标都非常熟悉，它们能够很好地反映多词区域的认知加工（Rayner，1998）。结果与研究预期非常一致，首先，对于兴趣区 1 和 2，既没有发现双语转换位置（助动词上与助动词后）带来的差异，也没有发现助动词类型（"are"与"have"）带来的差异，说明如果之后在关键兴趣区上发现任何效应，都不应该归因于句首的加工不同。重要的是，在关键兴趣区上的确发现了转换位置和助动词类型的交互作用。简单效应分析表明，当助动词是"have"的时候，转换位置存在显著影响，即凝视时间和总注视时间在句 b1 和 b2 条件之间都存在显著差异，当助动词是"are"的时候则没有。此外，在兴趣区 5 的总注视时间上也发现了句 b1 和 b2 条件之间的显著差异，说明转换在语料中出现的频率对言语理解的难度的影响不是短期的，会持续到关键区域之后的第一个词上。由此可见，在双语转换的言语理解中，言语产生时双语转换出现的位置和频率会影响听者的预期，进而影响理解的难度。

上述两项研究从不同角度显示了言语产生对理解的影响，那么反过来，言语理解对产生是否也有影响呢？答案显然是肯定的。一个显而易见的事实是，我们在婴儿期的牙牙学语就是建立在早期大量的言语感知和理解之上的。那么有哪些因素会影响这一联系呢？换句话说，作为该领域的研究者和大部分的妈妈来说，可能更关心哪些因素可以促进这一联系，从而提升婴儿的言语产生能力。今福等（Imafuku et al.，2019）就利用眼动技术探讨了这一问题。

婴儿在学习言语产生时，一个重要的表现就是语音的模仿（vocal imitation）。因此，今福等（Imafuku et al.，2019）就以 6 个月大的婴儿对元音的模仿频率作为衡量其言语产生能力的指标，探讨哪些因素促进了婴儿的模仿行为。首先，其在前人研究的基础上推测，婴儿需要正向的脸部信息来促进视听整合，进而促进语音的模仿。据此预期，在婴儿听到元音的同时呈现正向脸或倒置脸的视觉刺激（图 8-14），婴儿对元音的模仿频率在正向脸条件下会高于倒置脸条件。接着，是面部的哪个特征促进了婴儿的语音模仿？今福等推测是嘴部的运动。据此可以预期，在正向脸中对嘴部区域的注视和模仿频率呈正相关。

研究结果与预期一致。首先，以有效实验试次中婴儿产生模仿的比率为指标，婴儿的模仿比率在正向的脸中显著高于在倒置的脸中。此外，今福等分别计算了眼睛区域和嘴部区域的注视时间比率，即注视眼睛/嘴部的时间除以注视整个脸部区域的时间，然后用眼睛的注视时间比率减去嘴部的注视时间比率。结果发现，在正向脸条件下，这个注视时间比率的差值和婴儿的元音模仿比率呈显著的负相

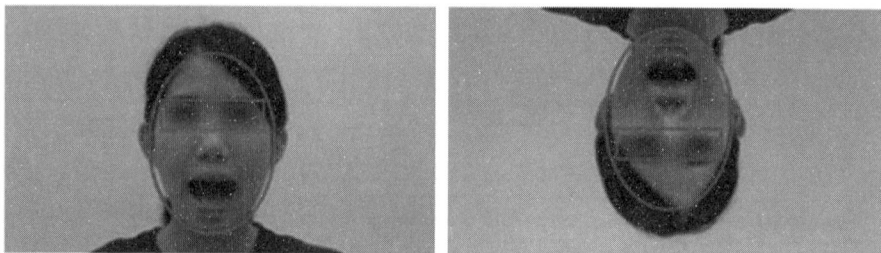

图 8-14 元音/a/的视觉刺激及兴趣区（脸、眼睛、嘴）（Imafuku et al.，2019）
（实验中给婴儿呈现的为真人视频，即眼部未做虚化处理）

关（相关系数 r=−0.45），说明注视嘴部的相对时间越长，婴儿的模仿行为越多，而且在倒置脸的条件下没有发现相似的相关关系（图 8-15）。这进一步说明只有正向脸中嘴部的运动才能有效促进婴儿的语音模仿。

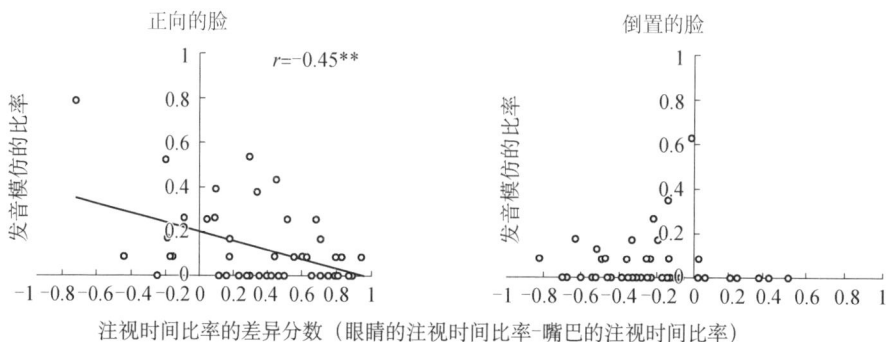

图 8-15 注视时间比率的差值和元音模仿比率的相关关系（Imafuku et al.，2019）（**p<0.01）

小 结

在这一部分，我们列举了大量采用眼动技术探讨言语产生的研究。从中可以看出，眼动技术的应用范围非常广泛，既包括单词产生，也包括句子产生；既包括句子产生过程中的多个加工阶段，也包括言语产生和其他认知加工的关系；既包括文本朗读这一特殊的言语产生方式，也包括言语障碍这一特殊的被试群体。我们从中还可以看到，针对不同的研究问题，可以选用不同的眼动指标，也可以选取不同的兴趣区，但是由于分散在不同的研究阐述中，我们可能还无法系统地将它们联系在一起。在下一部分，我们将归纳总结在言语产生领域常用的眼动指标和兴趣区的划分方法，以及在实验程序的编制中需要注意的各种问题。

▪ 第三部分 ▪

眼动技术应用于言语产生
研究的实际操作

　　通过阅读前面两个部分，我们看到眼动技术在言语产生领域大有可为，也看到了很多优秀的眼动研究。大家是否和我们一样，对眼动技术跃跃欲试了？在这一部分，我们就将带领大家一起体验眼动研究的实际操作全过程。此外，我们还将重点阐述言语产生研究中涉及的特有问题，如语音数据和眼动数据的同步采集与分析等。

第九章

选择合适的研究问题

在第二部分，我们看到眼动技术可以应用到言语产生领域的诸多问题研究中，同时也可以想象，我们没有提及的问题还有很多，其中就不乏一部分研究问题是不适合采用眼动技术进行研究的。因此，在开始自己的眼动研究之前，我们首先要问问自己，这个研究问题适合用眼动技术来探讨吗？我们这里列出适用于眼动技术的研究问题所具有的一些共性特征，以便大家进行分析和决策。

第一节　适用于眼动技术的研究特点

第一，实验刺激包含视觉场景。这是一个显而易见的先决条件，但是并不是所有的言语产生研究都具备。尽管我们在第一部分提到，场景描述任务是采用实验方法研究言语产生问题时应用最为广泛的任务，但放到自然的言语交流场景中就未必适用了。想象一下，在现实生活的言语交流场景中，朋友对我们刚刚分享出的菜品赞不绝口，并询问具体做法。这时我们不需要把朋友领进厨房，看着灶台、调料盒描述一番。当然，我们也可以这么做，但看上去多少有些怪异。更多的情况是，我们看着对方的脸部区域，特别是眼睛，认真回忆着之前做菜时的步骤，并开心地描述出来。这时语料库的研究方法就显得更为适用了。

当然，并不是说研究对话言语就不能应用眼动方法。我们在第二部分曾经列举了一些成功的关于对话言语中言语产生的眼动研究。这些研究有一个共性，就是通过巧妙的实验设计，创设了一种对话交流的模拟情景，并设置了视觉场景，以引导说话人说出相对固定的句式。例如，在第六章第一节中，我们就介绍过采用此类设置的指代表达研究。总之，很难说哪个研究问题是绝对不能或不适宜采用眼动技术的，关键在于我们如何运用巧妙地设计创设出描述的情景。这个过程可能会损失一些自然性，这是实验室研究普遍存在的问题，但同时也可以获得精确的眼动数据，为了解言语产生的认知过程提供丰富的证据。

第二，研究问题涉及的认知加工和眼动之间有联系。眼动技术是通过眼动轨迹反映我们的认知加工过程的，因此两者之间存在联系是应用眼动技术的必要条件。我们曾在第一部分详细阐述了两者之间的关系，主要包括注视位置（where）上的关系和注视时间（when）上的关系。因此，我们可以通过某一个位置（兴趣区）的注视时间上的各项指标，如凝视时间、注视时间比率等，来反映说话人在言语产生中的认知加工过程。

这一要求看上去很简单，但实际应用起来还是需要严谨对待。例如，尽管我们知道物体的注视时间与相应的词汇提取难度存在关系，但这一关系也不是时时刻刻都成立的。场景中最后一个被描述的物体或区域很有可能存在冗余注视，也就是说，最后描述的物体的注视时间可能长于实际的加工时间，从而无法精确地反映该物体的识别以及相应的词汇提取时间。关于这一点，相信有相关实验经验的朋友都会发现，如果被试在完成言语产生任务后视觉刺激还停留在屏幕上，其会倾向于注视最后描述的那个物体。因此，有的研究会剔除最后被描述的物体的眼动数据，或对其不做重点分析，前提是它不是研究问题所关注的重点。如果它恰巧是研究关注的重点，那么可以像我们在第二部分引用的勒洛夫斯（Roelofs，2008）的研究那样设置第二个任务及相应的视觉刺激，以避免出现上述冗余注视的情况。

第三，眼动可以提供必要的数据。虽然我们通过前两部分了解到了眼动技术的诸多优点，也看到它为我们提供了如此丰富的指标和数据，但是千万不要因此误以为眼动是研究言语产生的最好方法。事实上，没有哪种方法一定是最好的方法，只有针对某个研究问题最适用的研究方法。眼动技术如果应用得当，它就是非常好的方法，正如我们在第二部分介绍的诸多优秀的眼动研究那样。然而，如果眼动不能为我们提供必要的数据支持，那么它对我们来说就是一种费时费力且冗余的方法。

我们在第一部分分享了言语产生的其他研究方法，如言语错误分析法、图片命名潜伏期测量法等。这些方法同样为言语产生领域的理论和实践做出了巨大贡献。例如，通过图片命名潜伏期测量法得到了图-词干扰范式中经典的语义干扰效应，研究者围绕该效应展开了大量的研究和讨论，并在此基础上提出了词汇选择的竞争理论、反应后选择理论等，极大地促进了我们对词汇通达过程的了解和理论模型的建立。如果我们在图-词干扰范式中同时引入眼动技术，可以预期在图片的注视时间上同样可以得到语义干扰效应，即干扰词与目标图片语义相关时的注视时间显著长于两者无关时。除此以外，眼动是否能够提供命名潜伏期以外的其他新的证据支持？如果没有，那么眼动就不再是必要的。

第二节　适用于眼动技术的言语产生问题

基于上述的三个特点，言语产生领域有哪些问题是适用于采用眼动技术来研究呢？理论上，符合上述眼动技术研究特点的研究问题，都可以应用眼动技术来探讨。在第一部分言语产生的研究方法中，我们也看到大部分的言语产生研究采用视觉场景或文本作为实验刺激。因此，眼动技术在言语产生领域应该得到广泛的应用。然而，通过第二部分的综述，我们可以看出，目前采用眼动技术探讨的言语产生问题并不多，而且主要集中在言语的计划阶段。例如，单词产生中的概念激活和音韵编码，句子产生中的计划广度问题等。其实，眼动技术在言语产生研究中的优势更多地体现在发音过程中对言语加工进行实时反映。遗憾的是，目前这个优势似乎并没有发挥得很充分。如此现状是由什么原因导致的呢？下面我们基于对现有的言语产生眼动研究的分析，探讨这一问题，希望对未来该领域的发展有所助益。

目前，关于言语产生的眼动研究，大多基于眼动和言语产生之间的如下两种关系：①物体被注视的顺序与表达的顺序一致；②物体的注视时间与相应的词汇提取难度紧密相关。例如，基于第一种关系，研究者探讨了言语组织阶段的句法生成，并主要关注词汇提取的顺序，从而检验了词汇锚定模型和结构递进假设。然而，在第八章探讨言语产生对视觉注意的影响时，我们发现注视顺序和表达顺序的一致性并不一定是前者决定后者，语义信息可能影响了表达的顺序，进而影响了注视的顺序。因此，研究者在应用眼动技术探讨句法生成的问题时似乎遇到了一些阻力，在这个研究问题上出现了后继乏力的现象。由此可见，在研究问题涉及的认知加工和眼动之间有联系这一特点上，还需要明确这种联系究竟谁是因谁是果。

关于第二种关系，即物体的注视时间与相应的词汇提取难度的关系，在第五章"序列还是并行加工？"，我们做了更加深入的探讨。前人的研究发现，凝视从第一个物体转移到第二个物体是在获取第一个物体名称的音韵信息之后，这表明一个物体的凝视时间反映了被试对它进行视觉-概念加工、词条提取、词形编码和音韵编码所需的时间。因此，通过操纵或控制实验刺激的视觉信息、语义和句法信息及语音信息的提取难度，研究者可以凭借凝视时间检验相应信息的加工情况。例如，独白言语中的计划广度问题，其实就是探讨在开始发音前处在句中不同位置的词汇在各个加工阶段的信息提取情况。言语障碍的眼动研究也大多检验的是言语障碍者在哪个加工阶段存在信息提取缺陷。

综上所述，未来眼动技术在言语产生问题中的应用，可能很大程度上依赖于眼动和研究问题所涉及的认知加工之间的关系。因此，解析眼动指标的具体含义，发掘与言语产生的认知加工联系密切且因果关系明确的眼动指标，成为言语产生的眼动研究者需要迫切解决的问题。事实上，已经有一些研究者在这条道路上付出了实践和努力，例如，关于结尾眼音距的具体含义的讨论。我们也希望在研究者的共同努力下，眼动技术的优势能够在言语产生领域得到更加充分的发挥和应用。

第十章

程序的编制

明确我们的研究问题的确非常适合应用眼动技术之后，就可以开始编制相应的程序来实现我们的研究设想了。Experiment Builder（实验生成器，EB）编程首先通过一系列控件来搭建实验框架，然后再通过设置各个控件的属性来调整实验，使之满足实验设计的要求。无论实验的复杂程度如何，EB 程序都可以分为四个层级的结构，如图 10-1 所示。在场景描述任务中，视觉刺激的呈现和眼动数据的采集主要通过设置图 10-1 中的记录部分的控件来实现。

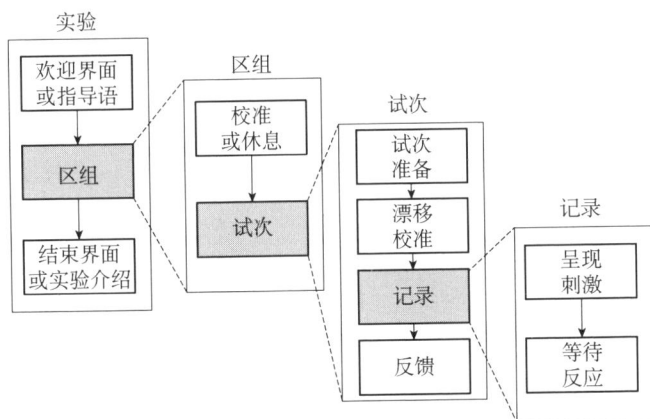

图 10-1　眼动实验程序中的四个层级结构
（SR Research Experiment Builder User Manual，Version 1.3.40）

实验程序主要包括两大方面的内容：一是确保实验刺激的呈现与实验设想是一致的；二是确保我们关心的测量指标都能如愿采集到。具体到言语产生的眼动实验的程序编制，在实验刺激方面，需要注意视觉刺激呈现的时间以及视觉场景中物体之间的距离；在指标的记录方面，需要注意言语产生反应所输出的语音记录及其与眼动记录在时间上的同步。本章以 Eyelink 系列眼动仪为例，分别详细介绍在言语产生领域常用的场景描述任务中，视觉刺激的呈现和指标的记录有哪些具体要求，以及如何在 EB 中实现。

第一节　视觉刺激的呈现

一、视觉刺激呈现的时间

在时间呈现方面，主要有两种方式：一是固定时间，即根据被试执行任务所需要的时间或者实验要求，设置一个视觉刺激呈现的时间，时间一到，不管被试是否反应，或者反应是否完成，视觉刺激都会消失，并陆续进入下一个实验试次；二是非固定时间，大部分情况是在被试反应完成后，由被试自己或者主试按键结束视觉刺激的呈现，并陆续进入下一个实验试次。

固定时间的方式可以有效控制实验完成的时间，并且相当于给被试的反应时设置了上限，一旦反应时超过了这个限制，可以推测被试可能走神或者有其他问题，总之被试的认知过程很可能不再是我们要测查的任务中正常经历的加工过程，因此这个试次就不再进入最后的分析。这种方式在要求被试尽快反应的实验中较为常见。我们在第二部分引用的很多研究都采用了固定呈现时间的方式，例如，"眼动和指代表达的关系"部分介绍的戴维斯和克雷萨（Davies & Kreysa，2017）的研究。相反，有些研究不需要被试尽快做出反应。当然，这时反应时也就没有分析的意义了，甚至并不需要采集反应时数据。例如，"言语产生对视觉注意的影响"部分可可和凯勒（Coco & Keller，2015）的研究，给被试呈现的是相对自然的复杂场景，并且希望被试自然地描述该场景，此时限制被试的反应时就不合适了。因此，采用非固定时间的呈现方式，由被试完成描述后按键结束实验试次。有些研究难以预测被试的反应时上限，也会采用非固定时间的方式。例如，"眼动和指代言语产生中的应用"部分拉巴利亚蒂和罗伯逊（Rabagliati & Robertson，2017）的研究，被试是 3—5 岁的儿童，这为反应过程带来了很多不确定的因素，因此该研究由主试按键控制实验试次的结束，并且主要记录被试产生的表达及相应的眼动轨迹，而不是反应时。上述两种呈现方式也可以结合使用，例如，在按键结束实验试次的同时增加一个时间上限，如果被试在这个时间范围内没有按键，则程序自动跳入下一个实验试次。

视觉刺激的呈现时间在 EB 中是通过控件"Timer"实现的。图 10-2 给我们呈现了一个简单的实验流程的编制，其中"DISPLAY_SCREEN"是视觉刺激图片的呈现控件，双击进入其工作区，点击"Insert Image Resource"即可将提前导入"Library"的视觉刺激图片导入工作区界面。"Timer"控件和"Keyboard"控件在视觉刺激后面并列呈现，说明两者中的任意一个达到触发的条件，视觉刺激即消失并进入下一个界面。也就是说，被试可以通过按键结束当前视觉刺激的呈现，如果在"Timer"控件规定的时间内（如图 10-2 中设置的 3000ms）没有触发按键反应，就会自动进入下一个界面。

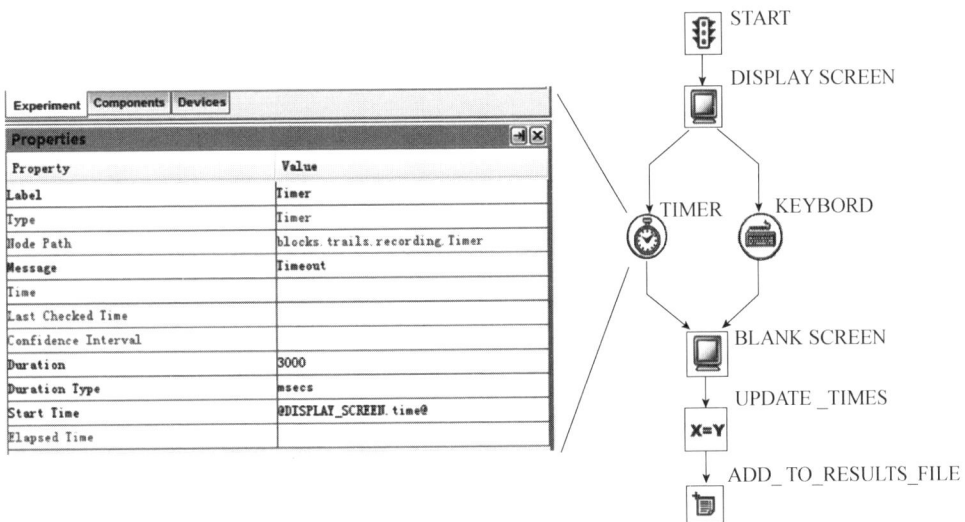

图 10-2　由反应触发视觉刺激结束的眼动程序示意图及 Timer 设置

如果要固定视觉刺激呈现的时间，即不管被试是否反应，或者反应是否完成，视觉刺激在呈现一定时间后都会消失并进入下一个界面，可以通过"Null Action"控件实现，如图 10-3 所示。呈现时间仍然通过控件"Timer"实现。如果"Timer"的属性设置与图 10-2 相同，则意味着视觉刺激会固定呈现 3000ms，不管按键反应是否触发。

二、视觉场景中物体间的距离

我们在第二部分看到，很多言语产生的研究采用离散的几个物体组成一个人造场景作为实验材料，例如，格里芬（Griffin，2001）及拉巴利亚蒂和罗伯逊（Rabagliati & Robertson，2017）等的研究，我们在第二部分提供了这两项研究的

START

DISPLAY_ SCREEN

NULL _ACTION

TIMER　　　　KEYBORD

BLANK_SCREEN

UPDATE_TIMES

X=Y

ADD_TO_RESULTS_FILE

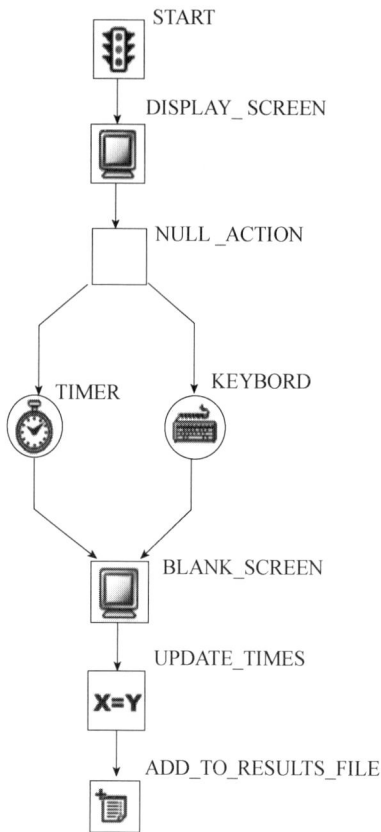

图 10-3　固定视觉刺激的呈现时间的眼动程序示意图

视觉刺激示意图。这么做有一个显而易见的好处，就是不同的物体之间不存在边界的重叠，因此对每个注视点的界定比较清晰。也就是说，当一个注视被认为反映了对某个物体的加工时，这一注视不太可能同时反映对另一个物体的加工。这样在解释每个注视的含义时就不会存在混淆。那么物体之间的距离是多远才能实现这个目的呢？这就需要我们了解眼动的一些机制了。

回想一下我们之前提过的两个概念：中央凹和副中央凹。中央凹约为2°的视角范围，在此范围的视觉信息才能被我们高分辨率地获取。副中央凹为中央凹周围约5°的视角范围，尽管其信息获取的准确性会大打折扣，但很多关于副中央凹预视效应的研究都告诉我们，在此范围还是可以获取很多有用的信息的。因此，我们要避免注视含义的混淆，两个物体之间应该至少间隔5°的视角。需要注意的是，这个间隔并不是计算两个物体中心之间的距离，而是两个物体对应的兴趣区边界之间的距离。例如，梅耶尔和多贝尔（Meyer & Dobel，2003）在屏幕上呈现水平排列的两个物体并要求被试产生并列名词短语，如"骆驼和书包"。其中每个物体的大小为5°视角×5°视角，两个物体的中心之间的距离为10°视角，从而使两个物体边界间的空白大概为5°视角（图10-4）。有时我们并不是将物体的边界恰好定义为兴趣区的边界，而是将兴趣区设置得更大一些。如图10-4所示，如果一个注视点落在物体"书包"的外面，但是它与该物体边界的距离小于1°视角，而中央凹是约为2°的视角范围，那么该注视点很有可能也反映了对物体"书包"及相应词汇的加工。因此，当视觉刺激中的物体较少时，研究者大多倾向于采取设置更远的距离，例如，第二部分中"眼动在单词产生中的应用"一节，勒洛夫斯（Roelofs，2008）给被试呈现了一幅物体图片和一个箭头，箭头就在图片右侧15°视角的位置（具体可见第二部分的图5-5）。

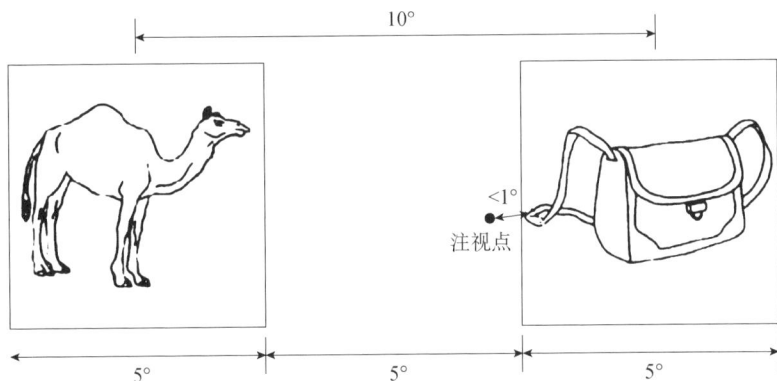

图 10-4　人造场景中离散物体间的距离设置示意图

第二节　语音的同步记录

语音的同步记录方式有两种：一种是利用 EB 中自带的控件实现；另一种是借助语音反应盒实现。两种方式各有优缺点，下面我们分别介绍具体的实现方法。

一、利用控件同步眼动和语音

在记录眼动的同时记录被试的语音反应，需要用到"RECORD_SOUND""VOICE_KEY""RECORD_SOUND_CONTROL" 3 个控件，它们在程序中的位置如图 10-5 所示。其他控件的作用，我们在视觉刺激呈现部分已经介绍过，这里重点介绍这三个控件的作用和具体设置。

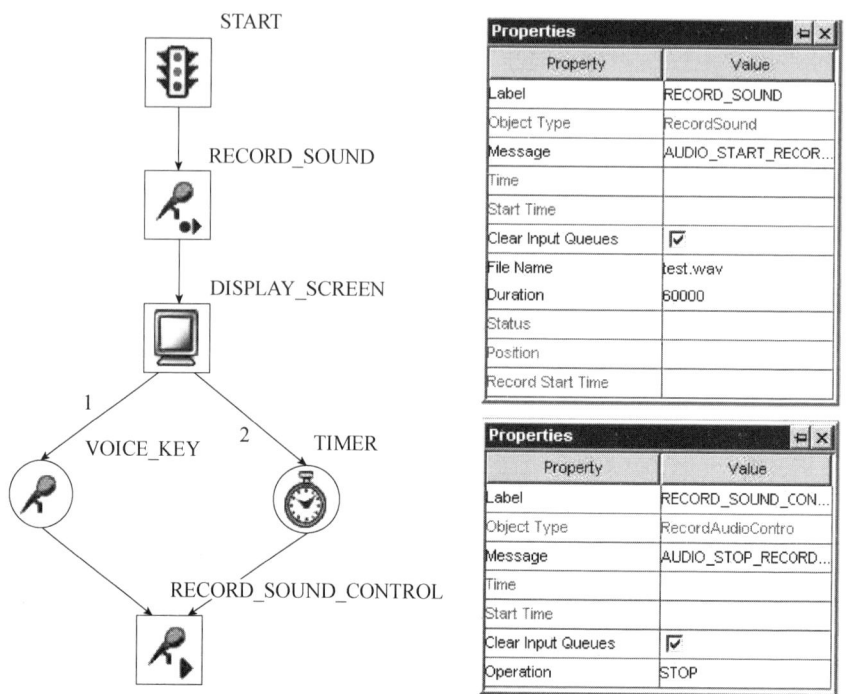

图 10-5　利用控件同步语音的程序示意图

（SR Research Experiment Builder User Manual，Version 1.3.40）

1. RECORD_SOUND

在设置"DISPLAY_SCREEN"组件之前，需要添加"RECORD_SOUND"控件。"RECORD_SOUND"控件主要执行声音的录制，并最终形成一个.wav 格式的声音文件，存在结果文件中，其属性设置如图 10-5 右上部分所示。可以在"File Name"中设置每一个.wav 文件的名字，通常我们将其设置成与刺激名称一致的名字。在"Duration"中可以根据实验需求设置录制声音文件的时长。一般情况下，设置的时长要稍微长一点，以免录制不完整。

2. VOICE_KEY

在设置"DISPLAY_SCREEN"组件之后添加"VOICE_KEY"控件，作为一种输入方式触发"RECORD_SOUND"控件，即被试的声音达到阈值（阈值设置如图 10-6 所示）就触发声音录制的控件，开始录制该刺激下被试的语音反应。

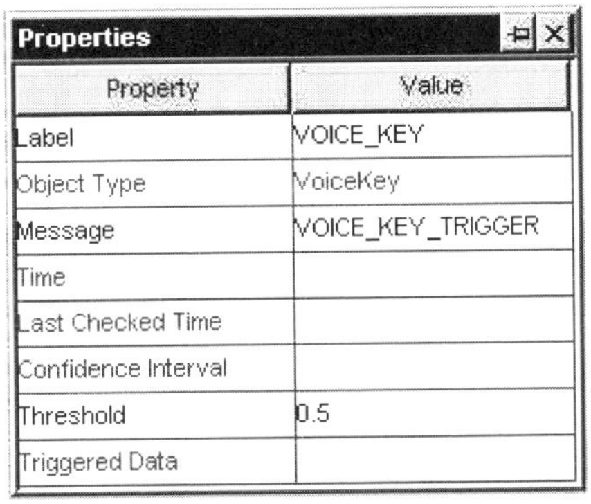

图 10-6　VOICE_KEY 控件属性

3. RECORD_SOUND_CONTROL

在添加"VOICE_KEY"控件之后，再添加"RECORD_SOUND_CONTROL"控件，用以执行结束录音的功能，一般采取默认设置，如图 10-5 右下部分所示。

利用上述控件可以实现眼动和语音的同步记录，其最大的优点就是不需要额外购买反应盒。此外，程序会自动录下每个视觉刺激下产生的语音并单独保存成一个声音文件。然而，值得注意的是，上述方法除了用到 EB 编制程序之外，还需要提前安装"eyelink development kit"程序包和声卡驱动。声卡驱动可以参考 EB 编程手册，并根据实验室电脑的配置情况择优选择。另外，还需要配置一个话筒以收集被试的语音。该方法的一个缺憾是不能直接获得被试言语产生的潜伏期，而是需要通过对录音进行声学分析（acoustic analysis）获得。然而，这个指标在言语产生领域的很多研究中都是非常重要的，这无疑给数据分析增加了难度和工作量。关于言语产生潜伏期的获取和计算方法，我们会在后面的数据分析部分详细介绍。

二、利用反应盒同步眼动和语音

反应盒在实验中的应用是很广泛的。选用与编程软件兼容的反应盒，可以精确且高效地记录被试的反应。例如，眼动实验中常用的手柄就是反应盒的一种，在记录被试按键反应的反应时方面比键盘记录更加精确，被试操控也更便捷。在记录语音反应时，我们同样可以借助反应盒。在第一部分，我们曾简要介绍了 Cedrus 公司的 SV-1 语音反应盒，该反应盒就是与 EB 兼容的一款记录语音反应的反应盒。下面我们就以这款反应盒为例，介绍相应的程序设置，以实现眼动和语音的同步记录。

首先，我们需要确保在"Devices"里已经添加了"CEDRUS"（图 10-7）。一般不需要手动添加，眼动程序中默认已添加"CEDRUS"设备。然后，就可以在程序中添加相应的输入控件了。

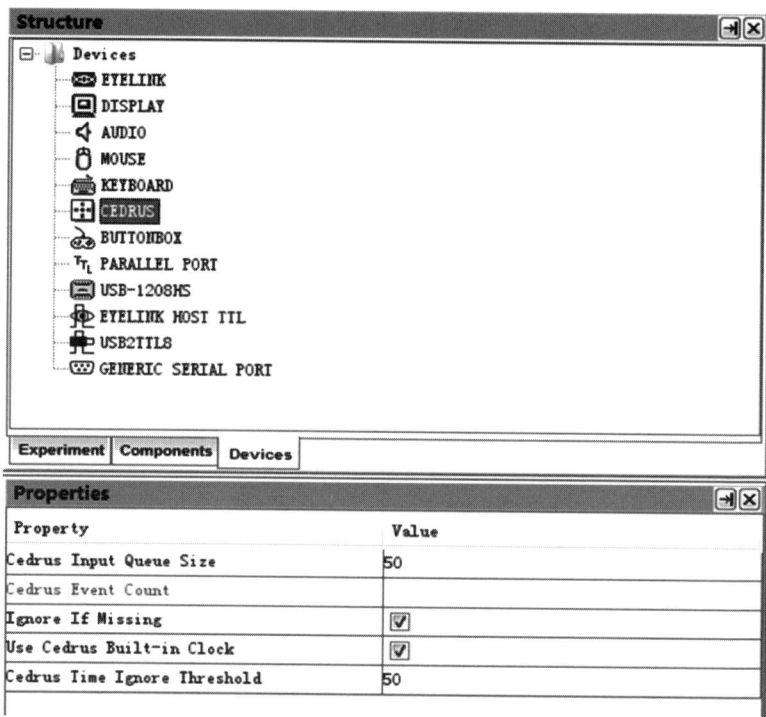

```
Structure                                                    ⬒✕
⊟  📁 Devices
      📧 EYELINK
      🖥 DISPLAY
      🔊 AUDIO
      🖱 MOUSE
      ⌨ KEYBOARD
      ⊞ CEDRUS
      🎛 BUTTONBOX
      ᵀᵣ PARALLEL PORT
      🖩 USB-1208HS
      📷 EYELINK HOST TTL
      🔌 USB2TTL8
      🖵 GENERIC SERIAL PORT
```

```
   Experiment   Components   Devices
```

```
Properties                                                   ⬒✕
Property                          │ Value
Cedrus Input Queue Size           │ 50
Cedrus Event Count                │
Ignore If Missing                 │ ☑
Use Cedrus Built-in Clock         │ ☑
Cedrus Time Ignore Threshold      │ 50
```

图 10-7　眼动程序中的设备界面

下面我们以一个简单的场景描述任务为例，介绍在编制程序时如何利用 SV-1 语音反应盒获取被试言语产生的潜伏期，即从场景图片开始呈现到被试开始发音的时间。整个程序与之前介绍的按键反应的程序（图 10-3）非常相似，只是输入方式由按键改成了语音输入，通过"Cedrus Input"控件实现，如图 10-8 所示。

"Cedrus Input"控件能起到调用 SV-1 语音反应盒的作用，其属性设置见图 10-9 。"Message"一栏填写的是"Voice_onset"，以便与后面设置的变量对应。视觉刺激呈现时间仍然通过"Timer"控件设置，方法与本章第一节相同。视觉刺激呈现之后紧跟着"Null Action"控件，意味着该实验程序中视觉刺激的呈现时间是固定的，不管"Cedrus Input"控件是否被语音输入触发，视觉刺激呈现一定时间（如 4000ms）之后都会自动消失，进入下一个界面（空屏）。

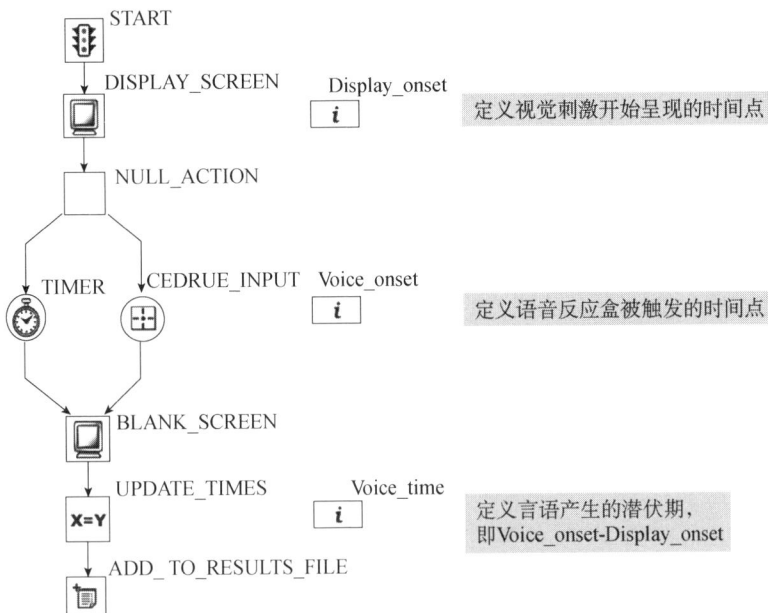

图 10-8　用 SV-1 语音反应盒获取被试语音潜伏期的程序示意图

Within the figure:
- START
- DISPLAY_SCREEN — Display_onset — 定义视觉刺激开始呈现的时间点
- NULL_ACTION
- TIMER
- CEDRUE_INPUT — Voice_onset — 定义语音反应盒被触发的时间点
- BLANK_SCREEN
- UPDATE_TIMES — Voice_time — 定义言语产生的潜伏期，即Voice_onset-Display_onset
- X=Y
- ADD_TO_RESULTS_FILE

Property	Value
Label	VOICE_KEY
Type	CedrusInput
Node Path	blocks trails recording VOICE_KEY
Message	Voice_onset
Time	
Last Checked Time	
Confidence Interval	
Clear Input Queue	NO
Press Events	☑
Release Events	☐
Buttons	[1]
Triggered Data	

图 10-9　Cedrus Input 控件属性设置界面

言语产生潜伏期的获取主要通过程序中变量（Variable）的设置以及"Update Attribute"控件、"Add To Result File"控件的配合使用实现。变量（Variable）用于追踪获取某一"Action"控件的数据，也就是研究者想要获得的实验数据，可以设置多个，获得不同"Action"的数据。图 10-8 右侧所示程序中设置了三个变量，分别为"Display_onset""Voice_onset""Voice_time"。"Display_onset"是视觉刺激开始呈现的时间点，"Voice_onset"是语音反应盒被触发的时间点，后者减去前者即为言语产生的潜伏期（反应时），定义为"Voice_time"。"Add To Result File"将实验数据传送给"Result File"，只有三者配合使用，研究者才能得到实验数据。通过上述设置，就可以在结果文件中直接获得"Voice_time"这个变量的具体数值，即被试的发音潜伏期。这是利用语音反应盒记录被试发音潜伏期的关键设置，也是添加反应盒的主要优势之一，具体设置如图10-10所示。以上只是获取了言语产生的潜伏期，如果需要录被试的语音反应，可以根据研究者对音质的要求选用录音软件或者录音笔等设备进行录制。

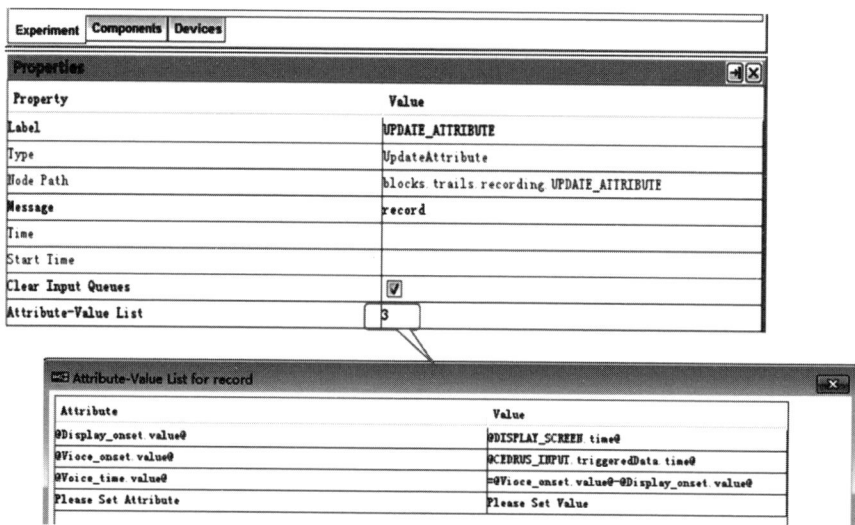

图 10-10　利用语音反应盒获取言语产生潜伏期的变量设置

第十一章

数据的采集

编制好程序之后，我们就可以进行数据的采集了。这个过程与其他领域的眼动实验有很多相通的地方，同时也有一些需要额外注意的操作。为了便于言语产生领域的研究者，特别是初次接触眼动的研究者能够轻松顺利地开展相关研究，本章将以 EYELINK 1000 Plus 桌面型眼动仪为例（图 11-1），简要介绍整个数据采集过程的基本操作。

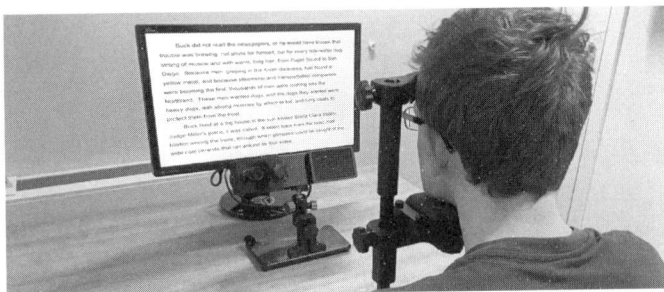

图 11-1　EYELINK 1000 Plus 桌面型眼动仪被试机
（https://www.sr-research.com/eyelink-1000-plus/）

第一节　眼动仪的操作

使用眼动仪采集数据的过程基本上可以分为以下步骤：开机→被试设置→调试眼部摄像头→设置瞳孔阈限→校准→记录（实验）→结束（关机）。在言语产生的眼动实验中，需要特别注意校准时的要求及记录过程中下巴托的位置。下面逐一进行介绍。

一、眼动仪的开机

在眼动仪开机时，应注意先开被试机，后开主试机。开启被试机与开启普通电脑相同，只需按下电源键即可。开启主试机时，在开机选项上选择 EYELINK 系统，按"ENTER"键，即可进入 EYELINK 的操作系统（图 11-2）。其中，点击"Camera Setup"按钮或者按"ENTER"键即可进入摄像头设置窗口"Camera Setup"。点击"Output"或者按"O"键可以手动选择结果记录方式；点击"Set Options"或者按"S"键可以进入参数设置窗口；点击"Exit EyeLink"可以退出 EYELINK 系统，或者按 Ctrl+Alt+Q 组合键；点击"Help（F1）"可以获得"Camera Setup"的在线帮助，并且所有的快捷键都呈现在屏幕上。

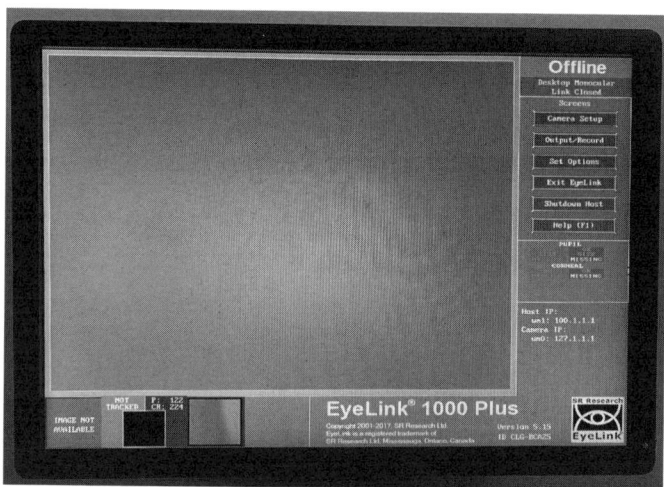

图 11-2　EYELINK 1000 Plus 系统操作主页面

二、被试设置与瞳孔阈限设置

进入摄像头设置窗口"Camera Setup"后就可以进行被试设置，调试眼部摄像头以及设置瞳孔阈限。EYELINK 1000 Plus 眼动仪是一款灵活且高精度的眼动仪，它的光源和摄像头一般设置在显示器前（图 11-1），可以根据被试的位置进行调整。这里我们建议请一位研究者暂时作为被试坐在被试机前，眼睛位于显示器的中心高度，将下巴托和额头柄调整到适合被试的高度。其中，下巴托和额头柄与显示器的距离也是固定的，一般选择 60—80cm。在此基础上调整好光源和摄像头，以后就几乎不用再调整了。如果能够准备一把可以调节高度的椅子，那么额头柄也可以固定不动了。这样做的好处是：一方面节约了实验过程中每位被试的前期调试时间；另一方面也可以使每位被试在实验过程中处于最佳位置（毕竟每位被试的身高不同，而显示器的高度也没那么方便调整），从而使采集的数据更精确。当然，如果被试是婴儿或者儿童，可以撤掉额头柄和下巴托。在言语产生的实验中，为了便于被试说话时下巴的自由运动，也可以保留额头柄，只撤掉下巴托。这些也充分体现了 EYELINK 1000 Plus 眼动仪操作的灵活性。

被试位置调整完毕后进入眼部镜头设置。这一步和其他眼动仪基本上是一样的，可遵循"一看距离，二看高度，三看偏斜，四看中心，五看焦距"的原则，保证眼部摄像头的距离、高低合适，使眼睛的中心在屏幕的中间位置，如图 11-3 所示。镜头感光度实际上就是瞳孔的透光度，其设置可以自动（按"A"键）或手动调节（按键盘上下箭头键）。设置的目标状态是蓝色的区域覆盖整个瞳孔，而其他区域没有蓝色，如图 11-3 的中心图所示。

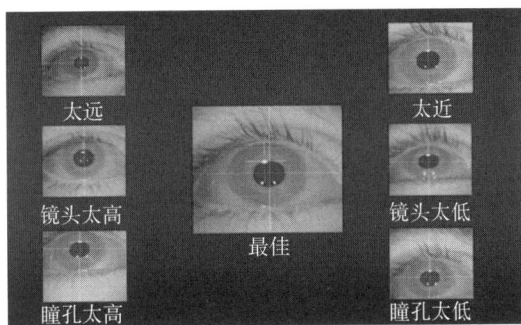

图 11-3　眼部镜头设置的不同情况（见文后彩图 11-3）

三、校准

EYELINK 1000 Plus 眼动仪的校准与其他眼动仪一样，分为"Calibration"与"Validation"两步。

1）Calibration 校准。首先选择校准方式，可以在实验程序中设定，也可以在"Set Options"界面中选择（图 11-4）。研究者可以选择"Calibration Type"后的校准方式，有三点水平校准、三点非水平校准、五点校准、九点校准、十三点校准和多点校准方式集中选择。应根据实验需要进行校准方式的选择。一般只需一行呈现的句子阅读实验，选择三点水平校准即可；篇章阅读实验的刺激材料覆盖范围更广，一般需要跨行，可选择九点校准方式。以此类推，在场景描述任务中，特别是针对较为复杂的视觉场景图片，一般至少要选择五点校准或九点校准方式。

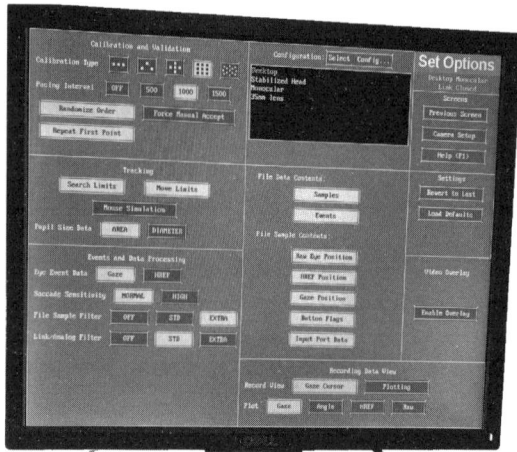

图 11-4　Set Options 界面示意图

在选择完校准方式后，点击"Previous Screen"回到眼部镜头的界面。在校准时，首先进行 Calibration 校准，点击屏幕右侧的"Calibration"按键，或者按"C"键，即可开始。校准时可自动校准或手动校准。自动校准时，屏幕上的校准点随机出现，当记录到被试的注视点后，眼动自动记录，然后呈现下一个校准点；手动校准时，被试注视校准点时，主试按"空格"键作为记录的指示，然后呈现下一个校准点。自动校准与手动校准可通过屏幕右下角的"Auto Trigger"键来选择。校准成功后点击"Accept"。图 11-5 为九点校准的 Calibration 校准结束后的界面。如果对此次校准结果不满意，可以点击"Restart"重新进行 Calibration 校准。

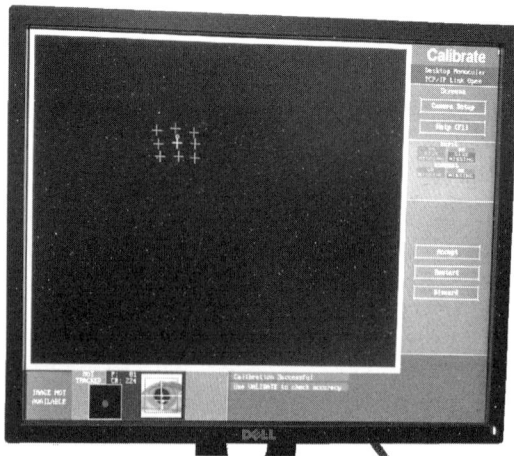

图 11-5　九点校准方式中 Calibration 校准界面

2）Validation 校准。当 Calibration 校准完毕，并点击"Accept"显示校准成功

后，可进行 Validation 校准。点击屏幕右侧的"Validation"按键，或者按"V"键，即可开始 Validation 校准。Validation 校准与 Calibration 校准相同，分为自动校准和手动校准，选择方式也相同。校准成功后点击"Accept"（图 11-6）。在进行 Validation 校准时，应注意兼顾校准完毕后误差的平均值与最大值，使两者都尽可能地小。例如，在场景描述任务中选择九点校准方式，Validation 校准的结果中平均值最好不要大于 0.5°，同时最大值应小于 1°。

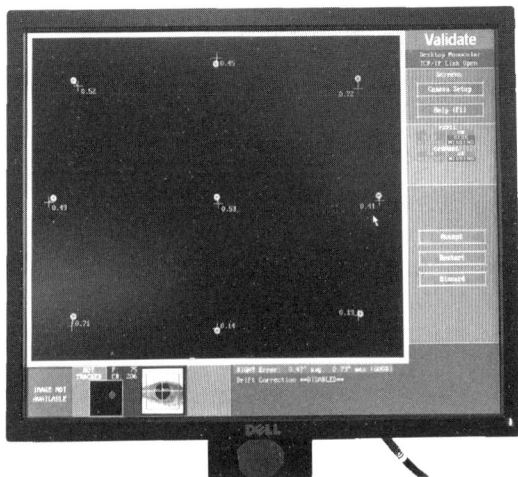

图 11-6　九点校准方式中 Validation 校准界面

　　校准的过程与眼部镜头的设置过程往往需要反复进行。在校准时，如果总是不能校准成功，那么则需要检查眼部镜头的设置是否正确，重新调整后再进行校准。比如，在校准时发现被试的注视点总是在校准点的上方，则可能眼部镜头过低，或者被试头部的高度过低，需要重新调整；相反，如果被试的注视点总是在校准点的下方，则可能眼部镜头过高，或者被试头部的高度过高。这一点可以体现出我们在眼部镜头设置时建议固定额头柄的好处，这样做使不同的被试眼睛的位置相对固定，极大地降低上述校准不成功的发生概率。即便如此，在言语产生的眼动实验中，由于被试的下巴以及连带的头部会运动，数据采集过程中应多次校准。因此，建议实验主试将每个区组设置得短一些，并在实验过程中密切关注被试的眼动轨迹，以便在发生系统偏移之后及时中断实验，再次校准后继续进行。

四、记录（正式实验）

　　在校准成功完成后，将下巴托向下移开，以便被试可以相对自由地活动下巴，将话筒放置在被试嘴巴附近（一般 3cm 左右）但碰不到的位置，然后就可以开始正式的实验过程了。在镜头设置界面，点击"Output/Record"按钮即可开始正式的实验，如图 11-7 所示。再次强调一下，在正式实验中，主试要实时注意实验过程，当被试不能盯住校准点时，需要重新进行校准。校准过程与之前相同，即再次进行 Calibration 校准与 Validation 校准。校准成功后，继续进行实验。如果在实验过程中需要放弃实验，可点击屏幕右上角的"Abort Trial"按钮，在随后出现的对话框中选择退出实验程序或者退出眼动系统。

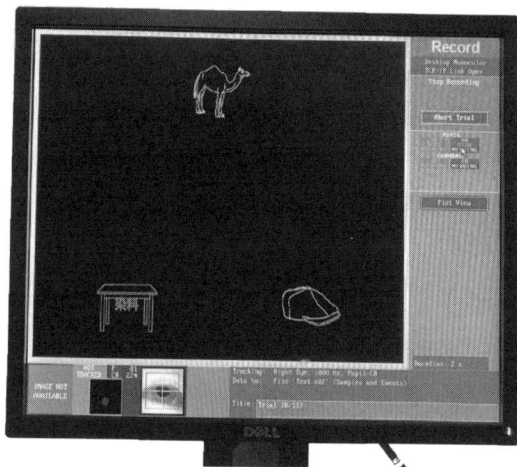

图 11-7　实验过程中数据记录界面

如果在程序编制时没有使用"RECORD_SOUND""RECORD_SOUND_CONTROL"控件，或者硬件不满足使用这两个控件的条件，那么需要主试额外使用诸如录音笔之类的录音设备，或者打开电脑的其他录音软件，以便记录下被试的语音反应。这里需要注意的是，要保证录音的质量，因此在实验过程中应保持实验室环境的安静，避免噪声干扰，并确保被试和录音设备的距离足够近。

五、结束

实验完毕之后，特别需要注意的是要耐心等待数据记录、传输过程的完成。在该过程完成之后，实验程序会回到 EYELINK 系统的主界面，点击"Exit EyeLink"可退出 EYELINK 系统。如果由其他录音软件或设备记录被试的语音反应，此时可以关闭并保存语音数据。退出 EYELINK 系统后，按主试机电脑上的电源按钮即可完全关闭主试机。主试机关闭后，再关闭眼动仪的被试机。关闭过程与普通电脑相同，点击"开始"按钮，选择"关机"即可。

以上就是眼动仪部分的主要操作过程，相对来说较为简单，但是也需要多多练习才能较好地掌握。如果主试借助 SV-1 语音反应盒记录被试的语音反应时（潜伏期），那么在操作过程中还应注意该反应盒的安装和操作。

第二节　语音反应盒的操作

一、安装

SV-1 语音反应盒使用的是 9 伏电池，在背面安装（如图 11-8 中标有"1"的位置）。安装好电池后，按下左手边的深灰色按钮（如图 11-8 中标有"2"的位置）打开反应盒。此时电源指示灯（最右侧的"POWER"指示灯）应该点亮。如果没有点亮，请确认电池是否插错（正负极方向是否正确）。如果电源指示灯闪烁，则表示电池电量不足。建议在正式实验之前更换一块新电池，避免实验过程中因为断电而中断记录，造成数据流失。

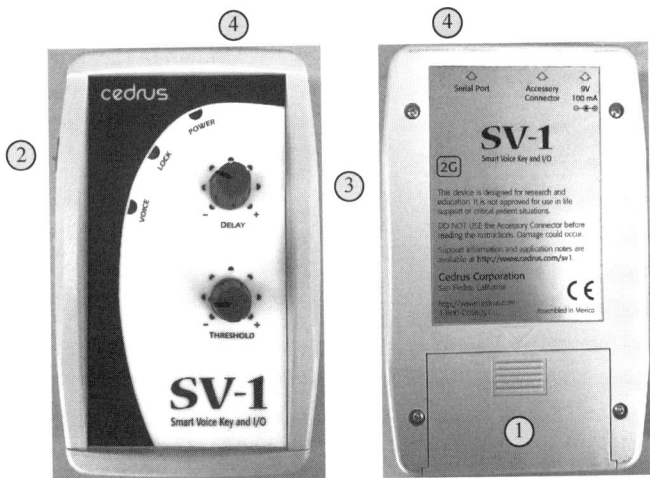

图 11-8　SV-1 语音反应盒的正反面实物图

在购买 SV-1 语音反应盒时，反应盒附带一个安装在耳机上的麦克风（如第一部分图 4-10 所示）。这个耳机有两个插头，需要将麦克风对应的插头（只连有一根电线的那个插头）插入反应盒右侧的圆形孔（图 11-8 中标有"3"的位置）。最后需要确保反应盒和被试机相连，将 SV-1 反应盒附带的串行电缆一端插入图 11-8

中标有"4"的位置，另一端插入被试机上可用的串行端口。如果被试机上没有串行端口，可以通过 USB 串行适配器连接到 USB 接口。至此，SV-1 语音反应盒的安装就完成了。

二、调试

在正式实验开始之前，建议主试增加一个练习阶段。这个练习不仅可以帮助被试熟悉实验程序和要求，而且有一个重要目的，就是调试 SV-1 语音反应盒，确保其正常工作。刚才我们提到过电源指示灯，在实验过程中应该确保电源指示灯一直是点亮的状态。除此以外，我们还应关注语音反应指示灯（如图 11-8 中所示最左侧的"VOICE"指示灯）。该指示灯在没有反应的时候应该是不亮的；而在探测到语音反应时，该指示灯会点亮，并且直到语音反应结束才会熄灭。这是反应盒设置的最佳状态。如果语音反应指示灯在没有语音反应时也是点亮的，很有可能是探测语音的阈限设置过低，使环境中的低分贝噪声也可以触发反应盒。这种情况就需要提高探测语音的阈限，可以通过向右旋转"THRESHOLD"旋钮（图 11-8 正面图最下方的旋钮）实现。相反，如果在被试对着麦克风说话时，该指示灯仍然不亮，那么说明探测语音的阈限设置可能过高，这时程序是无法记录下被试的语音反应潜伏期的，应适当调低阈限。每位被试的说话音量不尽相同，所以在正式实验开始前，建议主试通过练习程序将反应盒调试到最佳状态。

第十二章

数据的分析

在言语产生的眼动实验中，主要获取 3 个方面的数据：眼动轨迹、言语产生的潜伏期（反应时）及被试产生的语音反应（话语录音）。下面我们就分别介绍这 3 方面数据的获取和处理方法。

第一节　眼动数据的分析

既然是眼动实验，实验者最迫切想要看到的就是眼动数据了。眼动实验结束后会生成一个.edf 格式的数据文件，需要使用 Data Viewer（数据预览）软件将数据导出后才能进行分析。下面我们以一个简单的人造场景描述任务为例，对导出数据的过程进行简要介绍。

一、眼动数据的导出步骤

眼动数据的导出步骤大致可分为整理数据、设置兴趣区、导出数据三个。不过在导出之前，实验者一定很想知道自己的眼动实验结果大致是什么样子的，因此可以通过 Data Viewer 先预览一下数据。事实上，我们也建议实验者这么做，以便对此次的眼动数据有一个初步认识。

（一）眼动数据预览

图 12-1 为使用 Data Viewer 打开的一名被试眼动数据的示意图。我们点击 "Toggle Fixation Event Visibility" 可以激活注视点，在 Trial View 视图中点击 "View

Trial Data Spatially with Image Overlay"可以查看刺激图片。图 12-1 为我们展示了
一个实验试次中的视觉刺激，为黑色背景下的三个白色线条图以及一个干扰词（即
"染料"），被试的任务是产生一个对应的句子"桌子和帽子在骆驼的下边"。其中，
圆圈代表视觉刺激呈现过程中的所有注视点，圆圈旁边的数字表示该注视点的持
续时间。用鼠标单击选中某个注视点后，可以在屏幕左下方看到该注视点的其他
相关数据，如该注视点开始和结束的时间、注视点的位置等。

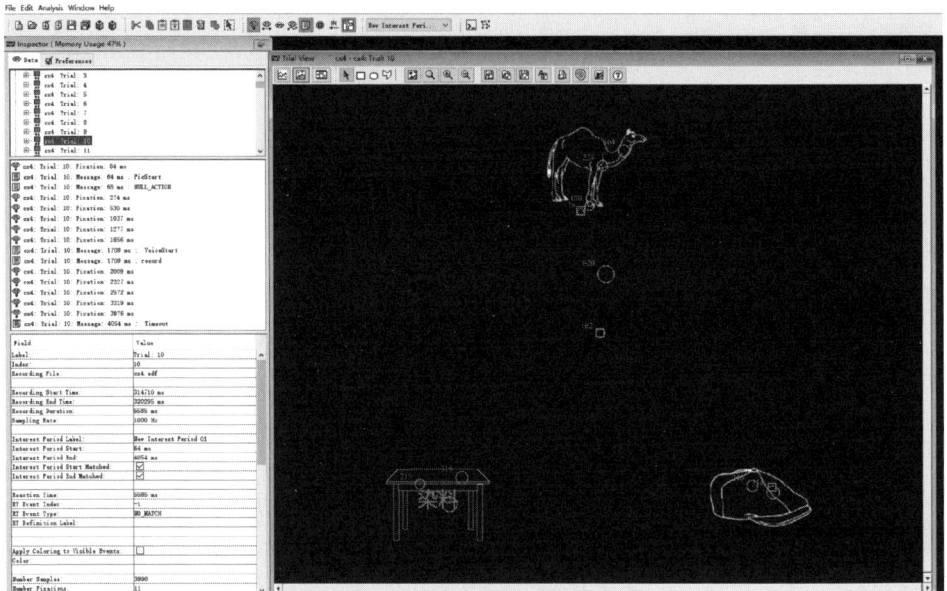

图 12-1　预览眼动数据示意图

（二）数据整理

1. 多个数据文件的合并

一个实验通常会采集多名被试的数据，每名被试的眼动数据都会形成一个单
独的数据文件，因此在导出数据的过程中，第一步需要对多个眼动数据文件进行
合并，可以通过如下步骤实现：点击 File 菜单→点击"Import Data"选项→点击
"Multiple EyeLink Data Files"，然后选择眼动数据文件所在的文件夹，在随后的选
项中会列出所在文件夹下的所有眼动数据文件，然后选择需要合并的数据文件，
点击"Import"即可。也可以在"Import Data"选项中选择"EyeLink Data File"，
然后选择一个要合并到当前打开的数据中的眼动数据文件。在这种情况下，每次
只能合并一个眼动数据文件。

2. 数据清理

在眼动数据中，有时会出现两个或多个注视点距离很近且每个注视点的持续时间很短的情况，一般将其合并；而有的注视点可能持续时间过短或过长，并不能真正反映场景呈现时的认知加工过程，因此需要将这些注视点删除。以上操作都可以通过"clean"选项实现。用鼠标右键单击数据文件夹，选择"clean"，弹出"Clean Date"对话框，如图 12-2 所示，分别设置需要合并或删除的注视点的阈限。此外，如果选中"Delete Fixations Outside Interest Areas"，则会将兴趣区以外的注视点删除。与此相关的兴趣区的设置方法，我们后面还将详细介绍。

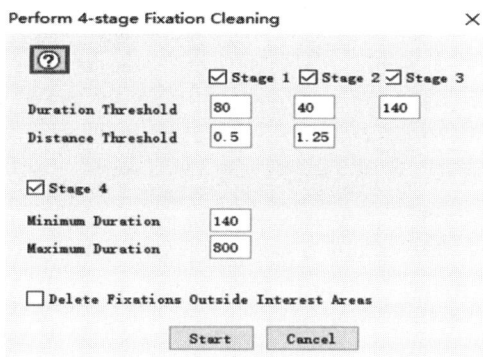

图 12-2　清理注视点的操作界面

（三）设置兴趣区

兴趣区的设置是眼动数据处理中重要的一环，后面的数据导出基本也是相对于某个兴趣区而言的。每个实验根据视觉刺激的特点和研究目的不同，设置兴趣区的方式也略有差异，我们会在后面的"兴趣区的划分"部分详细介绍。这里我们主要介绍在 Data Viewer 中如何实现具体的操作。

1. 新建兴趣区

对于一个给定的实验试次，我们可以在 Data Viewer 中直接画出兴趣区。如图 12-3 所示，在包含桌子、帽子和骆驼这 3 个物体的实验试次中，打开"Trial View"窗口，可以在工具栏中找到画不同形状的兴趣区的图标，选中之后就可以在视觉刺激的界面上直接画出方形、椭圆形及不规则形状的兴趣区。

画完一个兴趣区之后，会弹出"New Area of Interest Data"窗口（图 12-4），可以给该兴趣区定义一个名称并输入在"Label"中。此外，如果视觉刺激不是静态的场景图片，而是动画，可以新建动态的兴趣区。具体操作是勾选上"Dynamic

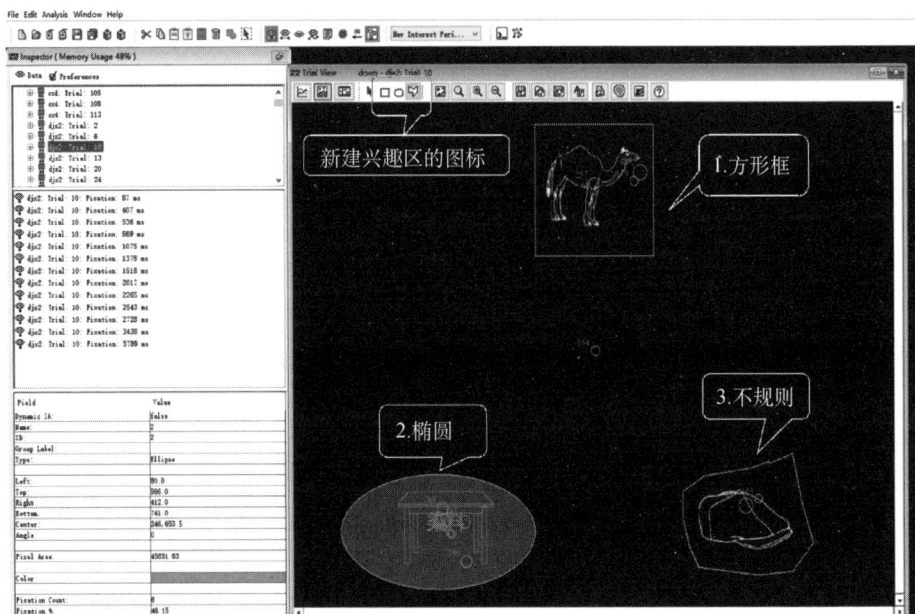

图 12-3 "Trial View"窗口中方形、椭圆形及不规则形状的兴趣区示意图

IA",并在窗口中设置该动态兴趣区开始与结束的时间(图 12-4 方框内)。

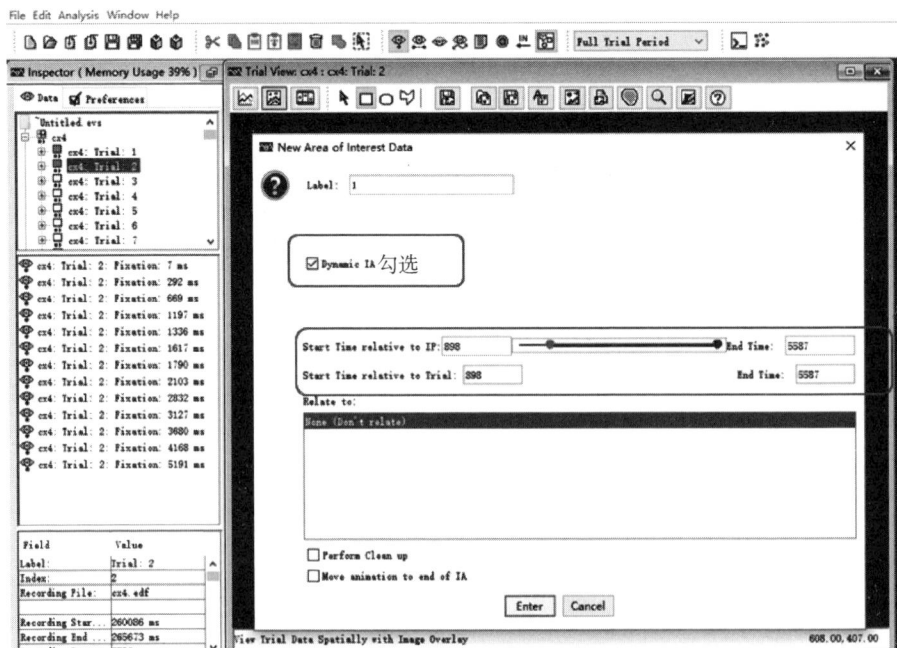

图 12-4 新建动态兴趣区示意图

　　手动新建的兴趣区在大小和位置上往往不够精确，这时就需要对兴趣区的属性进行修改，选中某一个兴趣区就可以在屏幕左下方看到其属性设置。我们仍以之前包含 3 个物体的场景图片为例（图 12-5）。在制作场景图片时，将桌子、帽子和骆驼这 3 个物体都设置在 180×180 像素以内（最长边不超过 180 像素），因此我们将每个物体对应的兴趣区设置为以物体中心为中心的 200×200 像素的正方形。我们在编制程序时设置了 3 个物体在屏幕上的精确位置（具体到像素水平），因此可以测算出三个物体对应的兴趣区的位置。以最上面的"骆驼"为例，在刺激呈现时，其中心位置是横坐标 513，纵坐标 134，单位是像素[在眼动程序中，定义屏幕左上角的坐标为（0，0）]，因此它所在的兴趣区是中心位置为（513，134）、大小为 200×200 像素的正方形。正方形的兴趣区属性设置是通过定义上、下、左、右边界的位置来确定其位置和大小的，因此其对应的设置为 Top：34，Bottom：234，Left：413，Right：613，单位是像素。同理，我们可以对"桌子""帽子"所在的兴趣区进行属性设置。

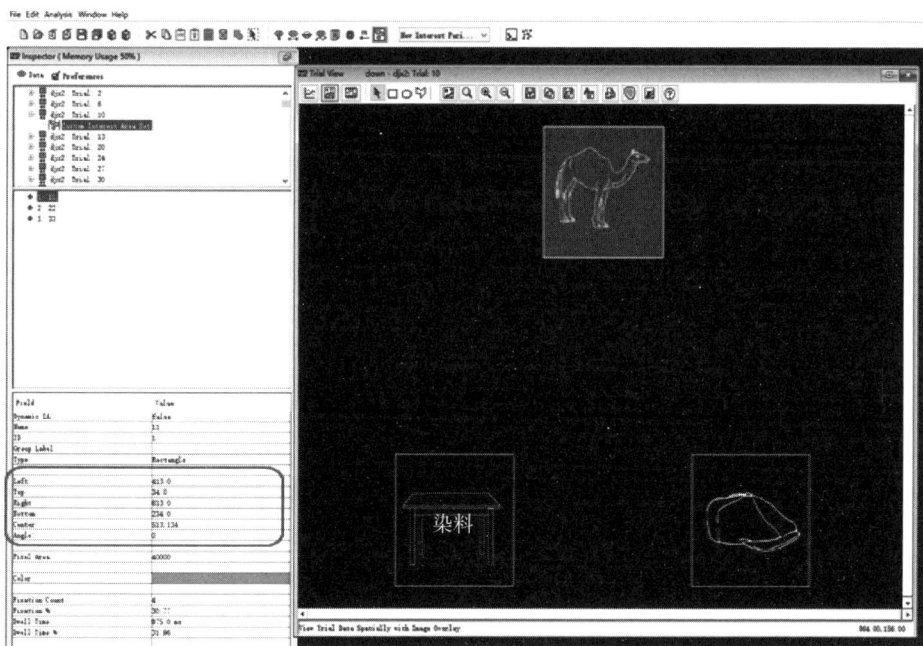

图 12-5　修改兴趣区参数示意图

　　至此，这个实验试次的兴趣区就新建完毕了，点击"Trial View"窗口上的"Save the Interest Area Set to Disked"保存该试次的兴趣区设置。如果有多个实验试次采用相似的视觉场景，我们也可以将在这个试次中画好的兴趣区保存为兴趣区的模板文件（.ias 文件），以便后续处理时直接导入兴趣区模板，而不是重复为每个实验试次创建兴趣区。

2. 导入兴趣区

在已经建立好兴趣区模板的前提下，可以直接为每个实验试次选择合适的模板导入，而不用重新画兴趣区。具体步骤如下：首先将兴趣区模板文件导入，点击 File 菜单→点击"Import Data"选项→点击"Interest Area Template"，选择兴趣区模板文件所在的文件夹，选择需要导入的兴趣区模板文件进行导入。然后，在 Data 窗口中选择 Trial（试次），在 Trial 的下拉菜单中的"Default Interest"中选择与该试次相对应的兴趣区模板文件。例如，我们将刚才建好的兴趣区模板命名为 3.ias，在另一个实验试次中，虽然视觉刺激包含的物体和词不一样，但是物体大小和所在位置是一样的，因此兴趣区也是一样的，可以直接导入上述兴趣区模板 3.ias。导入后的结果如图 12-6 所示。

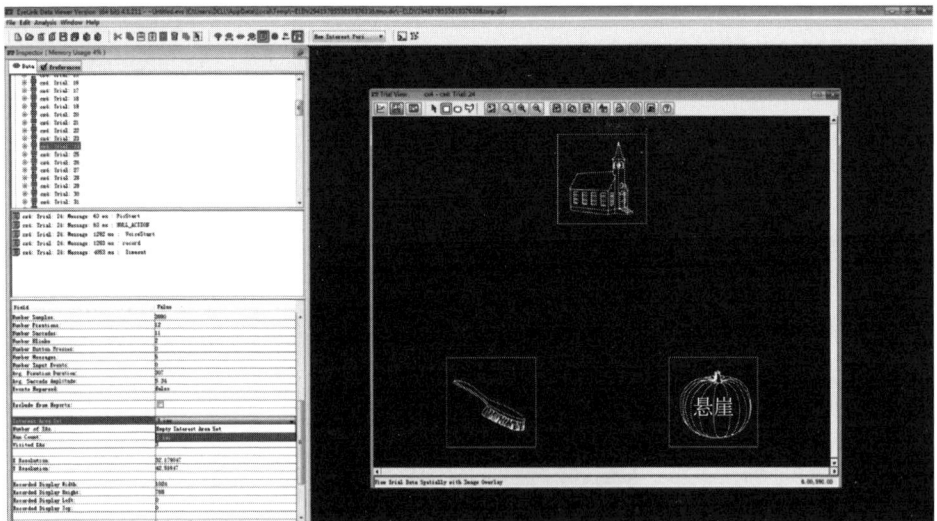

图 12-6　导入兴趣区模板示意图

尽管上述方式不需要重复画兴趣区，但是一个试次一个试次地设置还是比较烦琐的。这时可以考虑以某个变量为准对数据进行重组，随后就可以将这一组实验试次批量地导入兴趣区模板。具体操作是通过设置"Group"选项实现的，如图 12-7 所示。用鼠标右键单击数据文件夹，选择"Group"，在弹出的对话框的"Available Variables"框中选择相应的变量进入右侧的"Selected Variables"框，随后点击"Regroup"即可完成数据重组。

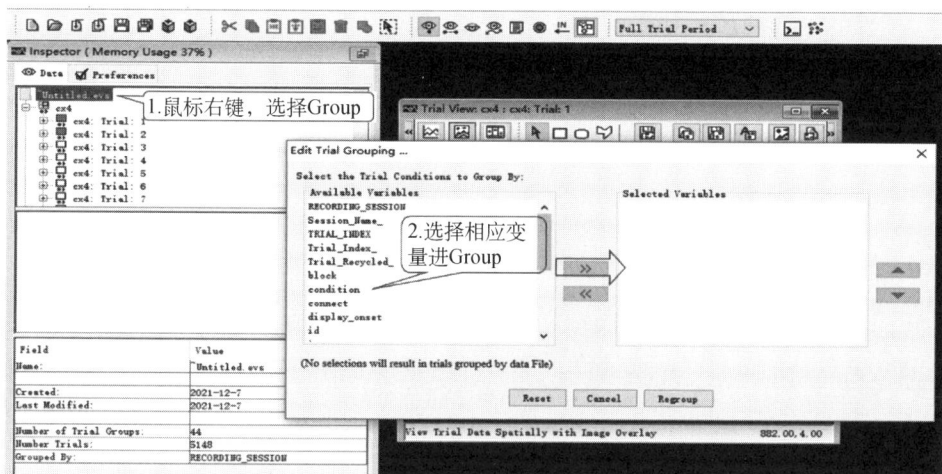

图 12-7 数据重组过程示意图

重组数据之后，就可以在一组试次的下拉菜单里面的"Default Interest"中选择与该组相对应的兴趣区模板文件。例如，我们将所有与图 12-6 中的视觉刺激呈现的物体位置一样的试次分为一组，随后在这一组数据文件的属性框中选择相应的兴趣区模板文件 3.ias（图 12-8）。这样该组内的所有试次的兴趣区就都设置好了。单击其中某一个实验试次，可以看到它的展开栏目中已经显示兴趣区为 3.ias。当然，数据重组还有其他好处，例如可以批量地删除练习试次，在此不再赘述。

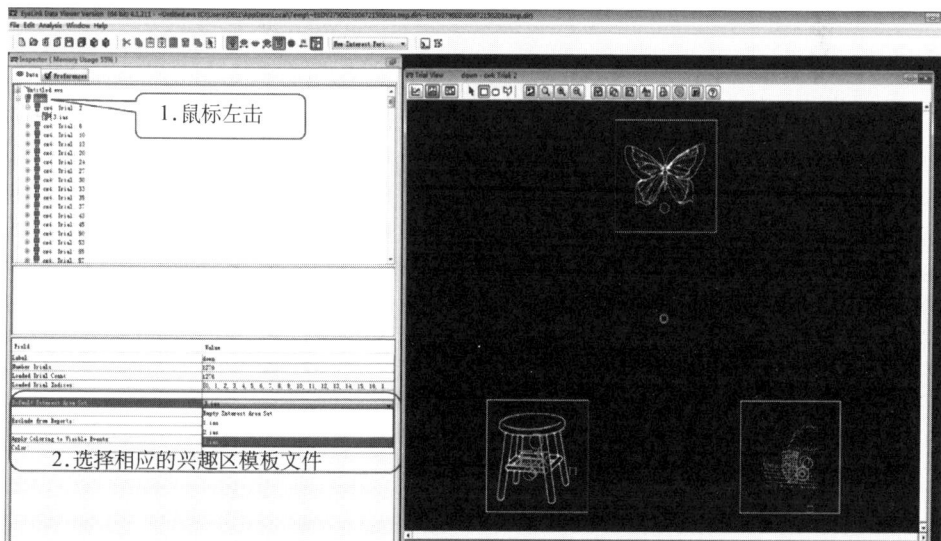

图 12-8 为一组数据导入兴趣区模板示意图

（四）数据导出

完成兴趣区的设置后即可导出眼动数据。具体方法是点击"Analysis"，可以看到"Fixation Report"（注视点数据）、"Saccade Report"（眼跳数据）、"Interest Area Report"（兴趣区数据）、"Trial Report"（试次数据）等选项。在场景描述任务中，我们一般最关心的是兴趣区的眼动数据，因此选择"Interest Area Report"，在弹出的"Interest Area Output Report"对话框中，从"Available Variables"中选择需要导出的眼动指标到右侧的"Selected Variables"框中（图12-9），然后点击"Next"，选择数据保存的位置，点击确定后即可导出包含上述选择的眼动指标的 Excel 结果文件。

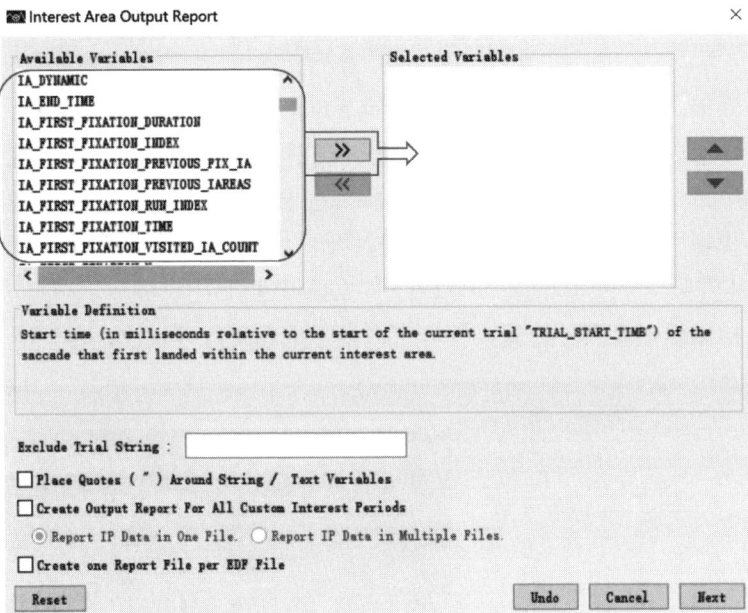

图 12-9　导出兴趣区数据示意图

1. 新建感兴趣的时间段

此时默认导出的数据是视觉刺激呈现全程的眼动轨迹。然而，我们有时想要得到不同时间段的眼动数据，例如，从视觉刺激开始呈现到被试开始发音的这段时间，即场景理解和言语计划阶段；抑或研究者想要了解言语表达的过程中说话人的言语加工，那么需要得到从被试开始发音到话语结束这段时间的眼动数据。总之，如果要单独提取某个时间段的眼动数据，那么需要在导出数据之前定义好时间段。具体方式是点击工具栏中的"Edit"（图12-10），然后在弹出的"Interest

Period Manager"对话框中选择"New Interest Period",从而新建感兴趣的时间段。在弹出的参数窗口中可以命名该兴趣时间段的名称,以及定义它的起止时间。可以通过 Message 的信息进行实验试次的时间切分,也可以基于输入(如按键反应)或持续时间来进行组合。对于言语产生的眼动研究,我们推荐通过 Message 的信息来定义感兴趣的时间段。下面举例说明该方法的具体操作。

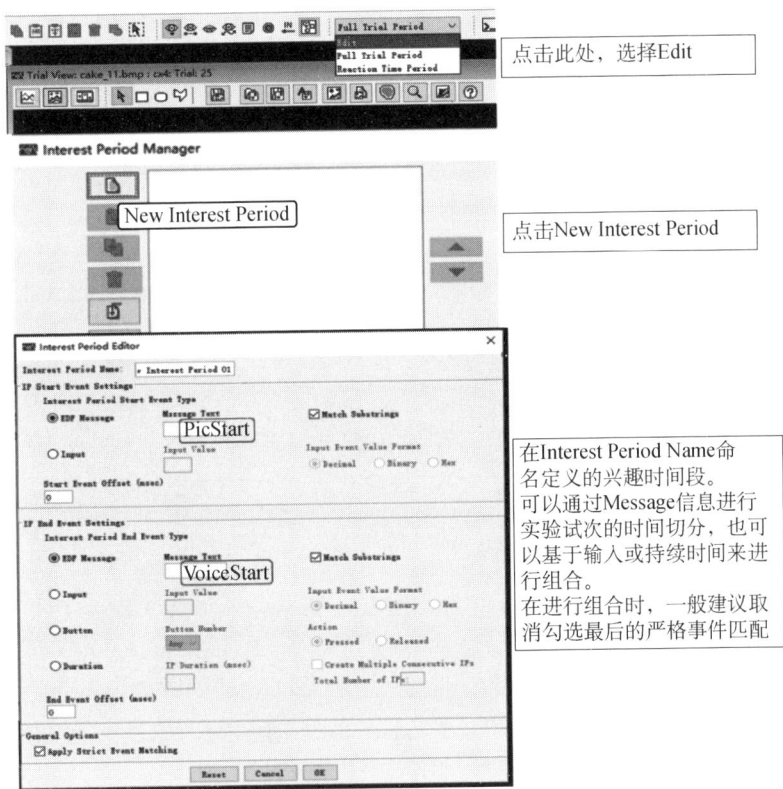

图 12-10　定义感兴趣的时间段

首先,需要在编制程序时定义好"Message"信息。例如,我们在视觉刺激呈现的控件属性中的"Message"一栏输入"PicStart",在语音反应盒的输入控件"Cedrus Input"的属性中设置 Message 为"VoiceStart"。此时要想得到从视觉刺激开始呈现到被试开始发音的这段时间的眼动数据,就可以以这两个 Message 信息为起止点定义时间段,如图 12-10 所示,在相应位置填入 Message 信息。我们将该时间段命名为"BeforeRT",这样返回原来的 Edit 窗口,在下拉菜单中就会出现"BeforeRT"。选择"BeforeRT",然后重复刚才的数据导出步骤,就可以得到该时间段的眼动数据。选择"Edit"则可以再建立一个感兴趣的时间段。

2. 新建热点图

言语产生研究中大多以图片作为实验材料，此时还可以导出热点图，以预览或检验注视的总体分布情况。例如，第二部分"言语产生对视觉注意的影响"一节中，研究者（Coco & Keller，2015）就提供了 2 个实验试次的热点图（图 8-10），以直观展现和比较相同的兴趣区在不同背景复杂度下的注视分布。这种热点图的具体操作步骤如下：在"Data"窗口选择某个试次，右键单击试次名，点击"Create Fixation Map"即可。采用同样的方法也可以获得某一组试次的注视分布热点图，仍以图 12-8 中具有相同位置分布的 3 个离散物体构成的视觉刺激为例，在"Data"窗口选择该组试次，在右击后出现的下拉菜单中点击"Create Fixation Map"，即可获得如图 12-11 所示的热点图。

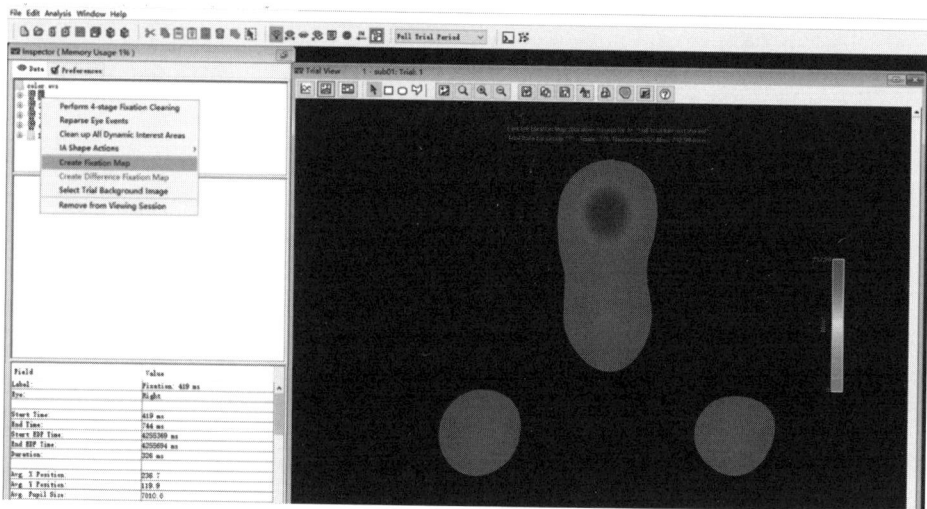

图 12-11 为一组试次新建热点图示意图

至此，眼动数据的导出步骤就介绍完了。我们可以据此获得包含多个眼动指标的 Excel 格式文件，从而进行进一步的统计分析。其中，有两个方面与我们导出的结果密切相关：一个是兴趣区，另一个是眼动指标。我们学会了怎么画兴趣区，以及怎么导出眼动指标的数据，那么我们究竟要画成什么样的兴趣区，以及我们应该选择和分析哪些眼动指标呢？下面我们就来总结一下这两个问题。

二、兴趣区的划分原则

在眼动数据分析中，首先需要明确兴趣区的概念。兴趣区是指分析中的目标区域，如场景中的物体、阅读中的字或词。因此，划分兴趣区的第一个原则就是能够恰当地反映研究问题。例如，在第二部分"言语产生和言语理解的关系"一节中，我们介绍的今福等（Imafuku et al.，2019）的研究。该研究主要关注脸部的呈现方向，特别是嘴部区域的运动对婴儿元音模仿频率的影响，而眼睛在社交互动中一直起着重要作用，因此该研究选择了脸、眼睛和嘴巴所在区域作为兴趣区（图8-14）。再如，在"言语障碍的眼动研究"一节，安德烈等（Andreu et al.，2013）为了区分特定型语言障碍的儿童的言语加工缺陷存在于句法结构的表征还是语义结构的表征，在划分兴趣区时专门定义了一个事件区域，主要包含动作信息（图8-6）。

兴趣区一般不重叠，主要是为了避免注视点含义的混淆。这一点我们在第十章曾经解释过。例如，在由几个离散物体构成的人造场景中，物体之间大多是空白的，研究者一般关心的是某个或多个物体的注视情况，因此一般定义物体的中心为兴趣区的中心。兴趣区的大小主要有两种定义方式：一种是直接以物体边界所在的正方形为兴趣区。例如，梅耶尔和多贝尔（Meyer & Dobel，2003）在屏幕上呈现水平排列的两个物体时，每个物体的大小调整为5°视角×5°视角，这个正方形也同时作为兴趣区（图10-4）。另一种是考虑到中央凹有2°视角的范围，因此会将兴趣区设置得比物体边界更大一些。例如，在第二部分探讨对话言语时，我们介绍的巴特尔等（Barthel et al.，2016，2017）的研究就是将兴趣区设置为物体及外围0.25°视角的范围。在兴趣区的具体操作部分，我们介绍过兴趣区的具体位置和大小是以像素为单位设置的，因此也有研究直接将视角换算成像素。例如，在第二部分介绍的拉巴利亚蒂和罗伯逊（Rabagliati & Robertson，2017）所做的儿童指代表达的研究中，每个物体被调整在280像素×280像素以内（最长边不超过280像素），兴趣区则是以物体中心为中心的350像素×350像素的正方形。上述两种方式下定义的兴趣区在眼动数据的分析时都能很好地反映区域内物体的加工情况，一般结果趋势也是相似的。不过在物体间足够离散的情况下，我们还是推荐采取第二种方式，这样可以使纳入兴趣区分析的注视更全面。

然而，有的视觉场景中物体间就没那么离散，如自然场景，或者物体之间有动作关系的人造场景，此时将兴趣区设置得比物体边界更大就不合适了。例如，在第二部分"言语产生对视觉注意的影响"一节中介绍的可可和凯勒（Coco & Keller，2015）的研究，场景的复杂度很高，物体间的距离很小（图8-9）。如果将其中一个人（目标区域）所在的兴趣区设置为边界以外2°视角的范围，很可能就会把第二个人（也是目标区域）的一部分也包括在内，因此这种情况一般就以物体边界作为兴趣区的边界。还有一种情况是物体间有动作关系，并且这个动作区域可能也是研究者关心的问题，例如，我们刚刚提到的安德烈等（Andreu et al., 2013）定义的事件区域。此时我们不仅不能将物体的兴趣区设置得大于边界，有时甚至还需要"牺牲"一部分物体区域，以便定义物体间的动作区域。如图 8-6 所示（Andreu et al., 2013），在一个男孩给一个女孩礼物的人造场景中，"给礼物"这个事件的兴趣区包括礼物及男孩的手。男孩作为施动者也是研究者关心的区域，其相应的兴趣区基本上就是"男孩"的边界。然而，需要注意的是，男孩的手被划定在事件相应的兴趣区中，因此本着兴趣区之间不重叠的原则，男孩的手并没有包含在"男孩"的兴趣区中。诸如此类的情况，我们应该将像"男孩的手"这样的区域划定在哪个兴趣区中呢？其核心原则还是看这个区域与哪个兴趣区的关系更加密切。在上述场景中，男孩的"手"对于识别和提取"男孩"来说并没有那么关键，但对于"给"这个动作而言是核心信息，因此和"礼物"一起作为事件区域。类似的情况还发生在格里芬和博克（Griffin & Bock，2000）的研究中（图 4-4），有兴趣的朋友可以回看第一部分的相关介绍。

最后，我们想强调一点，虽然这部分总结了一些兴趣区的划分原则和方式，但它们并不是绝对的。例如前面我们介绍的今福等（Imafuku et al., 2019）的研究，研究中眼睛和嘴巴所在的兴趣区和脸所在的兴趣区就是有重叠的。因此，兴趣区的划分还是要根据研究问题和视觉场景的特点而灵活设置。

三、眼动指标的选择

眼动研究的指标基本上可以分为注视指标和眼跳指标。注视指标是指在眼动过程中眼睛保持相对静止，眼跳是指眼睛在注视点之间的跳动（闫国利等，2013）。在明确兴趣区之后，就可以在"Interest Area Output Report"对话框中选择想要导出的眼动数据了。然而，该对话框中列出的变量非常多，并不是所有指标都在研究者的关心范围中。因此，如何选择合适的眼动指标，避免核心结果被淹没在庞大的数据信息中，成为眼动研究者关心的问题。

首先可以明确一点，我们不需要把每个眼动指标都报告出来，因此涉及如何选择合适的指标的问题。我们在此归纳了两个原则：①根据研究问题和实验任务选择；②聚焦于高敏感性、能充分反映实验操纵效果的指标。

这两个原则看似简单，做起来却并不容易。作为初学者，在面对众多且复杂的眼动指标时，弄清楚每个指标的含义已经花费了不少力气，再从中判断究竟哪个指标更能反映研究问题就更难了，因此往往通过参考前人的研究来选择指标。

这是一条非常有效的途径，但仍要注意不同研究领域有异同，不要简单套用。很多眼动的初学者可能会参考阅读研究选用的眼动指标，因为眼动在阅读领域中的应用非常广泛。然而，即便是同为心理语言学领域的言语产生问题，直接套用阅读研究的眼动指标也不合适。例如，回视是阅读过程中经常发生的现象，与回视相关的指标，如回视时间、回视次数等，是反映词汇后期加工、再加工的重要指标。然而，在言语产生领域的场景描述任务中，注视的顺序并不像文本阅读那样有既定的方向，因此几乎找不到与回视相关的指标在其中的应用。总之，想要选择合适的眼动指标，应当充分阅读相关文献。下面我们就在归纳第二部分引用的眼动研究的基础上，总结在言语产生领域最常用到的几个眼动指标，包括注视时间、注视比率、首次注视潜伏期、眼音距。下面我们就分别介绍它们的含义、应用场景及获取方法。

（一）注视时间

在第一部分阐述眼动和言语产生的关系时，在时间上的主要关系是物体的注视时间与相应的词汇提取难度有关，包括单词产生过程中的词条选择、词素音韵编码、语音编码和发音计划。然而，注视时间方面有很多指标，如首次注视时间、凝视时间和总注视时间等，上述关系中所说的注视时间实际指的就是总注视时间。总注视时间是落在兴趣区内的所有注视点的时间总和。大部分言语产生的眼动研究，在注视时间上选用的指标都是总注视时间，只不过可能不是整个实验试次下的总注视时间，而是某个感兴趣的时间段的总注视时间。通过这个时间反映在某个时间段加工某个物体及相应词汇所耗费的时间；或者通过某个时间段对某一物体总注视时间占该时间段所有兴趣区的总注视时间的比例，说明在某个时间段加工某个物体及相应词汇所耗费的时间占比。这么说比较抽象，我们以第二部分介绍的研究为例具体说明。为了避免重复，这里主要介绍与指标选择相关的内容，关于这些研究的具体方法和结果，欢迎大家回看第二部分。

1. 总注视时间举例

我们在第二部分探讨句子产生是序列加工还是并行加工的问题时，介绍了格里芬和博克（Griffin & Bock，2000）的研究。该研究给被试呈现的是包含两个物体及两者之间动作关系的场景图片（例如，"老鼠在用水枪喷乌龟"），分别分析了开始发音前和说话过程中对主语与宾语对应物体的总注视时间。结果发现，无论是主动句还是被动句，在开始发音前，被试注视主语区域的时间都显著长于宾语区域。然而，在说话的过程中，被试注视宾语区域的时间显著长于主语区域，由此可以说明总注视时间和词汇表达顺序之间存在紧密联系。

2. 凝视时间举例

在探讨句子产生中何时开始发音的问题时，我们介绍了格里芬（Griffin，2001）的研究。该研究呈现的是由三个离散物体组成的人造场景，要求被试说出如"钟表和电视在针的上面"的句子，同样分别分析了开始发音前和说话过程中这两个时间段对三个物体的注视时间。虽然该研究选用的注视时间上的指标为凝视时间（注视点首次进入兴趣区到首次离开兴趣区的持续时间），但是由于在序列还是并行加工问题的探讨中，大量研究都支持了序列或者部分序列的加工模式，如图 5-8（a），包括格里芬（Griffin，2001）的研究本身也发现被试大多是按照表达的顺序序列地注视"钟表""电视""针"（图 5-20），很少有回视，因此凝视时间基本等同于总注视时间。该研究通过比较在开始发音前和开始发音后对表达中第二个物体和第三个物体的凝视时间，进一步展示了言语产生的严格递进式加工模式。在第二部分第六章的言语组织阶段的句法生成部分，我们介绍的库欣克西等（Kuchinsky et al.，2011）的研究同样选取凝视时间作为指标。该研究给被试呈现模拟的表盘，要求被试采用常规或者反向的方式描述表盘的时间，结果同样发现凝视时间和表达顺序而非知觉特征具有紧密联系。

3. 注视时间比率举例

在探讨句子产生中何时开始发音的问题时，我们还介绍了斯维兹等（Swets et al.，2014）的研究。该研究给被试呈现包含三个离散物体的场景，其中有两个物体在实验条件下视觉相似，要求产生如"那只四条腿的猫在向火车下方移动，那只三条腿的猫在向火车上方移动"这样的句子。个体在加工速度上是有差异的，这个差异也会反映到注视时间上，因此斯维兹等（Swets et al.，2014）以开始发音前对第一个物体（如四条腿的猫）和第三个物体（如三条腿的猫）的注视时间比率为指标。该指标的计算是由某个时间段内对第一个或第三个物体的总注视时间除该时间段内对第一个和第三个物体的总注视时间之和。可以预期计划广度较大的被试，在开始发音前对第三个物体的注视时间比率更高。在言语产生和理解的关系一节中提到的今福等（Imafuku et al.，2019）的研究，也是通过比较眼睛区域和嘴部区域的注视时间比率，从而探讨被试的注意和加工时间主要分配到了眼睛区域还是嘴部区域。

综上所述，目前在言语产生的眼动研究中，注视时间上的指标主要选择的是总注视时间，有时等同于凝视时间。某个时间段的总注视时间反映在该时间段对某个兴趣区的加工深度，也可以通过比较不同时间段的总注视时间，从侧面反映不同区域的加工顺序。此外，还可以通过不同物体的总注视时间占所有兴趣区总注视时间的比例，反映注意和加工时间的分配。在具体操作上，我们在"眼动数据的导出步骤"中已经介绍了如何定义感兴趣的时间段。最后，在弹出的"Interest Area Output Report"对话框中，从"Available Variables"中选择"IA_DWELL_TIME"到右侧的"Selected Variables"框中，即可导出每个兴趣区的总注视时间。同理，选择"IA_FIRST_RUN_DWELL_TIME"，即可导出凝视时间数据。如果注视时间比率考虑的是某个兴趣区的总注视时间占所有兴趣区注视时间的比率，可以选择变量"IA_DWELL_TIME_%"直接导出，当然也可以通过导出的总注视时间灵活计算注视时间的比率。

（二）注视比率

注视比率一般指的是注视次数的比率，即某个兴趣区注视的总次数除总的注视次数。它反映了一个兴趣区被关注的程度，注视比率越高，说明该兴趣区获得了越多的注视，对其的认知加工与当前任务的关系越密切，认知加工负荷也越大。

注视比率在言语产生领域的应用非常广泛。通过注视比率随时间变化的情况，可以非常直观地反映出一个兴趣区受到关注的程度随时间变化的趋势。例如，第二部分"眼动在单词产生中的应用"一节中，休伊和哈坎苏克（Huettig & Hartsuiker，2008）就比较了图片命名任务中目标项、语义相关干扰项和无关干扰项的注视比率随时间变化的情况（图5-3）。结果发现，在图片刺激刚开始呈现的200ms，上述3个条件对应的物体在注视比率上几乎没有差异；随着时间的推进，目标项的注视比率明显高于其他项目。这说明在视觉刺激呈现初期，被试还在确定哪个物体是目标项，一旦锁定目标后，被试的注视主要集中在目标项上，用以提取相应的词汇信息。此外，该研究还发现语义相关干扰项的注视比率在目标项被锁定之后也明显高于无关干扰项，说明在提取目标项的语义信息时，会将激活扩散到其他相关的语义信息上。采用相似的实验方法与眼动指标的还有休伊和哈坎苏克（Huettig & Hartsuiker，2010）、戈万等（Gauvin et al.，2013）的研究，以及戴维斯和克雷萨（Davies & Kreysa，2017）的研究，尽管他们的研究问题各不相同。其中，前两项研究探讨的问题是言语产生的自我监控，戴维斯和克雷萨（Davies & Kreysa，2017）的研究探讨的是歧义性指代表达的加工，大家可以回看第二部分中对这些研究的详细介绍。

格里芬和博克（Griffin & Bock，2000）则更加关注在句子产生中不同物体的注视比率是何时开始分离的，结果发现，在即时言语产生任务和受动者探测任务中，主语和宾语区域注视比率开始分离的时间是相似的，都是在图片呈现300ms左右。这说明在即时言语产生任务中，说话人可以在图片呈现的前300ms快速理解和提取事件结构，然后进行相应的言语组织。同样是探讨言语产生中的句法加工问题，葛莱门等（Gleitman et al.，2007）检验了不同句式中第一个名词和第二个名词的注视比率随时间变化的趋势。虽然整体趋势与格里芬和博克（Griffin & Bock，2000）的研究结果相似，但葛莱门等（Gleitman et al.，2007）发现注视比率的分离出现得更早，在图片呈现几十毫秒时就出现了，从而支持了词汇在句法结构中的决定性作用，即词汇锚定假设。另有研究（Hwang & Kaiser，2015）通过比较被启动物体和未被启动物体的注视比率随时间变化的趋势，在英语被试中同样得到了支持词汇锚定假设的证据。

综上所述，注视比率在言语产生领域应用时，主要通过注视比率随时间变化的情况反映不同兴趣区受到关注的程度随时间变化的趋势，进而通过比较不同兴趣区的注视比率，检验词汇提取顺序及句法结构的生成。注视比率也是可以通过眼动结果文件直接导出的。在"Interest Area Output Report"对话框中，从"Available Variables"中选择"IA_FIXATION_%"到右侧，即可导出每个兴趣区的注视比率。

（三）首次注视潜伏期

首次注视潜伏期（latency of first fixation）是指从视觉刺激开始呈现到某个兴趣区开始被注视的时间间隔，直接反映物体被注视的顺序。该指标越小，说明该兴趣区会越早引起被试的注意，因此可以反映初始的注意行为。

在第二部分"言语组织阶段中的句法生成"一节，库欣克西等（Kuchinsky et al.，2011）为首次注视潜伏期在言语产生中的应用提供了很好的实例。该研究发现，在常规描述表盘时间时时针（第一个要描述的指针）区域的首次注视潜伏期，与反向描述表盘时间时分针（同样是第一个要描述的指针）区域的首次注视潜伏期相当，说明注视顺序是由句法结构（词汇顺序）而非先验概念决定的，支持了结构引导假设。值得注意的是，该研究并不是拿首次注视潜伏期的绝对值来比较，而是用它占言语产生潜伏期的百分比来表示。其原因是考虑到两种描述时间的方式在加工难度上差异较大，可能因此导致首次注视潜伏期在两种条件下的可比性降低。在言语产生对视觉注意的影响一节，可可和凯勒（Coco & Keller，2015）在探讨知觉因素、概念因素和句法结构因素对言语产生中眼动的影响时，就通过首次注视潜伏期反映了注意的早期活动。

综上所述，与注视比率相比，首次注视潜伏期能更加直接地反映物体被注视的顺序，从而检验视觉刺激呈现早期的认知活动以及与句法结构相对应的词序的加工。在应用的时候，可以根据实际情况选择绝对值或相对于言语产生潜伏期的比值。首次注视潜伏期同样可以通过眼动结果文件直接导出，在"Available Variables"中的变量名称为"IA_FIRST_FIXATION_TIME"。

（四）眼音距

关于眼音距的概念，曾在第一部分做过相对详细的介绍，包括起始眼音距和结尾眼音距（见第四章第一节）。其中起始眼音距的含义相对清晰，因此应用也更为广泛。在场景描述任务中，起始眼音距相当于某个物体的命名反应时，这一点也得到了格里芬和博克（Griffin & Bock，2000）的研究的验证。与此类似，在文本朗读任务中，一个词的起始眼音距等同于该词的命名反应时，这一点同样得到了相关研究的验证（Silva et al.，2016）。

起始眼音距在场景描述任务中主要用于反映当前兴趣区或物体的加工难度。例如，可可和凯勒（Coco & Keller，2015）的研究发现，当启动线索是无生命的物体时，在高复杂性的场景中眼音距更大，说明在一个拥挤复杂的场景中，描述无生命物体的难度更大。这可能是由于复杂场景中包含更多的地标，而这些地标都可以作为描述无生命物体的基础。库欣克西等（Kuchinsky et al.，2011）在描述表盘时间的任务中，利用眼音距检验结构递进假设和知觉引导假设。结果发现，反向表述时间时时钟对应的指针的眼音距显著长于常规表述时间时，但是分钟对应的指针的眼音距在两种表述下相当，从而支持了结构递进假设。起始眼音距在文本朗读任务中主要用于反映阅读能力，特别是在快速命名范式中作为评估阅读障碍的一个重要指标，例如，在第二部分"言语障碍的眼动研究"中介绍的琼斯等（Jones et al.，2008）、Pan 等（2013）及席尔瓦等（Silva et al.，2016）的研究。

结尾眼音距的含义相对来说没有那么清晰。在第二部分"序列还是并行加工"中介绍的眼动研究发现，在场景描述任务中，说话人至少完成了当前物体对应词汇的音韵编码后才将注视转向下一个要描述的物体，那么该词汇的音韵编码之后的加工，即语音编码和发音计划，应该是在结尾眼音距的时间内完成的。然而，结尾眼音距很可能还包含其他认知加工过程，比如，下一个要描述的物体的识别甚至概念信息的提取，毕竟在开始表达当前词语时，注视已经移到了下一个物体上。文本朗读中的研究结果也支持了该推测。研究发现，自然文本朗读中的结尾眼音距远大于语音编码和发音运动计划所需要的时间，因此推测其中包含词 N 和词 N+1 的并行加工（赵黎明，闫国利，2020）。总之，结尾眼音距应该包含当前词语的后期加工和下一个词语的初期加工，因此无法用来单纯地反映某一个区域的加工难度或者顺序等问题，导致到目前为止在言语产生的研究中的应用有限。然而，结尾眼音距反映的并行加工问题，也是言语产生领域亟待探索的问题，因此我们期待其未来有更广阔的应用前景。

第二节　言语产生潜伏期的分析

在场景描述任务中，言语产生潜伏期指的是图片开始呈现到被试开始发音的时间，因此也是言语产生任务中的反应时。在没有眼动技术参与的行为实验中，言语产生潜伏期可被认为是最重要的反映指标。在眼动实验中，它的分析方法与一般的行为实验是相同的，关键在于获取该指标的方法。这里我们针对程序编制中两种同步记录眼动和语音的方法，分别介绍相应的获取言语产生潜伏期的方法。

一、利用控件同步眼动和语音时言语产生潜伏期的获取

在程序的编制部分，我们曾介绍过，利用 EB 自带的"VOICE_KEY""RECORD_SOUND"等控件，可以使程序自动录每个视觉刺激下产生的语音并单独保存成一个声音文件。然而，此方法并不能直接获得被试言语产生的潜伏期，而是需要通过结果文件中的刺激开始呈现的时间点、录音开始的时间点，结合对录音文件的声学分析得出被试开始发音的时间点，进而综合计算出来。我们下面就来具体介绍如何操作。

被试开始发音的时间点需要利用声学分析软件，如 Praat 来获取，如图 12-12 所示。在一个实验试次中，被试产生的表达是"桌子和帽子在骆驼的下边"。用 Praat 打开该试次的录音文件，在光标在语音波形图上移动的过程中，可以发现最上层有一个不断变化的数字，这个数字显示的就是光标所在位置距离录音开始的时间，以秒为单位。如果将光标放在句首"桌子"开始的地方，就可以看到最上层出现"1.348 849"这个数字，意味着被试开始发音的时间点距离录音开始的时间为 1.348 849s，即 1 348.849ms。我们还可以用鼠标单击此处来

做一个标记，或者进一步标记上表达的内容，这方面我们在声学数据的分析部分再详细展开介绍。

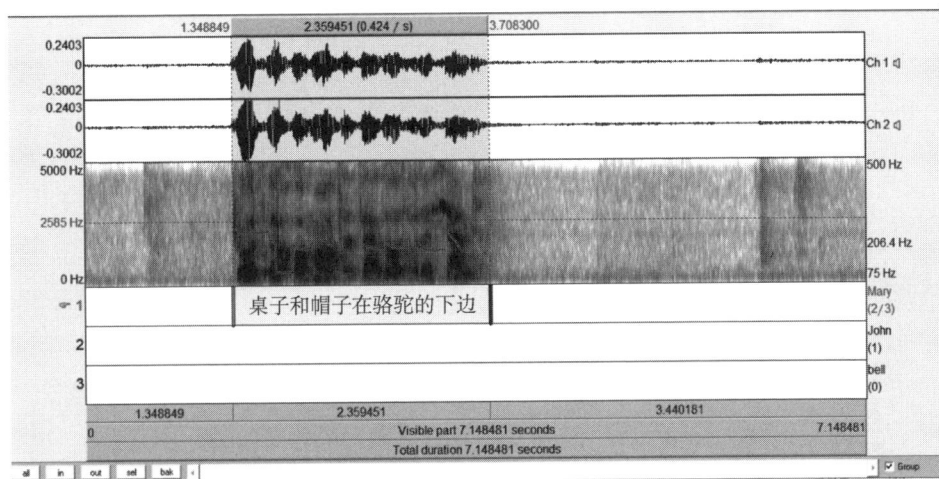

图 12-12　用 Praat 获取开始发音的时间点的示意图

如果刺激开始呈现的时间点和录音开始的时间点是完全重合的，那么上述 1348.849ms 就是被试言语产生的潜伏期，可四舍五入为 1349ms。然而，事实上这两个时间点是有少许差异的。我们仍以上述试次为例，可以在"Message Report"中找到"桌子和帽子在骆驼的下边"所属的试次对应的"CURRENT_MSG_TEXT"，其中可以看到"DISPLAY"（刺激呈现）和"RECORD_SOUND"（声音记录）分别对应的"CURRENT_MSG_TIME"。在我们的一个真实的实验试次中，这两个数值分别为和 33ms 和 26ms。也就是说，程序在执行呈现视觉刺激和录音时都有时间的延迟，延迟的时间分别为 33ms 和 26ms。这也就意味着录音文件是在视觉刺激开始呈现之前 7ms 就开始了。因此，精确地来说，被试言语产生的潜伏期是 1342（1349−7）ms。

二、利用反应盒同步眼动和语音时言语产生潜伏期的获取

利用反应盒同步眼动和语音的最大好处之一，在于可以直接获得言语产生的潜伏期。如果在程序编制时按照我们在第十章部分的介绍，在"CEDRUS"控件之后的"Update Attribute"控件里设置了相应的变量来计算言语产生的潜伏期（即第十章中我们设置的"voice_time"），那么在导出眼动数据时就会发现，左侧窗口中可用的变量里就有"voice_time"，将其选择到右侧窗口中导出即可（图 12-13）。

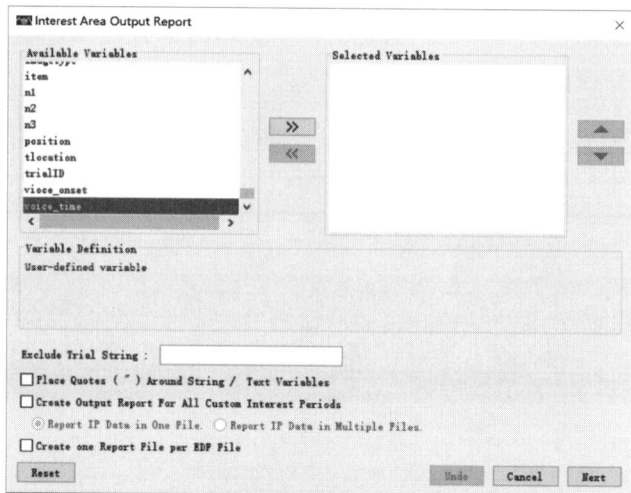

图 12-13　导出言语产生潜伏期的操作界面

第三节　声学数据的分析

在言语产生的实验中，特别是句子等较长表达的产生中，研究者大多会在被试的知情同意下录下实验中被试产生的语音，以便后续做离线分析。在语音分析中，根据研究问题，研究者一般需要获取以下三类信息：①表达的内容，以便判断命名是否正确、选用的句式及描述物体的顺序，等等；②某个字或词开始发音的时间，以便获得言语产生潜伏期、眼音距等指标；③发音和停顿的时长，以便检验言语的流畅程度、言语的递进加工等问题。下面，我们就简要介绍通过 Praat 软件如何获取以上信息。

Praat 是一款跨平台的多功能语音学专业软件，目前大众可以免费使用。因此，我们只需免费下载该软件，即可开始如下的处理和操作。

一、导入语音文件

双击 Praat 软件图标，会弹出"Praat Objects""Praat Picture"两个窗口。关闭"Praat Picture"窗口，在"Praat Objects"窗口中单击"Open"菜单下的"Read from file..."选项，选择需要分析的.wav 格式的音频文件，即可完成语音文件的导入（图 12-14）。导入语音文件后，在窗口右侧会呈现对该语音文件的操作菜单，包括预览和编辑（View & Edit）、播放（Play）及帮助（Sound help）等。

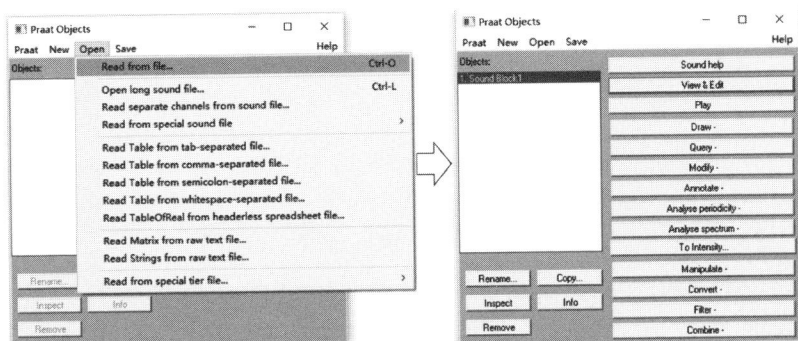

图 12-14　Praat 中导入语音文件的示意图

二、创建标注文件

在"Praat Objects"窗口左侧的"Objects"栏里选中要标注的语音文件，单击右侧菜单中"Annotate"下的"To TextGrid..."选项，弹出"Sound：To TextGrid"对话框。在"All tier names"的位置填写需要标注的各层名称，层与层的名称之间用空格隔开。例如，此处我们创建两层标注，分别命名为"Trial"和"Content"，以标注试次编号和被试表达的内容（图 12-15）。这两个标注层都是对时间段的标注，而非时间点，因此"Which of these are point tiers？"位置为空。完成后单击"OK"，系统会自动生成一个与语音文件同名的 TextGrid 文件。

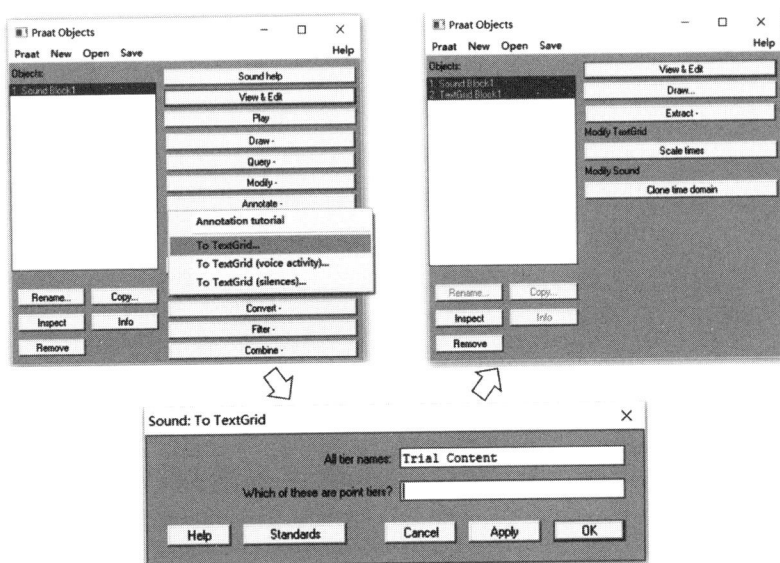

图 12-15　Praat 中创建语音标注文本的示意图

三、语音切分和标注

同时选中语音文件和相应的 TextGrid 文件，单击右侧菜单中的"View & Edit"，进入编辑窗口（图 12-16）。注意勾选右下角的"Group"选项，以保证标注窗口与语音窗口保持同步。左下角的 4 个按钮用于调节显示比例，以便预览和标注。"all"显示整段音频；"in"将音频放大；"out"将音频缩小；"sel"将选中片段放大至整个窗口。选择音频片段的方法是将鼠标放置在音频窗口，按住左键向右拖动，松开鼠标后即可完成片段的选择。被选中的片段呈现淡粉色，如图 12-16 所示。

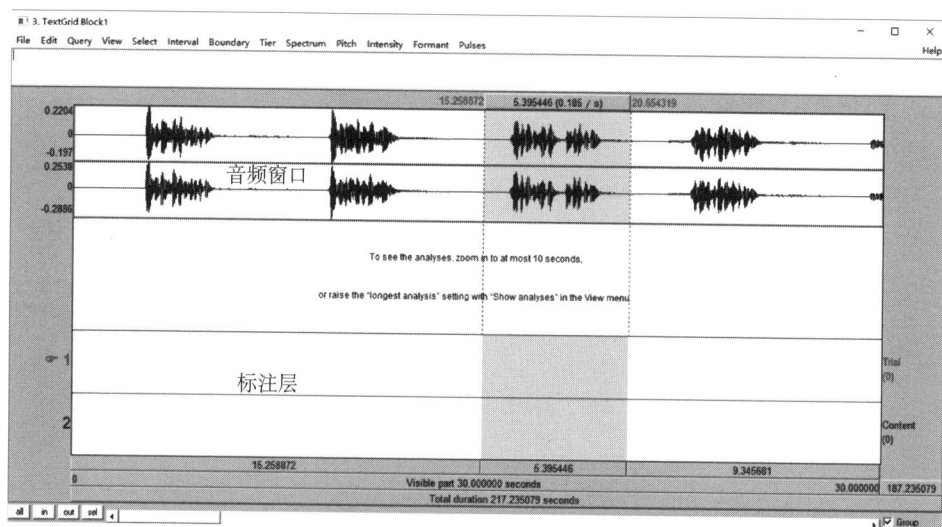

图 12-16　语音文件和标注窗口示意图（见文后彩图 12-16）

接下来，可以通过插入边界（boundary），对音频片段划分大致的区域，进而标注每一个实验试次的表达。具体方法是在音频区域点击要插入边界的位置，此时会出现一个贯穿音频区域和标注层的竖线，点击竖线与标注层相交处的圆圈（也可使用键盘上的回车键），即可在该标注层的相应位置插入边界（图 12-17）。音频和标注层被边界划分成若干片段后，点击某个片段的标注层区域，即可录入相关的标注内容；点击标注层下面的灰色区域，即可播放该片段。如图 12-17 中第二个片段在"Trial"层标注为 2，"Content"层标注为该片段的内容，即"教堂和南瓜在刷子的下边"。语音的内容需要研究者通过播放语音片段进行人工识别和录入。

划分和标注好大致区域后，可以进一步对每个片段做更加细致的划分和标注。以第三个试次为例，首先选中"Trial 3"，点击"sel"将其放大到整个窗口，如图 12-18 所示。放大之后可以看到，原来音频区域和标注层之间的空白区域显示出了频谱（spectrogram），频谱图上的蓝色线条是音高（pitch）曲线。这是因为在

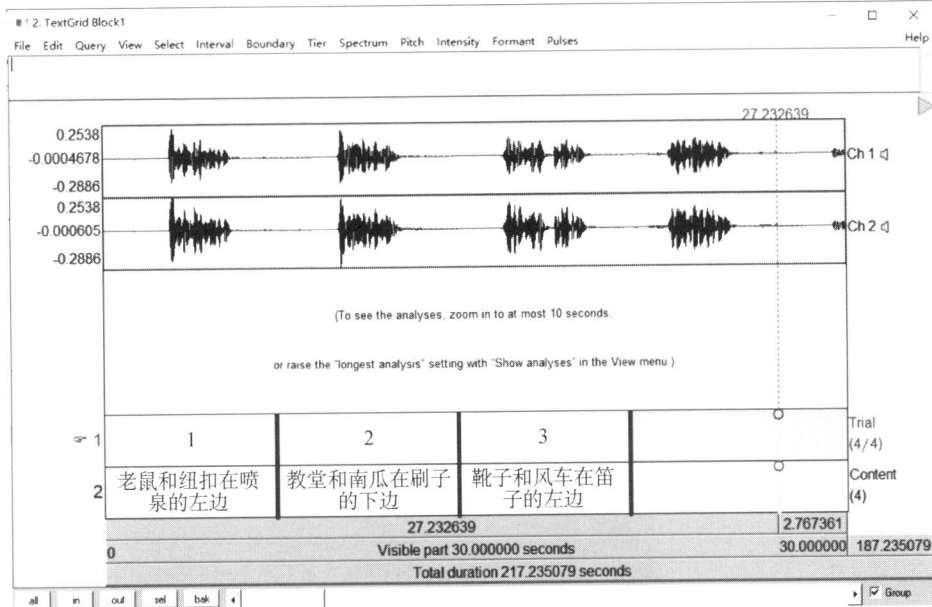

图 12-17　插入边界和标注内容示意图

菜单中默认勾选了"Spectrum"下拉选项中的"Show spectrogram",以及"Pitch"下拉选项中的"Show pitch"。研究者可根据需要,选择显示哪些信息,如勾选菜单中"Intensity"下拉选项中的"Show intensity",会在频谱区域显示音强曲线。

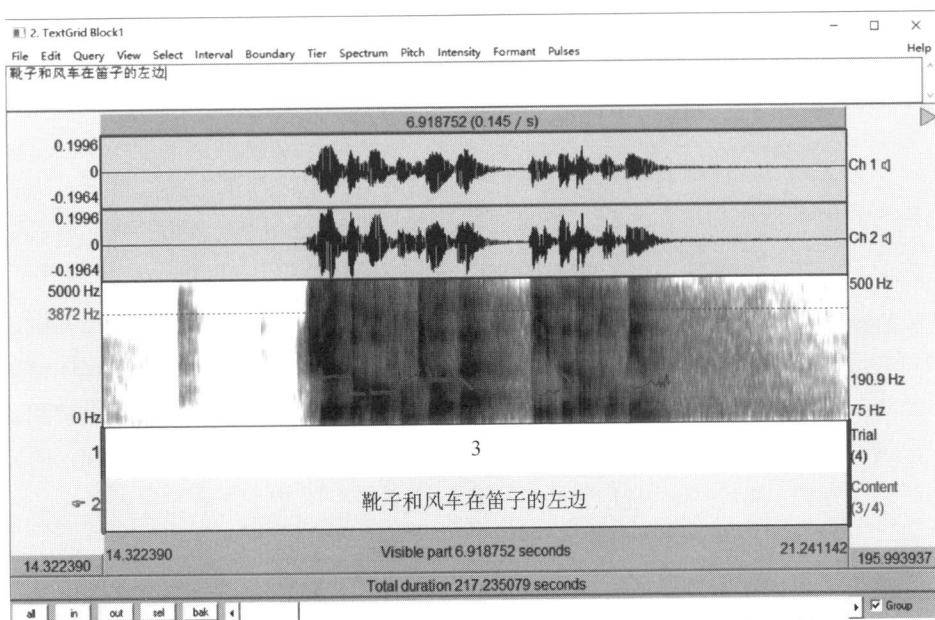

图 12-18　带有频谱图的语音片段和标注层(见文后彩图 12-18)

放大片段以及显示频谱图都有利于更细致地进行语音切分，特别是有利于人工标注时对词边界的判断。按照之前划分大致区域的方法，可以通过标注层"Content"做到词水平或字水平的划分和标注，如图 12-19 所示。其他片段也可以按照同样的方法在词水平上进行划分和标注。最后一定记得保存标注的文件。具体操作是点击菜单中的"File"，在下拉选项中选择"Save TextGrid as text file …"或者按快捷键"Ctrl+S"。

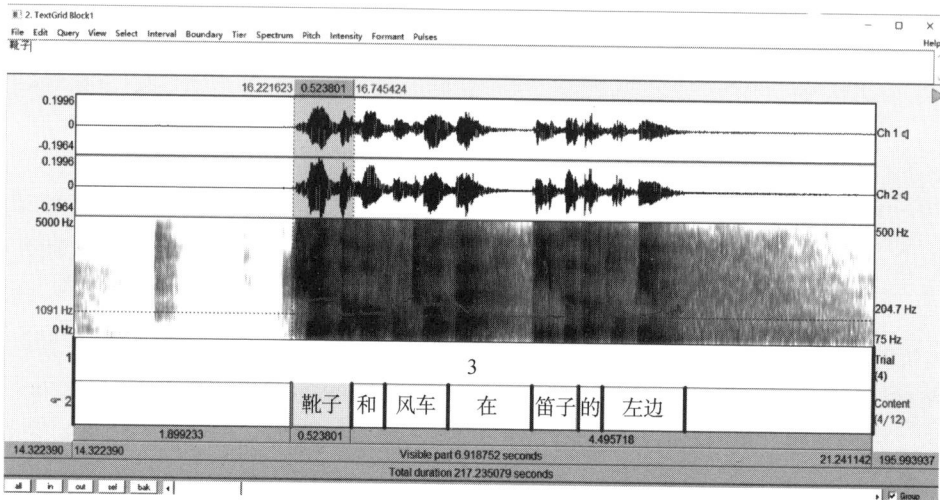

图 12-19　语音片段精确到词切分的示意图

四、指标的计算

回想本节一开始，我们对语音文件进行切分和标注，主要是为了获取三方面的信息：①表达的内容；②某个字或词开始发音的时间；③发音和停顿的时长。下面就来看切分和标注之后，我们如何获取上述信息。

表达的内容就显示在我们创建的标注层"Content"中。目前，Praat 还无法做到自动进行语音识别，所以这里需要人工识别语音并标注。再者，发音和停顿的时长也很容易获取。选中某个词或者某一段停顿，在音频区域边缘就可以看到该片段的持续时间。例如，在图 12-19 中，选中第一个词"靴子"，可以看到它的发音时长是 0.523 801，单位是秒。最后，我们重点看一下某个字或词开始发音的时间点，以及如何据此获得眼音距等指标。

某个字或词开始发音的时间点也很容易获取，与发音时长一样，在选中某个字或词时会显示在音频区域边缘。例如，图 12-19 中"靴子"的起始时间点为

16.221 623，单位是秒。但需要注意的是，该时间点是以录音文件的开始时间为零点，并不是以视觉刺激开始呈现的时间点为零点，即还没有和眼动数据实现同步，因此不能直接等同于言语产生的潜伏期。那么，言语产生的潜伏期如何获得？我们在本章第二节中已经介绍过。总结起来，利用控件同步眼动和语音时，每个试次会有单独的录音文件，言语产生潜伏期等于 Praat 中获得的开始发音的时间点减去视觉刺激开始呈现的时间点（"Message"信息）加上录音开始的时间点（"Message"信息）；利用反应盒同步眼动和语音时，可以在结果文件中直接获得每个试次的言语产生潜伏期。

在了解了言语产生潜伏期的基础上，就更好理解和计算眼音距了。根据定义，起始眼音距是指发音开始的时间点减去首次注视开始的时间点的间隔，结尾眼音距是指发音开始的时间点减去注视首次离开的时间点的间隔。这里所指的开始发音的时间点是与眼动数据同步以后的时间。因此，对于表达的第一个词，如图 12-19 中的"靴子"，其发音开始的时间点等同于言语产生潜伏期，其对应兴趣区的首次注视开始和注视首次离开的时间点分别为导出眼动数据中的变量"IA_FIRST_FIXATION_TIME""IA_FIRST_RUN_END_TIME"。根据眼音距的定义进行减法计算，即可获得首词的起始眼音距和结尾眼音距。

对于句中的其他关键词，如"靴子和风车在笛子的左边"中的"风车"，只要我们将其所在区域划为一个兴趣区，就可以从眼动数据中直接导出其首次注视开始和注视首次离开的时间点。具体方法参见本章第一节中眼动数据的导出步骤。至于"风车"的发音开始的时间点，可以通过言语产生潜伏期和 Praat 中对语音文件的切分获得。如图 12-20 所示，可以得到"风车"开始发音的时间点距离录音开始的时间为 17.025 072s，结合之前我们获得的首词"靴子"开始发音的时间点（16.221 623s），就可以算出与眼动数据同步后"风车"开始发音的时间点为该试次的言语产生潜伏期加上 0.803 449（17.025 072—16.221 623）s。这个时间也是"靴子"和"和"的发音时长之和，因此"风车"开始发音的时间点也可以由该试次的言语产生潜伏期加上"风车"之前的发音时长得到。然后，根据眼音距的定义，算出句中第二个关键词的起始眼音距和结尾眼音距。

最后，我们对眼音距的定义做一个补充说明。本书一直遵从的起始眼音距和结尾眼音距的定义是凝视时间开始和结束的时间点与发音开始的时间点的间隔。这个定义源于文本朗读的研究，而在文本阅读中词汇的识别大多在首次注视或凝视的过程中完成。因此，起始眼音距能够很好地反映词汇识别的加工过程。然而，

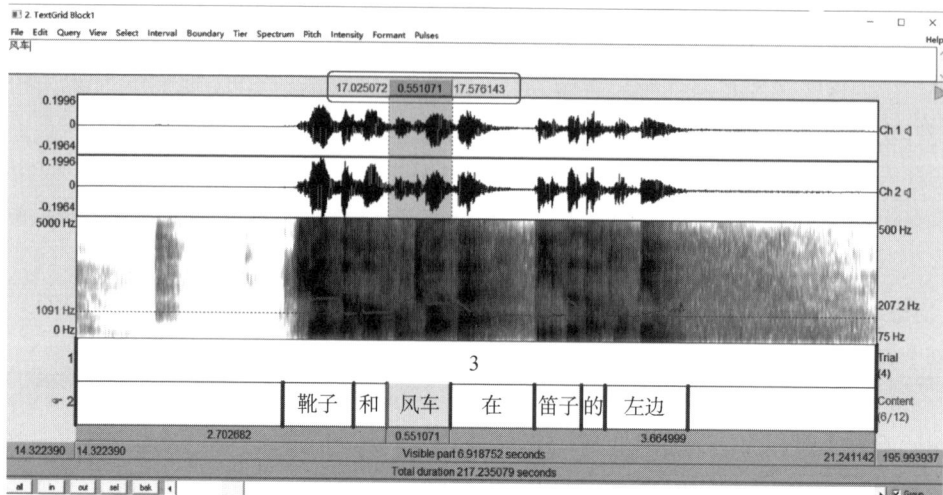

图 12-20　句中非首词的发音时间

在场景描述任务中，一个物体对应的词汇提取是否主要在凝视时间内完成，目前是有争议的，可以参见第二部分第六章第二节言语组织阶段的句法生成。简而言之，有的研究发现说话人在视觉刺激呈现的早期可以很快理解场景并确定表达的顺序，进而遵从这个顺序对物体依次注视。研究者在这个前提下也发现，起始眼音距与物体的命名潜伏期基本相当。有的研究则发现说话人在早期需要一定的时间进行场景理解，那么以首次注视定义的眼音距，此时就难以反映物体对应的词汇提取过程。因此，有的研究将眼音距定义为最后注视的起止时间分别与开始发音的时间点的间隔，例如，可可和凯勒（Coco & Keller，2015）对描述复杂场景的研究。研究者在应用眼音距时需要根据情况明确眼音距的定义。如果以最后注视的起止时间计算眼音距，那么需要导出的眼动数据中的变量分别为"IA_LAST_FIXATION_TIME""IA_LAST_RUN_END_TIME"。

小　　结

在这一部分，我们主要介绍了应用眼动技术探讨言语产生问题时的实际操作。首先我们需要明确自己的研究问题的确适合应用眼动技术，而不是为了用仪器而用。接着，我们分别介绍了眼动实验的程序编制、数据采集及数据分析的方法。与眼动仪配套使用的编程软件 Experiment Builder 以及数据分析软件 Data Viewer 都具有丰富且强大的功能，我们鼓励大家根据问题和需要查阅相应的用户手册。

本书主要介绍了言语产生的眼动实验，特别是场景描述任务中需要特别注意的一些问题，包括视觉刺激的呈现、语音的同步记录、语音反应盒的应用，以及与语音相关的数据分析。希望通过这一部分的介绍，能够帮助言语产生领域的眼动技术初学者解决大部分的技术问题，顺利开展眼动研究。

参 考 文 献

白学军, 王永胜, 郭志英, 高晓雷, 闫国利. (2015). 汉语阅读中词 n+2 的预视对高频词 n+1 加工影响的眼动研究. *心理学报, 47*(2), 143-156.

高敏, 李琳, 向慧雯, 隋雪, Radach, R. (2017). 默读和出声阅读的副中央凹预视效应. *心理学报, 49*(11), 1357-1369.

高敏, 徐迩嘉, 任桂琴, 隋雪. (2016). 出声阅读和默读之间的差异. *心理科学进展, 24*(1), 21-30.

隋雪, 姜娜, 钱丽. (2009). 发展性阅读障碍的认知加工缺陷及其神经机制理论. *心理科学, 32*(5), 1162-1165.

闫国利, 白学军. (2000). 中文阅读过程的眼动研究. *心理学动态, 8*(3), 19-22.

闫国利, 白学军. (2018). *眼动分析技术的基础与应用*. 北京: 北京师范大学出版社.

闫国利, 熊建萍, 臧传丽, 余莉莉, 崔磊, 白学军. (2013). 阅读研究中的主要眼动指标评述. *心理科学进展, 21*(4), 589-605.

臧传丽, 张慢慢, 岳音其, 白学军, 闫国利. (2013). 副中央凹信息量对中文朗读和默读的调节作用. *心理与行为研究, 11*(4), 444-450.

张清芳, 杨玉芳. (2003). 影响图画命名时间的因素. *心理学报, 35*(4), 447-454.

赵黎明, 廉园, 李卫君. (2018). 口语句子产生中词汇选择的计划单元: 来自大中小学生的比较研究. *心理与行为研究, 16*(6), 735-743.

赵黎明, 闫国利. (2020). 眼音距: 一个揭示朗读过程中词汇加工的核心指标. *心理科学, 43*(3), 571-577.

赵黎明, 杨玉芳. (2013). 汉语口语句子产生的语法编码计划单元. *心理学报, 45*(6), 599-613.

Alario, F. X., Costa, A., & Caramazza, A. (2002). Frequency effects in noun phrase production: Implications for models of lexical access. *Language and Cognitive Processes, 17*(3), 299-319.

Allum, P. H., & Wheeldon, L. R. (2007). Planning scope in spoken sentence production: The role of grammatical units. *Journal of Experimental Psychology*: Learning, Memory, and Cognition, 33(4), 791-810.

Altmann, G. T. M., & Kamide, Y. (1999). Incremental interpretation at verbs: Restricting the domain of subsequent reference. *Cognition, 73*(3), 247-264.

Andreu, L., Sanz-Torrent, M., Olmos, J. G., & Macwhinney, B. (2013). The formulation of argument structure in SLI: An eye-movement study. *Clinical Linguistics & Phonetics, 27*(2), 111-133.

Ashby, J., & Martin, A. E. (2008). Prosodic phonological representations early in visual word recognition. *Journal of Experimental Psychology*: *Human Perception and Performance, 34*(1), 224-236.

Ashby, J., & Rayner, K. (2004). Representing syllable information recognition during silent reading: Evidence from eye movements. *Language and Cognitive Processes, 19*(3), 391-426.

Ashby, J., Yang, J. M., Evans, K. H. C., & Rayner, K. (2012). Eye movements and the perceptual span in silent and oral reading. *Attention, Perception, and Psychophysics, 74*(4), 634-640.

Baldwin, D. A. (1991). Infants' contribution to the achievement of joint reference. *Child Development, 62*(5), 875-890.

Baldwin, D. A. (1993). Early referential understanding: Infants' ability to recognize referential acts for what they are. *Developmental Psychology, 29*(5), 832-843.

Ballard, D. H., Hayhoe, M. M., Pook, P. K., & Rao, R. P. (1997). Deictic codes for the embodiment of cognition. *Behavioral & Brain Sciences, 20*(4), 723-742.

Barthel, M., Meyer, A. S, & Levinson, S. C. (2017). Next speakers plan their turn early and speak after turn-final "go-signals". *Frontiers in Psychology, 8*(393).

Barthel, M., Sauppe S., Levinson, S. C., & Meyer, A. S. (2016). The timing of utterance planning in task-oriented dialogue: Evidence from a novel list-completion paradigm. *Frontiers in Psychology, 7*(1858).

Bishop, D. V. M., & Edmundson, A. (1987). Language-impaired 4-year-olds: Distinguishing transient from persistent impairment. *The Journal of Speech and Hearing Disorders, 52*(2), 156-173.

Bloem, I., & La Heij, W. (2003). Semantic facilitation and semantic interference in word translation: Implications for models of lexical access in language production. *Journal of Memory and Language, 48*(3), 468-488.

Bloem, I., van den Boogaard, S., & La Heij, W. (2004). Semantic facilitation and semantic interference in language production: Further evidence for the conceptual selection model of lexical access. *Journal of Memory and Language, 51*(2), 307-323.

Bloodstein, O. (1995). *A Handbook of Stuttering* (5th ed.). San Diego: Singular Publishing Group, Inc.

Bock, J. K. (1982). Toward a cognitive psychology of syntax: Information processing contributions to sentence formulation. *Psychological Review, 89*(1), 1-47.

Bock, J. K. (1986). Meaning, sound, and syntax: Lexical priming in sentence production. *Journal of Experimental Psychology*: *Learning, Memory, and Cognition, 12*(4), 575-586.

Bock, K., Irwin, D. E., Davidson, D. J., & Levelt, W. J. M. (2003). Minding the clock. *Journal of Memory and Language, 48*(4), 653-685.

Boersma, P. (2007). Praat: Doing phonetics by computer (Version 5.3.51).

Branigan, H. P., Pickering, M. J., & Cleland, A. A. (2000). Syntactic co-ordination in dialogue. *Cognition, 75*(2), B13-B25.

Brown-Schmidt, S., & Konopka, A. E. (2008). Little houses and casas pequeñas: Message formulation and syntactic form in unscripted speech with speakers of English and Spanish. *Cognition, 109*(2), 274-280.

Brown-Schmidt, S., & Konopka, A. E. (2015). Processes of incremental message planning during conversation. *Psychonomic Bulletin & Review, 22*(3), 833-843.

Brown-Schmidt, S., & Tanenhaus, M. K. (2006). Watching the eyes when talking about size: An investigation of message formulation and utterance planning. *Journal of Memory and Language, 54*(4), 592-609.

Buswell, G. T. (1920). *An Experimental Study of the Eye-voice Span in Reading.* Chicago: University of Chicago Press.

Buswell, G. T. (1935). *How People Look at Pictures.* Chicago: University of Chicago Press.

Campbell, R. S., & Pennebaker, J. W. (2003). The secret life of pronouns: Flexibility in writing style and physical health. *Psychological Science, 14*(1), 60-65.

Castelhano, M. S., & Henderson, J. M. (2007). Initial scene representations facilitate eye movement guidance in visual search. *Journal of Experimental Psychology: Human Perception and Performance, 33*(4), 753-763.

Catts, H. W., Fey, M. E., Tomblin, J. B., & Zhang, X. (2002). A longitudinal investigation of reading outcomes in children with language impairments. *Journal of Speech, Language, and Hearing Research, 45*(6), 1142-1157.

Chang, F., Dell, G. S., & Bock, K. (2006). Becoming syntactic. *Psychological Review, 113*(2), 234-272.

Coco, M. I., & Keller, F. (2009). The impact of visual information on reference assignment in sentence production. *Proceedings of the Annual Meeting of the Cognitive Science Society.* Amsterdam.

Coco, M. I., & Keller, F. (2015). Integrating mechanisms of visual guidance in naturalistic language production. *Cognitive Processing, 16*(2), 131-150.

Cohen, J. D., Servan-Schreiber, D., & McClelland, J. L. (1992). A parallel distributed processing approach to automaticity. *The American Journal of Psychology, 105*(2), 239-269.

Coltheart, M. (1981). Disorders of reading and their implications for models of normal reading. *Visible Language, 15*, 245-286.

Coltheart, M. (2006). Dual route and connectionist models of reading: An overview. *London Review of Education, 4*, 5-17.

Coltheart, M., Davelaar, E., Jónasson, J. E. & Besner, D (1977). Access to the internal lexicon. In S. Dornic (Eds.), *Attention and Performance VI* (pp. 535-555). London: Academic Press.

Cooper, R. M. (1974). The control of eye fixation by the meaning of spoken language: A new methodology for the real-time investigation of speech perception, memory, and language processing. *Cognitive Psychology, 6*(1), 84-107.

Corley, M. (2010). Making predictions from speech with repairs: Evidence from eye movements. *Language and Cognitive Processes, 25*(5), 706-727.

Costa, A., & Caramazza, A. (1999). Is lexical selection in bilingual speech production language-specific? Further evidence from Spanish-English and English-Spanish bilinguals. *Bilingualism: Language and Cognition, 2*(3), 231-244.

Costa, A., Alario, F. X., & Caramazza, A. (2005). On the categorical nature of the semantic interference effect in the picture-word interference paradigm. *Psychonomic Bulletin and Review, 12*(1), 125-131.

Costa, A., Navarrete, E., & Alario, F. X. (2006). Accessing object names when producing complex noun phrases: Implications for models of lexical access. *Cognitiva, 18*, 3-23.

Damian, M. F., & Bowers, J. S. (2003). Locus of semantic interference in picture-word interference tasks. *Psychonomic Bulletin and Review, 10*(1), 111-117.

Davies, C., & Katsos, N. (2010). Over-informative children: Production/comprehension asymmetry or tolerance to pragmatic violations? *Lingua, 120*(8), 1956-1972.

Davies, C., & Kreysa, H. (2017). Looking at a contrast object before speaking boosts referential informativeness, but is not essential. *Acta Psychologica, 178*, 87-99.

Dell, G. S. (1986). A spreading activation theory of retrieval in sentence production. *Psychological Review, 93*(3), 283-321.

Denckla, M. B., & Rudel, R. G. (1976). Rapid "automatized" naming (R. A. N.): Dyslexia differentiated from other learning disabilities. *Neuropsychologia, 14*(4), 471-479.

Deubel, H., & Schneider, W. X. (1996). Saccade target selection and object recognition: Evidence for a common attentional mechanism. *Vision Research, 36*(12), 1827-1837.

Epstein, R., & Kanwisher, N. (1998). A cortical representation of the local visual environment. *Nature, 392*(6676), 598-601.

Epstein, R., Harris, A., Stanley, D., & Kanwisher, N. (1999). The parahippocampal place area: Recognition, navigation, or encoding? *Neuron, 23*(1), 115-125.

Fairbanks, G. (1937). The relation between eye-movements and voice in the oral reading of good and poor silent readers. *Psychological Monographs, 48*(3), 78-107.

Ferreira, F., &. Engelhart, P. E. (2006). Syntax and production. In M. Traxler & M. A. Gernsbacher (Eds.), *Handbook of Psycholinguistics* (pp. 61-91). New York: Academic Press.

Ferreira, F., & Rehrig, G. (2019). Linearisation during language production: Evidence from scene meaning and saliency maps. *Language, Cognition and Neuroscience, 34*(9), 1129-1139.

Ferreira, F., & Swets, B. (2002). How incremental is language production? Evidence from the production of utterances requiring the computation of arithmetic sums. *Journal of Memory and Language, 46*(1), 57-84.

Ferreira, V. S., & Humphreys, K. R. (2001). Syntactic influences on lexical and morphological processing in language production. *Journal of Memory and Language, 44*(1), 52-80.

Fromkin, V. A. (1973). *Speech Errors as Linguistic Evidence.* The Hague: Mouton.

Garrett, M. F. (1975). The analysis of sentence production. In G. Bower (Ed.), *Psychology of Learning and Motivation* (pp. 133-177, 505-529). New York: Academic Press.

Gauvin, H. S., Hartsuiker, R. J., & Huettig, F. (2013). Speech monitoring and phonologically-mediated eye gaze in language perception and production: A comparison using printed word eye-tracking. *Frontiers in Human Neuroscience, 7*, 818.

Gleitman, L. R., January, D., Nappa, R., & Trueswell, J. C. (2007). On the give and take between event apprehension and utterance formulation. *Journal of Memory and Language, 57* (4), 544-569.

Griffin, Z. M. (2001). Gaze durations during speech reflect word selection and phonological encoding. *Cognition, 82*, B1-B14.

Griffin, Z. M. (2004). Why look? Reasons for speech-related eye movements. In J. M. Henderson & F. Ferreira (Eds.), *The Interface of Language, Vision, and Action* (pp. 192-222). New York: Psychology Press.

Griffin, Z. M., & Bock, K. (2000). What the eyes say about speaking. *Psychological Science, 11*, 274-279.

Griffin, Z. M., & Oppenheimer, D. M. (2006). Speakers gaze at objects while preparing intentionally inaccurate labels for them. *Journal of Experimental Psychology Learning Memory and Cognition, 32*(4), 943-948.

Griffin, Z. M., & Spieler, D. H. (2006). Observing the what and when of language production for different age groups by monitoring speakers' eye movements. *Brain & Language, 99*(3), 272-288.

Guzzardo Tamargo, R. E., Kroff, J. R. V., & Dussias, P. E. (2016). Examining the relationship between comprehension and production processes in code-switched language. *Journal of Memory and Language, 89*, 138-161.

Hagoort, P., Indefrey, P., Brown, C., Herzog, H., Steinmetz, H., & Seitz, R. J. (1999). The neural circuitry involved in the reading of German words and pseudowords: A PET study. *Journal of Cognitive Neuroscience, 11*(4), 383-398.

Hayhoe, M. (2000). Vision using routines: A functional account of vision. *Visual Cognition, 7*, 43-64.

Hayhoe, M. & Ballard, D. (2005). Eye movements in natural behavior. *Trends in Cognitive Sciences, 9*(4), 188-194.

Henderson, J. M. (2003). Human gaze control during real-world scene perception. *Trends in Cognitive Sciences, 7*(11), 498-504.

Henderson, J. M., & Ferreira, F. (1990). Effects of foveal processing difficulty on the perceptual span in reading: Implications for attention and eye movement control. *Journal of Experimental Psychology: Learning, Memory, and Cognition, 16*(3), 417-429.

Henderson, J. M., & Ferreira, F. (2004). Scene perception for psycholinguists. In J. M. Henderson, & F. Ferreira (Eds.), *The Interface of Language, Vision, and Action* (pp. 1-58). New York: Psychology Press.

Henderson, J. M., & Hayes, T. R. (2017). Meaning-based guidance of attention in scenes as revealed by meaning maps. *Nature Human Behaviour, 1*(10), 743-747.

Henderson, J. M., & Hayes, T. R. (2018). Meaning guides attention in real-world scene images: Evidence from eye movements and meaning maps. *Journal of Vision, 18*(6), 1-18.

Henderson, J. M., Jr Weeks, P. A. J., & Hollingworth, A. (1999). The effects of semantic consistency on eye movements during complex scene viewing. *Journal of Experimental Psychology: Human Perception and Performance, 25*(1), 210-228.

Hoffman, J. E. (1998). Visual attention and eye movements. In H. Pashler (Ed.), *Attention* (pp. 119-153). Hillsdale: Erlbaum.

Hollingworth, A., & Henderson, J. M. (2002). Accurate visual memory for previously attended objects in natural scenes. *Journal of Experimental Psychology: Human Perception and Performance, 28*(1), 113-136.

Huettig, F., & Hartsuiker, R. J. (2008). When you name the pizza you look at the coin and the bread: Eye movements reveal semantic activation during word production. *Memory & Cognition, 36*(2), 341-360.

Huettig, F., & Hartsuiker, R. J. (2010). Listening to yourself is like listening to others: External, but not internal, verbal self-monitoring is based on speech perception. *Language and Cognitive Processes, 25*(3), 347-374.

Huettig, F., & McQueen, J. M. (2007). The tug of war between phonological, semantic and shape information in language-mediated visual search. *Journal of Memory and Language, 57*(4), 460-482.

Huey, E. B. (1968). *The psychology and pedagogy of reading.* New York: McMillan, Cambridge: MIT Press. (Original work published 1908).

Humphreys, G. W., Riddoch, M. J., & Price, C. J. (1997). Top-down processes in object identification: Evidence from experimental psychology, neuropsychology, and functional anatomy. *Philosophical Transactions of the Royal Society of London Series B*: *Biological Sciences, 352*(1358), 1275-1282.

Hwang, H., & Kaiser, E. (2014). The role of the verb in grammatical function assignment in English and Korean. *Journal of Experimental Psychology*: *Learning, Memory and Cognition, 40*(5), 1363-1376.

Hwang, H., & Kaiser, E. (2015). Accessibility effects on production vary cross-linguistically: Evidence from English and Korean. *Journal of Memory and Language, 84*(3), 190-204.

Imafuku, M., Kanakogi, Y., Butler, D., & Myowa, M. (2019). Demystifying infant vocal imitation: The roles of mouth looking and speaker's gaze. *Developmental Science, 22*(6), e12825.

Indefrey, P., & Levelt, W. J. M. (2004). The spatial and temporal signatures of word production components. *Cognition, 92*(1/2), 101-144.

Inhoff, A. W., & Radach, R. (1998). Definition and computation of oculomotor measures in the study of cognitive processes. In G. Underwood (Ed.), *Eye Guidance in Reading and Scene Perception* (pp. 29-53). Oxford: Oxford University Press.

Inhoff, A. W., & Radach, R. (2014). Parafoveal preview benefits during silent and oral reading: Testing the parafoveal information extraction hypothesis. *Visual Cognition, 22*(3/4), 354-376.

Inhoff, A. W., Eiter, B. M., & Radach, R. (2005). Time course of linguistic information extraction from consecutive words during eye fixations in reading. *Journal of Experimental Psychology: Human Perception and Performance, 31*(5), 979-995.

Inhoff, A. W., Solomon, M., Radach, R., & Seymour, B. A. (2011). Temporal dynamics of the eye — voice span and eye movement control during oral reading. *Journal of Cognitive Psychology, 23*(5), 543-558.

Itti, L., & Koch, C. (2000). A saliency-based search mechanism for overt and covert shifts of visual attention. *Vision Research, 40*(10-12), 1489-1506.

Itti, L., & Koch, C. (2001). Computational modelling of visual attention. *Nature Reviews Neuroscience, 2*(3), 194-203.

Järvilehto, T., Nurkkala, V. M., & Koskela, K. (2009). The role of anticipation in reading. *Pragmatics and Cognition, 17*(3), 509-526.

Järvilehto, T., Nurkkala, V. M., Koskela, K., Holappa, E., & Vierela, H. (2008). Reading as anticipatory formation of meaning: Eye movement characteristics and fixation-speech intervals when articulating different types of text. *Journal of Transfigural Mathematics, 1*, 73-81.

Jescheniak, J. D., & Levelt, W. J. M. (1994). Word frequency effects in speech production: Retrieval of syntactic information and of phonological form. *Journal of Experimental Psychology Learning, Memory, and Cognition, 20*(4), 824-843.

Jescheniak, J. D., Schriefers, H., & Hantsch, A. (2003). Utterance format effects phonological priming in the picture-word task: Implications for models of phonological encoding in speech production. *Journal of Experimental Psychology*: *Human Perception Performance, 29*(2), 441-454.

Jones, M. W., Ashby, J., & Branigan, H. P. (2013). Dyslexia and fluency: Parafoveal and foveal influences on rapid automatized naming. *Journal of Experimental Psychology*: *Human Perception and Performance, 39*(2), 554-567.

Jones, M. W., Branigan, H. P., Hatzidaki, A., & Obregón, M. (2010). Is the "naming" deficit in dyslexia a misnomer? *Cognition, 116*(1), 56-70.

Jones, M. W., Obregón, M., Kelly, M. L., & Branigan, H. P. (2008). Elucidating the component processes involved in dyslexic and non-dyslexic reading fluency: An eye-tracking study. *Cognition, 109*(3), 389-407.

Kemeny, S., Ye, F. Q., Birn, R., & Braun, A. R. (2005). Comparison of continuous overt speech fMRI using bold and arterial spin labeling. *Human Brain Mapping, 24*(3), 173-183.

Kempen, G., & Hoenkamp, E. (1987). An incremental procedural grammar for sentence formulation. *Cognitive Science, 11*(2), 201-258.

Kolk, H. & Postma, A. (1997). Stuttering as a covert repairs phenomenon. In R. F. Curlee, G. M. Siegel (Eds.)., *Nature and Treatments of Stuttering: New Directions* (pp. 182-203). Needham Heights: Allyn & Bacon.

Kuchinsky, S. E., Bock, K., & Irwin, D. E. (2011). Reversing the hands of time: Changing the mapping from seeing to saying. *Journal of Experimental Psychology*: *Learning, Memory, and Cognition, 37*(3), 748-756.

Lackner, J., & Tuller, B. (1979). Roles of efference monitoring in the detection of self-produced speech errors. In W. E. Cooper & E. C. T. Walker (Eds.), *Sentence Processing*: *Psycholinguistic Studies Presented to Merrill Garrett* (pp. 281-294). Hillsdale: Lawrence Erlbaum Associates Inc.

Land, M. F., & Hayhoe, M. (2001). In what ways do eye movements contribute to everyday activities? *Vision Research, 41*(25-26), 3559-3565.

Laubrock, J., & Bohn, C. (2008). Broadening the scope of eye-movement research in reading: Oral reading and proof reading. *International Journal of Psychology, 43*, 190.

Laubrock, J., & Kliegl, R. (2015). The eye-voice span during reading aloud. *Frontiers in Psychology, 6*, 1432.

Leonard, L. (1998). *Specific Language Impairment.* Cambridge: MIT Press.

Levelt, W. J. M. (1983). Monitoring and self-repair in speech. *Cognition, 14*(1), 41-104.

Levelt, W. J. M. (1989). *Speaking*: *From Intention to Articulation*. Cambridge: MIT Press.

Levelt, W. J. M., Roelofs, A., & Meyer, A. S. (1999). A theory of lexical access in speech production. *Behavioral and Brain Sciences, 22*, 1-75.

Levelt, W. J. M., Schriefers, H., Vorberg, D., Meyer, A. S., Pechmann, T., & Havinga, J. (1991). The time course of lexical access in speech production: A study of picture naming. *Psychological Review, 98*(1), 122-142.

Levinson, S. C., & Torreira, F. (2015). Timing in turn-taking and its implications for processing models of language. *Frontiers in Psychology, 6*, 731.

Lima, C. F., & Castro, S. L. (2010). Reading strategies in orthographies of intermediate depth are flexible: Modulation of length effects in Portuguese. *European Journal of Cognitive Psychology, 22*(2), 190-215.

Liversedge, S. P., & Findlay, J. M. (2000). Saccadic eye movements and cognition. *Trends in Cognitive Sciences, 4*(1), 6-14.

Lupker, S. J. (1979). The semantic nature of response competition in the picture-word interference task. *Memory and Cognition, 7*(6), 485-495.

Lupker, S. J. (1982). The role of phonetic and orthographic similarity in picture-word interference. *Canadian Journal of Psychology, 36*, 349-367.

Marian, V., Blumenfeld, H. K., & Boukrina, O. V. (2008). Sensitivity to phonological similarity within and across languages. *Journal of Psycholinguistic Research, 37*(3), 141-170.

Marshall, J. C., & Newcombe, F. (1973). Patterns of paralexia: A psycholinguistic approach. *Journal of Psycholinguistic Research, 2*(3), 175-199.

Matin, E. (1974). Saccadic suppression: A review and an analysis. *Psychological Bulletin, 81*(12), 899-917.

Mattson, M. E., & Baars, B. J. (1992). Error-minimizing mechanisms: Boosting or editing? In B. J. Baars (Ed.), *Experimental Slips and Human Error*: *Exploring the Architecture of Volition* (pp. 263-287). New York: Plenum.

McGuire, P. K., Silbersweig, D. A., & Frith, C. D. (1996). Functional neuroanatomy of verbal self-monitoring. *Brain, 119*(3), 907-917.

Meyer, A. S. (1996). Lexical access in phrase and sentence production: Results from picture-word interference experiments. *Journal of Memory and Language, 35*(4), 477-496.

Meyer, A. S., & Dobel, C. (2003). Application of eye tracking in speech production research. In J. Hyönä, R. Radach, & H. Deubel (Eds.), *The Mind 's Eye*: *Cognitive and Applied Aspects of Eye Movement Research* (pp. 253-272). Amsterdam: Elsevier.

Meyer, A. S., & van der Meulen, F. F. (2000). Phonological priming effects on speech onset latencies and viewing times in object naming. *Psychonomic Bulletin & Review, 7*(2), 314-319.

Meyer, A. S., Roelofs, A., & Levelt, W. J. M. (2003). Word length effects in object naming: The role of a response criterion. *Journal of Memory and Language, 48*(1), 131-147.

Meyer, A. S., Sleiderink, A. M., & Levelt, W. J. M. (1998). Viewing and naming objects: Eye movements during noun phrase production. *Cognition, 66*(2), B25-B33.

Meyer, A. S., van der Meulen, F. F., & Brooks, A. (2004). Eye movements during speech planning: Talking about present and remembered objects. *Visual Cognition, 11*(5), 553-576.

Morgan, J. L., & Meyer, A. S. (2005). Processing of extrafoveal objects during multiple-object naming. *Journal of Experimental Psychology*: *Learning, Memory, and Cognition, 31*(3), 428-442.

Noton, D., & Stark, L. (1971). Scanpaths in eye movements during pattern perception. *Science, 171*(3968), 308-311.

Paap, K. R., & Noel, R. W. (1991). Dual-route models of print to sound: Still a good horse race. *Psychological Research, 53*(1), 13-24.

Pan, J. E., Yan, M., Laubrock, J., Shu, H., & Kliegl, R. (2013). Eye-voice span during rapid automatized naming of digits and dice in Chinese normal and dyslexic children. *Developmental Science, 16*(6), 967-979.

Pelczarski, K. M., Tendera, A., Dye, M. W. G., & Loucks, T. M. (2019). Delayed phonological encoding in stuttering: Evidence from eye tracking. *Language and Speech, 62*(3), 475-493.

Phillips, M. H., & Edelman, J. A. (2008). The dependence of visual scanning performance on saccade, fixation, and perceptual metrics. *Vision Research, 48*(7), 926-936.

Pickering, M. J., & Garrod, S. (2013). An integrated theory of language production and comprehension. *The Behavioral and Brain Sciences, 36*(4), 329-347.

Pollatsek, A., Rayner, K., & Collins, W. E. (1984). Integrating pictorial information across eye movements. *Journal of Experimental Psychology*: *General, 113*(3), 426-442.

Posner, M. I. (2013). Orienting of attention: Then and now. *Quarterly Journal of Experimental Psychology, 69*(10), 1864-1875.

Potter, M.C. (1975). Meaning in visual search. *Science, 187*(4180), 965-966.

Protopapas, A., Altani, A., & Georgiou, G. K. (2013). Development of serial processing in reading and rapid naming. *Journal of Experimental Child Psychology, 116*(4), 914-929.

Rabagliati, H., & Robertson, A. (2017). How do children learn to avoid referential ambiguity? insights from eye-tracking. *Journal of Memory and Language, 94*, 15-27.

Rastle, K., & Coltheart, M. (1998). Whammies and double whammies: The effect of length on nonword reading. *Psychonomic Bulletin and Review, 5*(2), 277-282.

Rastle, K., & Coltheart, M. (1999). Serial and strategic effects in reading aloud. *Journal of Experimental Psychology: Human Perception and Performance, 25*(2), 482-503.

Rayner, K. (1975). The perceptual span and peripheral cues in reading. *Cognitive Psychology, 7*(1), 65-81.

Rayner, K. (1998). Eye movements in reading and information processing: 20 years of research. *Psychological Bulletin, 124*(3), 372-422.

Rayner, K., Pollatsek, A., Ashby, J., & Jr Clifton, C. (2012). *The Psychology of Reading*. New York: Psychology Press.

Roelofs, A. (1992). A spreading-activation theory of lemma retrieval in speaking. *Cognition, 42*(1-3), 107-142.

Roelofs, A. (2008). Attention, gaze shifting, and dual-task interference from phonological encoding in spoken word planning. *Journal of Experimental Psychology: Human Perception and Performance, 34*(6), 1580-1598.

Roelofs, A., & Piai, V. (2011). Attention demands of spoken word planning: A review. *Frontiers in Psychology, 2*, 307.

Schmalz, X., Treccani, B., & Mulatti, C. (2015). Distinguishing target from distractor in stroop, picture-word, and word-word interference tasks. *Frontiers in Psychology, 6*, 1858.

Schnur, T. T., Costa, A., & Caramazza, A. (2006). Planning at the phonological level during sentence production. *Journal of Psycholinguistic Research, 35*(2), 189-213.

Schotter, E. R., Angele, B., & Rayner, K. (2012). Parafoveal processing in reading. *Attention, Perception, & Psychophysics, 74*(1), 5-35.

Schriefers, H., & Teruel, E. (1999). Phonological facilitation in the production of two-word utterances. *European Journal of Cognitive Psychology, 11*(1), 17-50.

Schriefers, H., de Ruiter, J. P., & Steigerwald, M. (1999). Parallelism in the production of noun phrases: Experiments and reaction time models. *Journal of Experimental Psychology: Learning, Memory, and Cognition, 25*(3), 702-720.

Silva, S., Reis, A., Casaca, L., Petersson, K. M., & Faísca, L. (2016). When the eyes no longer lead: Familiarity and length effects on eye-voice span. *Frontiers in Psychology, 7*, 1720.

Sjerps, M. J., & Meyer, A. S. (2015). Variation in dual-task performance reveals late initiation of speech planning in turn-taking. *Cognition, 136*, 304-324.

Smith, M., & Wheeldon, L. (1999). High level processing scope in spoken sentence production. *Cognition, 73*(3), 205-246.

Smith, M., & Wheeldon, L. (2004). Horizontal information flow in spoken sentence production. *Journal of Experimental Psychology: Learning, Memory, and Cognition, 30*(3), 675-686.

Snodgrass, J. G., & Yuditsky, T. (1996). Naming times for the Snodgrass and Vanderwart pictures. *Behavior Research Methods, Instruments, & Computers, 28*(4), 516-536.

Snowling, M. J. (2000). *Dyslexia.* 2nd ed. Oxford: Blackwell.

Snowling, M. J., Adams, J. W., Bishop, D. V. M., & Stothard, S. E. (2001). Educational attainments of school leavers with a preschool history of speech-language impairments. *International Journal of Language & Communication Disorders, 36*(2), 173-183.

Spivey, M. J., Richardson, D. C., & Fitneva, S. A. (2004). Thinking outside the brain: Spatial indices to visual and linguistic information. In J. M. Henderson & F. Ferreira (Eds.), *The Interface of Language, Vision, and Action*: *Eye Movements and the Visual World* (pp.161-190). New York: Psychology Press.

Starr, M. S., & Rayner, K. (2001). Eye movements during reading: Some current controversies. *Trends in Cognitive Sciences, 5*(4), 156-163.

Stivers, T., Enfield, N. J., Brown, P., Englert, C., Hayashi, M., & Heinemann, (2009). Universals and cultural variation in turn-taking in conversation. *Proceedings of the National Academy of Sciences of the United States of America of the United States of America, 106*(26), 10587-10592.

Stroop, J. R. (1935). Studies of interference in serial verbal reactions. *Journal of Experimental*

Psychology, 18(6), 643-662.

Swets, B., Fuchs, S., Krivokapić, J., & Petrone, C. (2021). A cross-linguistic study of individual differences in speech planning. *Frontiers in Psychology, 12,* 655516.

Swets, B., Jacovina, M. E., & Gerrig, R. J. (2014). Individual differences in the scope of speech planning: Evidence from eye-movements. *Language and Cognition, 6*(1), 12-44.

Tatler, B. W., Gilchrist, I. D., & Rusted, J. (2003). The time course of abstract visual representation. *Perception, 32*(5), 579-592.

Taylor, N. E., & Connor, U. (1982). Silent vs. oral reading: The rational instructional use of both processes. *The Reading Teacher, 35*(4), 440-443.

Theios, J., & Amrhein, P. C. (1989). Theoretical analysis of the cognitive processing of lexical and pictorial stimuli: Reading, naming, and visual and conceptual comparisons. *Psychological Review, 96*(1), 5-24.

Thordardottir, E. T., &Weismer, S. E. (2002). Verb argument structure weakness in specific language impairment in relation to age and utterance length. *Clinical Linguistics & Phonetics, 16*(4), 233-250.

Tomblin, J. B., Records, N. L., Buckwalter, P., Zhang, X., Smith, E., & O'Brien, M. (1997). Prevalence of specific language impairment in kindergarten children. *Journal of Speech, Language, and Hearing Research, 40*(6), 1245-1260.

Tomlin, R. S. (1997). Mapping conceptual representations into linguistic representations: The role of attention in grammar. In J. Nuyts & E. Pederson (Eds.), *Language and Conceptualization* (pp. 162-189). Cambridge: Cambridge University Press.

Torralba, A., Oliva, A., Castelhano, M. S., & Henderson, J. M. (2006). Contextual guidance of eye movements and attention in real-world scenes: The role of global features in object search. *Psychological Review, 113*(4), 766-786.

Treisman, A. (1993). The perception of features and objects. In A. D. Baddeley & L. Weiskrantz (Eds.), *Attention*: *Selection, Awareness, and Control*: *A tribute to Donald Broadbent* (pp. 5-35). New York: Oxford University Press.

Tsai, J. L., Kliegl, R., & Yan, M. (2012). Parafoveal semantic information extraction in traditional Chinese reading. *Acta Psychologica, 141*(1), 17-23.

Underwood, G., & Foulsham, T. (2006). Visual saliency and semantic incongruency influence eye movements when inspecting pictures. *Quarterly Journal of Experimental Psychology, 59*(11), 1931-1949.

van der Meulen, F. (2001). *Moving Eyes and Naming Objects* (MPI Series in Psycholinguistics No. 17). Nijmegen: Max Planck Institute for Psycholinguistics.

Vecera, S. P., Flevaris, A. V., & Filapek, J. C. (2004). Exogenous spatial attention influences figure-ground assignment. *Psychological Science, 15*(1), 20-26.

Veldre, A., & Andrews, S. (2016). Semantic preview benefit in English: Individual differences in the extraction and use of parafoveal semantic information. *Journal of Experimental Psychology*: *Learning, Memory, and Cognition, 42*(6), 837-854.

Vorstius, C., Radach, R., & Lonigan, C. J. (2014). Eye movements in developing readers: A comparison of silent and oral sentence reading. *Visual Cognition, 22*(3-4), 458-485.

Wagner, V., Jescheniak, J. D., & Schriefers, H. (2010). On the flexibility of grammatical advance planning during sentence production: Effects of cognitive load on multiple lexical access. *Journal of Experimental Psychology*: *Learning, Memory, and Cognition, 36*(2), 423-440.

Wheeldon, L. R., Ohlson, N. Ashby, A., & Gater, S. (2013). Lexical availability and advanced planning in spoken sentence production. *Quarterly Journal of Experimental Psychology, 36*, 423-440.

Wolfe, J. M. (1998). Visual search. In H. Pashler (Ed.), *Attention* (pp.13-73). Hove: Psychology Press.

World Health Organization. (1977). *Manual of the International Statistical Classification of Diseases, Injuries, and Causes of Death* (Vol. 1). Geneva: World Health Organization.

Wright, R. D., & Ward, L. M. (1994). Shifts of visual attention: An historical and methodological overview. *Canadian Journal of Experimental Psychology, 48*, 151-166.

Yairi, E., & Ambrose, N. G. (1999). Early childhood stuttering I: Persistency and recovery rates. *Journal of Speech, Language, and Hearing Research, 42*(5), 1097-1112.

Yarbus, A. L. (1967). *Eye Movement and Vision.* New York: Plenum Press.

Zhao, L. M., & Yang, Y. F. (2016). Lexical planning in sentence production is highly incremental: Evidence from ERPs. *Plos One, 11*(1), 1-20.

Zhao, L. M., Alario, F. X., & Yang, Y. F. (2015). Grammatical planning scope in sentence production: Further evidence for the functional phrase hypothesis. *Applied Psycholinguistics, 36*(5), 1059-1075.

Zhao, L. M., Paterson, K. B., & Bai, X. J. (2018). Visual grouping in accordance with utterance planning facilitates speech production. *Frontiers in Psychology, 9*, 307.

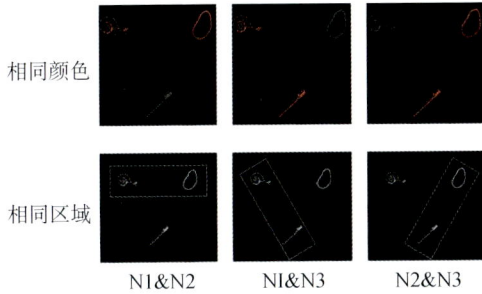

图 3-4　客体之间存在知觉区组关系的人造场景（Zhao et al.，2018）

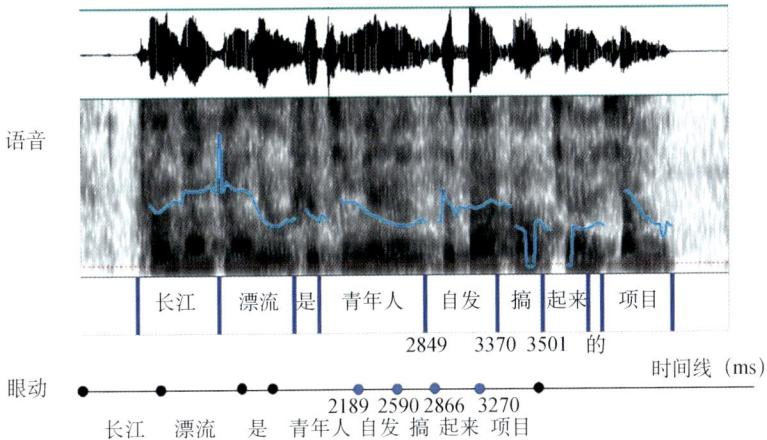

图 4-8　文本朗读中同步记录的语音和眼动示意图（赵黎明，闫国利，2020）

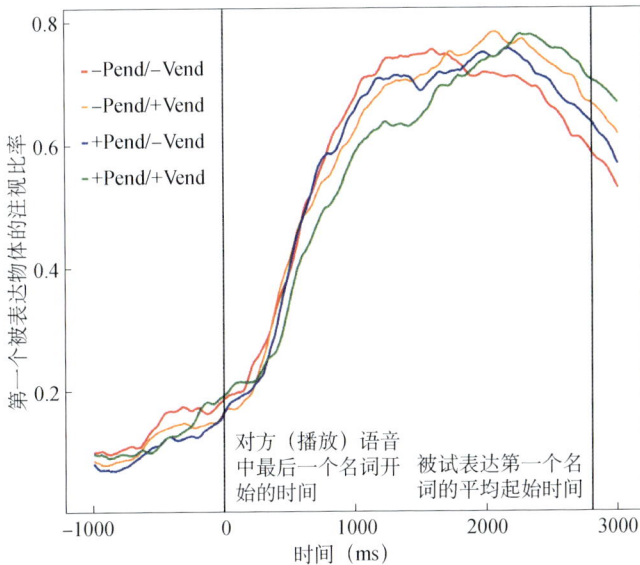

图 5-26　巴特尔等（Barthel et al.，2016）的研究中被试说出的第一个物体的
注视比率随时间变化的趋势

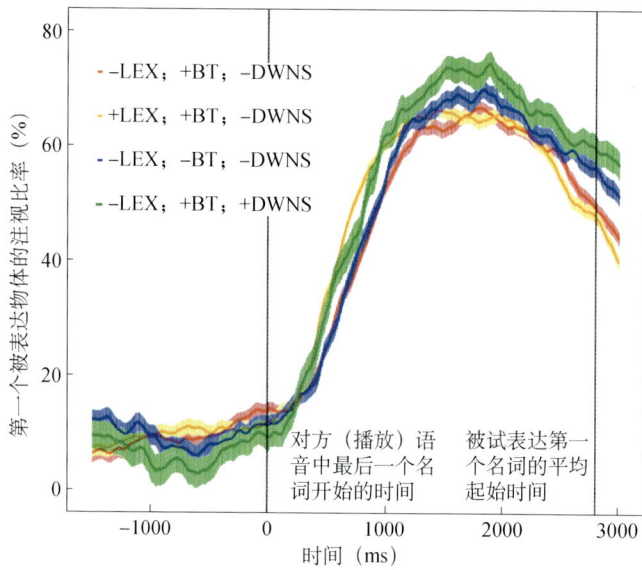

图 5-27　巴特尔等（Barthel et al.，2017）的研究中被试说出的第一个物体的
注视比率随时间变化的趋势

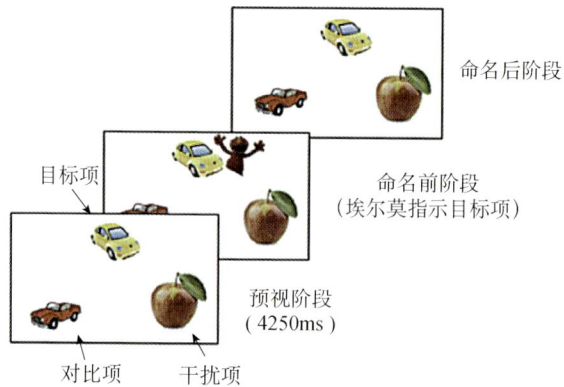

图 6-7　实验程序示意图（Rabagliati & Robertson，2017）

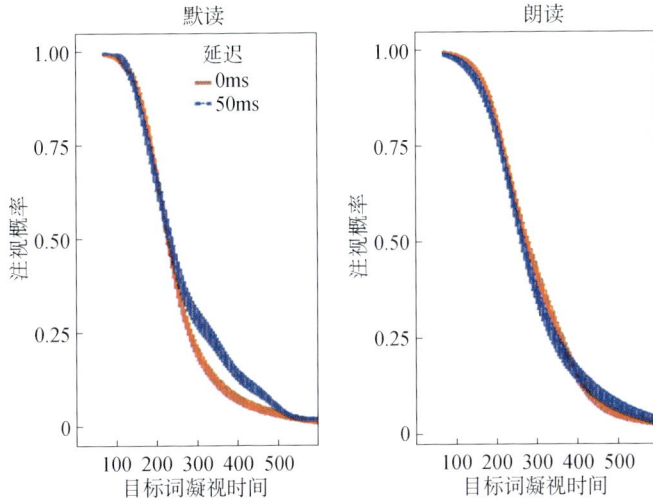

图 7-11　默读（左侧）和朗读（右侧）任务中延迟时间为 0ms 和 50ms 条件下凝视时间的
生存函数（Inhoff & Radach，2014）

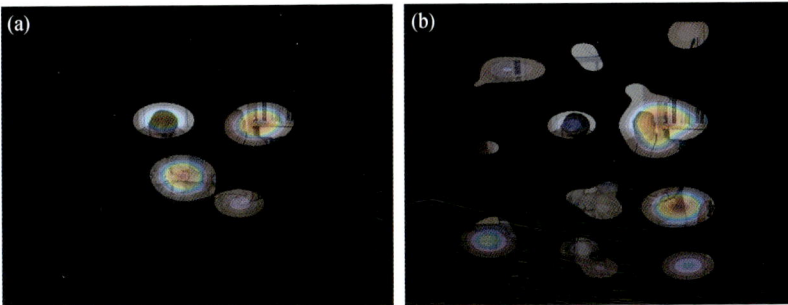

图 8-10　在描述高复杂度场景且启动线索为有生命的物体（"男人"）时的注视
分布示意图。图（a）是开始发音前，图（b）是表达过程中。眼动追踪热图表示注视概率，
从蓝色到红色表示由低到高

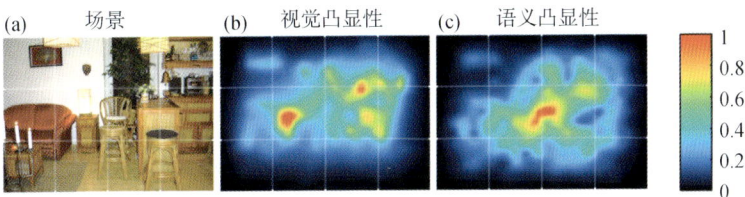

图 8-11　图（a）为场景图片，图（b）为视觉凸显性，图（c）为语义凸显性
（Ferreira & Rehrig，2019）

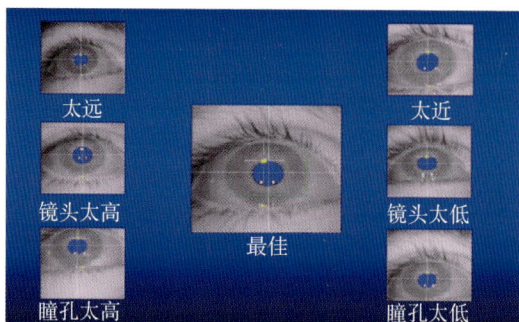

图 11-3　眼部镜头设置的不同情况

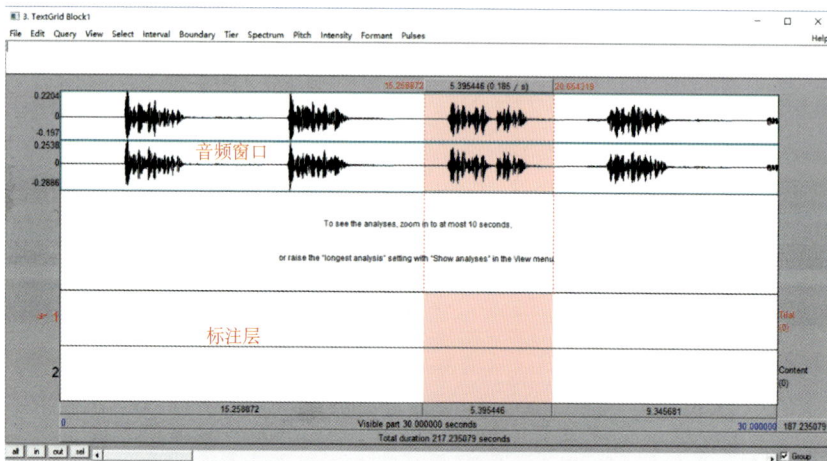

图 12-16　语音文件和标注窗口示意图

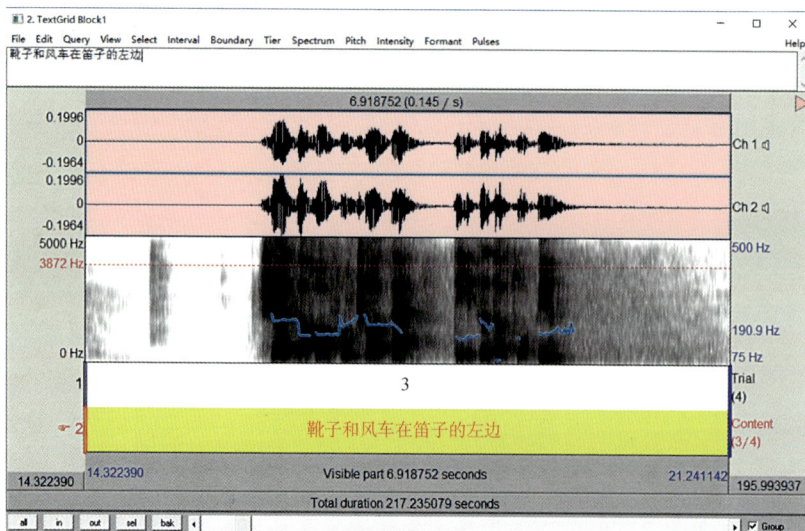

图 12-18　带有频谱图的语音片段和标注层